K속도

한국인의 빨리빨리 문화를 경제학으로 밝히다

K속도

한국 경쟁력의 뿌리

임정덕 지음

흔들의자

속도는 한국 혁신 경쟁력의 본질이다

한국은 매우 특별한 나라이다. 20세기 세계의 최빈곤, 후진국에서 30여 년
만에 산업화와 민주화를 거의 동시에 달성한 유일한 나라이며 이 기록은 앞으
로도 깨지지 않을 것이다. 정작 한국인 자신들은 이 사실을 잊어버리거나 제대
로 인식하지 못하고 있기도 하고 특히 직접 이 과정을 경험하지 못한 세대는
이런 기적과 같은 사실을 제대로 인식하지 못하거나 아직도 자기 나라의 자랑
스러운 과거를 오히려 부끄러운 역사로 알고 가르치거나 배우기도 한다.

세계는 경제적으로 예나 지금을 불문하고 치열한 경쟁상태에 있다. 마치
마라톤 경기를 하는 것과 같은 상황이다. 선두 그룹도 있고 중간 그룹들, 최하
위 그룹도 같이 뛰는 마라톤 경기와 마찬가지이다. 한국은 이 경기의 최하위
그룹에서 뛰다가 점차 속도를 높여 빠르게 속도를 높여 앞선 그룹들을 차례로
추월하여 드디어 최선두 그룹에 합류하거나 합류 직전까지 도달하였다. 세계
경제사에 유례가 없는 놀라운 기록이다.

그런데 이 경기는 결승점이 없는 지속적 경기여서 시상식도 메달 수여도
없이 앞으로도 계속 달려야 하는 냉혹한 게임과 같다. 자기가 속도를 지키지
못하거나 상대적으로 떨어지면 옆과 뒤에 있는 나라(경쟁자)들이 좋아하며
추월해 버리지 자기 속도를 일부러 늦추면서 봐주거나, 등을 밀면서 같이 가자
고 격려하지 않는 냉정한 세계이다.

이 경기에서의 속도는 경쟁력과 같은 의미이다. 경쟁력은 경쟁자(다른 나라)보다 더 잘하는 모든 요소이다. 경쟁력이 있으면 남보다 더 속도를 낼 수 있고 경쟁에서 앞설 수 있다. 이 경쟁력은 정치, 경제, 경영, 문화, 사회, 교육 등 모든 부문에서 발휘되는 힘이다. 경쟁력 있는 속도, 즉 상대적 빠름이 곧 혁신의 내용과 결과이다. 따라서 이 책은 한국 경쟁력의 원천이 무엇인가를 찾고 또 그것을 어떻게 키우고 유지, 발전시킬 수 있는가를 탐구한 결과물이다.

저자는 한국의 경쟁력은 빨리할 수 있는 능력이라고 주장한다. 경쟁력은 남보다 잘 할 수 있는 것을 열심히 할 때 나온다. 한국 사람이나 기업, 조직 등이 확실히 잘할 수 있었고 지금도 잘하는 것은 모든 면에서의 빠름이다. 이 빠름을 경제와 경영에서, 기술에서, 배움에서, 생활에서 발휘한 결과가 지금까지의 성취와 기적이다. 나아가 스스로 단점의 측면이라고도 생각할 수도 있는 참지 못함이 민주화를 산업화와 거의 동시에 이루게 한 저력이라고도 생각한다.

한반도는 사회과학적으로 불가능한 이 속성의 비교 실험을 해본 유일한 실험장이다. 지난 70여 년간의 강요된 남과 북에 의한 실험에서 한국인의 속성인 속도가 빠른 성장의 필요조건이고 이 빠름을 허용하거나 장려하는 여건이 충분조건이 됨을 입증하였다. 경제뿐 아니라 여러 다른 부문에서도 비등점에 다다르면 폭발적인 성과가 있음도 예를 들어 설명한다. 모든 개도국이 바라마지 않는 산업화와 민주화의 동시 달성 가능성과 '그 선후 관계'에 대한 논의도 이루어진다.

그동안 우리는 이 빠름을 오히려 단점으로 치부하고 사고 등, 빠름의 부작용에만 관심을 둔 측면도 있다. 즉 '빨리빨리'나 '대충대충' 등이 그 대표적 표현이다. 이것은 고치거나 개선해야 할 측면이지 무시하거나 부끄러움으로 여길 일은 아니다. 경쟁자보다 상대적으로 빨리, 더 잘할 수 있는 능력은 특별한 축복이고 경쟁력의 원천이기 때문이다.

그래서 이 책은 한국과 한국인 경쟁력의 원천이 빠름 즉 속도임을 인류학적으로, 역사적으로, 경제적으로, 비교 통계적으로 또한 학술적이나 실증적으로 논의하면서 동시에 우리 경쟁력의 원천을 다시 살리는 길을 제시하고자 한 시도이다. 물론 빠름에 따른 부작용과 대가도 있으므로 그것을 소개하고 문제점을 제시하면서 나아갈 길도 논의한다. 마지막으로 끊임없이 더해지는 유형무형의 규제와 간섭이 마라톤 경기자의 몸무게를 늘려 상대적으로 속도를 느리게 하는 현상을 설명하고 한국 경쟁력의 원천인 속도를 법적으로, 제도적으로, 관행적으로 스스로 줄이거나 막는 현상을 논의한다. 다만 이전 속도를 살리되 이제부터는 안전하고, 신뢰할 수 있고 정직한 속도로 만들어 업그레이드하자고 제안한다.

저자의 짧지 않은 삶을 통하여 경험한 국내외에서의 빠른 변화를 속도 측면에서 회상하면서 모르는 세대에게 도움을 주고자 시도하였다. 나아가 과거 한국뿐만 아니라 개방 초기 중국과 러시아 여행에서의 경험을 통한 실상과 소감을 기록하고, 저자가 공부하고 직장생활까지 하면서 체험한 미국 생활에서의 변화 등도 스토리 박스 형식으로 담아내었다.

정작 본인이 부산발전연구원장으로 재직하던 때 시작한 책의 구상 단계로부터 완성까지 이십 수년이 걸려 속도가 너무 느린 부끄러움이 있으나 그 세월만큼의 숙성과 다져짐의 효과도 있었기를 바랄 따름이다. 이 시점에서 모든 일에서의 완성이라는 개념은 허구라는 생각을 다시 하게 된다. 그래서 앞으로도 계속 더 공부해야겠다는 다짐을 할 따름이다.

이전에 부산대 본인 연구실을 거쳐 간 여러 대학원 학생과 조수들이 많이 도와주었다. 퇴임 후 시작한 도시와 경제연구원의 연구원들과 여러 도우미들도 자료 수집과 정리에 도움을 주었다. 본인이 감사로 재직하던 한국남부발전의 하상수 부장, 정필준 차장, 장혜영 비서 등도 여러 면에서 많이 도와주었다.

그 외에도 부산인재진흥원 노강민 매니저 등 최근까지 도와준 여러 손길의 덕분에 일단 완성하게 되었다. 아내(안광선 박사)와 딸(가진), 며느리(정한나)를 비롯한 가족 모두의 응원, 아들 임용 교수의 글까지 도움을 받았다. 손녀 시윤이는 언제나 활력소 이었다. 마지막 순간에 등장한 도서출판 흔들의자의 안호헌 대표에게도 감사를 표한다. 물론 제일 큰 감사는 하나님이 주신 심신의 건강이다.

임정덕

차례

서문 속도는 한국 혁신 경쟁력의 본질이다 4

K1
속도-변화와 발전의 다른 이름
14

1-1 속도의 의미 생각해 보기: 서론을 대신하여 15

1-2 발전을 위한 여건과 조건 23

1-3 속도와 가속도-개념의 현실적 정리 27

　(1) 변화 속도에 대한 인식과 결과 29

　(2) 자연과학적 개념과 측정 방법 30

　(3) 경제적 비용에 의한 측정-거래비용과 기회비용 32

1-4 사회, 경제와 생활에서의 속도의 역할과 중요성 35

1-5 교통, 통신 발전과 속도의 중심적 역할 37

　(1) 교통 37

　(2) 통신 39

　(스토리 박스) 인구 20만의 美 소도시서 벌어진 0.001초 타워 전쟁 42

1-6 기술변화와 속도 46

1-7 스포츠에서의 속도 50

1-8 전쟁에서의 속도 53

1-9 발전과 속도의 관계-첫 번째 정리 58

　(스토리 박스) 속도의 경험-제도와 행정서비스(러시아 국경 넘기) 59

1-10 생활 속의 속도 62

1-11 지식과 교육의 변화 속도 66

1-12 생활 방식, 트렌드, 문화의 변화 속도 69

　(1) 식생활 69

　(2) 의생활 71

　(3) 주생활 73

　(4) 다방과 전문커피점 76

　(스토리 박스) 다방의 추억 78

　(5) MZ세대와 사고방식, 생활방식, 사회 및 언어의 변화 80

K2

K속도: 가장 빠르게
변모하는 한국경제와
사회, 문화의 모습과 내용

84

2-1 한국 경제, 사회 발전과 속도 86

2-2 한국: 속도가 매우 빠르고 아주 특별한 나라 88

(1) 역사 88

(2) 일반지표 89

(3) 경제 90

(4) 인재, 교육 91

(5) 생활 92

(6) 정치, 사회, 복지 93

(7) 산업 94

(스토리 박스) 속도의 경험 1: 70년 동안의 체험 96

2-3 국제 비교를 통해 본 한국(인)의 빠름과 차별성 107

(1) 노동관련 통계 비교 107

　1) 시간당 임금지수 108

　2) 전체 취업자의 주당 근로시간 108

　3) 노령연금 급여 지출 수준 109

　4) 실업급여 지출 수준 110

(2) 건강 관련 통계 비교 111

　1) 기대수명 111

　2) 코로나 관련 우울증 증세 112

　3) 자신의 건강 상태 평가 113

　4) 의사 대면 상담 횟수 114

　5) 병원 입원 기간 115

　6) 고령자 예방주사 접종률 116

　7) 건강 관련 비용지출 117

　8) 두 가지 장래 예측 118

(스토리 박스) 속도의 경험 2 120

2-4 속도를 내게 만드는 한국인의 성격(첫 번째 정리) 123

K3

경영과 산업,
생활에서의 K속도

128

3-1 경영에서의 의사결정 속도–글로벌 트렌드 131

3-2 한국 기업경영에서의 속도–스피드 경영 135

3-3 경쟁의 의미– 살아남기 139

3-4 생산성의 의미–속도의 다른 표현 147

3-5 유통 배달업, 소비생활의 변화와 K속도 150

 (1) 배달서비스의 발전과정과 속도 153

 (2) 거래와 소비행태의 변화 156

 (3) 배달업의 급성장 158

 (스토리 박스) 음식 배달의 추억 162

 (4) 산업 및 산업구조의 변화 165

 (5) 일터의 변화, 속도가 가져오는 혁신 167

3-6 유통과 서비스 산업에서의 한국(인)의 경쟁력 분석 170

3-7 배달서비스 발전의 명암과 속도 173

 (스토리 박스) 개방 초기 중국 여행 때의 속도 경험 175

3-8 의료 서비스에서의 속도 182

3-9 디지털 기술과 디지털 정부 184

 (1) 디지털 기술 184

 (2) 디지털 정부 187

3-10 혁신 주기와 경쟁력 속도 189

K4

한류와 K속도 경쟁력

192

4-1 한류와 한국경제 및 산업구조의 변화 194

4-2 한류 형성의 속도와 전파 과정 195

4-3 K-Pop 199

4-4 K드라마 201

4-5 K영화 203

4-6 K웹툰, 웹소설 205

4-7 K게임 207

4-8 K속도의 확산과 확장 210

K5

K속도의 문화,
사회, 인류학적 고찰

214

5-1 신체조건 측면 216

　(1) 체형 216

　(2) 손놀림과 민첩성 217

　(3) 젓가락 사용 문화 221

5-2 성격과 능력 측면 223

　(1) 빨리할 수 있는 능력(1) 223

　(2) 빨리할 수 있는 능력(2) 227

　(3) 지능과 민첩성 231

　(4) 흡수와 전파속도 237

5-3 속도를 내게 만드는 한국인의 성격 특성
　　(두 번째 정리) 239

5-4 남다른 의지와 이룰 수 있는 능력 243

5-5 가장 뚜렷한 성과와 대가 246

K6

K속도의 실현조건과
일반화 가능성 모색

248

6-1 K속도의 실현조건과 일반화 시도 249

6-2 산업화와 민주화의 선후 관계
– 일반화를 위한 가설 257

(스토리 박스) 사채동결과 그린벨트 설정 조치 258

K7

K속도의 역설과
경쟁력 저하

264

7-1 개인적 속도와 사회적 속도–인구, 사회학적 측면 265

　(1) 저출산과 인구감소 266

　(2) 결혼 건수 감소와 이혼 건수의 증가 267

　(3) 인구감소 현상의 과정과 그 영향 분석 269

　(4) 고령화의 역습 277

7-2 개인적 속도와 사회적 속도의 충돌 284

K8

K속도를
방해하는 것들–
경쟁력 끌어내리기

286

8-1 발전과 속도의 비유적 관계 287

8-2 속도의 상대성 원리 292

8-3 배고픈 돼지와 배부른 돼지 294

8-4 미시와 거시의 충돌–구성의 모순과 시장실패 296

8-5 속도를 방해하는 제도와 환경 300

　(1) 원격의료 302

　(2) 타다 택시 304

　(3) 로톡 305

8-6 혁신과 규제의 갈등 관계 309

(스토리 박스) 믹걸리 시장 규제의 경우 315

8-7 부분과 전체의 관계 역전과 변화 사례 323

K9
지속 가능한 K속도 만들기
326

9-1 한국 경쟁력의 장래 내다보기 327
9-2 한국 경쟁력 토대의 재구성 330
  (1) 안전한 속도 331
  (2) 신뢰할 수 있는 속도 332
  (3) 정직한 속도 334
    (스토리 박스) 적극적 청렴의 시행 경험 336
9-3 속도에 대한 오해 바로잡기 339
9-4 흥망성쇠(興亡盛衰)의 속도 341

K10
마무리
344

속도는 혁신의 본질적 요소이다 345

K1

속도-변화와 발전의 다른 이름

1-1 속도의 의미 생각해 보기: 서론을 대신하여

모든 것은 변화한다. 변화는 여러 가지 형태로 나타난다. 물리적으로, 공간적으로, 거리적으로, 사상적으로, 제도적으로, 경제적으로, 기능적으로, 또 문화적으로 그리고 그 밖의 모든 분야에서 진행된다. 그 변화에서 핵심은 속도이다. 자연의 변화와 같이 그 변화가 매우 서서히 일어나면 변화를 실감하지 못하고 별 의식 없이 흘려보낼 수는 있어도 그렇다고 변화가 일어나지 않는 것은 아니다.

인류가 지금 공통적으로 경험하는 것은 이런 변화의 속도가 점점 빨라지는 가속도의 영향력이다. 이 영향력은 정보, 통신 등과 같은 기술에 있어서 뿐만 아니라 상대적으로 속도가 빠르지 않았던 기후변화와 같은 자연현상에서도 거의 똑같이 나타난다. 과거 오랫동안 매우 서서히 변하던 지구의 환경, 온도 등의 변화가 기술, 산업, 소득 등의 빠른 향상과 변화 때문에 대기 조건이 영향을 받아서 기후변화에도 가속도가 붙는 현상이 나타나고 있다. 산업화의 대가라고 볼 수 있는데 그것을 바로 잡거나 속도를 늦추는 작업이 더 어려워지고 더 많은 노력과 엄청난 비용이 수반되고 있다.

2020년 초부터 전 세계를 강타한 코로나 19(Covid-19) 전염병이 역사상 지금까지 경험해 보지 못했던 변화를 초래하고 있다. 이 역병의 확산이 놀랍게도 인류의 생활과 많은 부문의 활동 속도를 멈추거나 매우 느리게 하고 있다. 현재(2022년 4월)까지도 진행 중인 이 역병은 전 세계와 각 나라의 정치, 경제, 사회뿐만 아니라 개인의 생활과 가족과 사회관계 등 모든 면에서 크고 작은 변화를 일으키고 있고 앞으로도 더 많이 일으킬 것이 분명하다. 이 변화의 속도 또한 다른 측면에서 관심을 가지고 살펴보아야 하는 대상이 된다.

모든 변화의 속도 및 가속도는 인류가 피할 수 없는 과정이다. 그 변화를 우리는 보통 진보나 발전으로 정의해 왔다. 동시에 인간이나 인간 생활과 관련된 거의 대부분의 일들은 빠른 속도, 나아가 더 빠른 속도를 선호하거나 선택할 수밖에 없는 구조에 놓여져 왔다. 삶의 방식에서 인류의 점점 바빠지는 생활 형태와 방식에 반발하여 스스로를 격리하여 고립시키거나 일부러 느린 삶을 추구하고 실행하는 등의 반작용도 물론 있어 왔다.[1] 또한 이번의 코로나 전염병 경험과 같이 강제로 멈추게 하거나 느리게 만드는 계기도 있다. 그러나 거의 대부분의 인류는 지금까지 속도감 있는 생활이나 변화를 거부하거나 저항하지 않고 순응하거나 오히려 좋아하며 따라가고 있다. 역사는 모든 면에서 속도를 높이는 방향으로 진행해 왔다.

논의를 경제와 관련된 부분으로 좁혀 보면 앞의 논리는 훨씬 명확해진다.

---

1 슬로푸드운동이나 소설 "월든"에서 나타나는 삶의 형태가 대표적 예이다. TV 시청을 거부하거나 휴대전화 사용을 의도적으로 피하는 등의 행태도 있다.

우리는 별 거부감 없이 선진국, 개발도상국을 국민소득으로 구별한다. 경제와 정치, 사회와 문화 등의 인과관계와 같은 복잡한 이론에 의존하지 않아도 고소득국은 선진국으로 인정된다. 서양의 소위 선진국들이 왜 선진국이 되었고 아시아, 중동, 아프리카의 많은 나라들이 왜 후진국인가에 대해 상당한 논의와 연구 결과들이 나와 있다.[2] 많은 연구나 주장을 통해 경제발전에 대한 여러 가지 요인과 여건 등을 나열할 수 있다. 그런데 그 요인들의 공통적 원인으로 파고 들어가 보면 핵심은 경제성장 속도에 있다.

경제발전은 혁신과정으로 설명할 수 있다.[3] 경제성장의 세 가지 주요 요소는 자본, 노동, 기술인데 기술의 변화 없이 노동과 자본만을 증가시키는 것은 단순한 생산량의 증가만 가져와서 '규모의 경제'보다는 일정 단계 이후에는 오히려 규모의 불경제로 작용하여 경쟁력을 가질 수 없다. 물론 자본이 '체화된(embodied) 기술'의 역할을 하므로 투자된 자본이 크다면 경쟁력이 생길 수도 있다. 그러나 소위 후진국은 자본은 부족하고 노동력은 풍부한 상태가 대부분이다. 이 경우에는 싼값에 물건을 생산할 수는 있더라도 그것을 개방된 경쟁시장에서는 뜻대로 팔 수가 없다. 또 덩치나 규모는 마음대로 키울 수 없는 일종의 주어진 상수이기도 하다. 경쟁이 필수인 개방된 세계에서 경제성장이나 발전은 상대적인 개념이다. 가장 좋은 기술, 가장 최신의 기술이 아니면 경쟁력을 가질 수 없으므로 개방된 세계 경제에서는 발전하기가 어려울 뿐 아니라 앞선 상대를 따라잡기도 힘들다. 이 기술의 변화와 변화과정이 바로 혁신이다.

한국이 지난 50여 년 사이에 세계에서 가장 낙후된 나라 중의 하나에서 경제 열강의 반열에 올라설 수 있었던 비결이 그 좋은 예가 된다. 1960년대 초에

---

2 주로 서구의 학자들의 저서와 논문이 많이 소개되고 있는데 최근의 논의로는 Paul Kennedy, "The Rise and Fall of Great Powers"1987, 애쓰모글루, 로빈슨 "국가는 왜 실패하는가" 시공사2014, 등의 저서를 예로 들 수 있다. 1960년대부터 경제학계에서 크게 주목받다가 지금은 거의 언급되지 않는 경제발전론이 지속하지 못한 이유도 같이 생각해볼 필요가 있다.
3 경제발전에 관한 이론이나 모형은 여러 가지가 있지만 지금까지 가장 설득력 있는 설명 모형은 미국의 경제학자 Joseph Schumpeter의 경제성장 모형이다. 요점은 경제성장이나 발전은 창조적 파괴에 의한 혁신에 의해 이루어진다는 주장이다.

시작된 경제개발계획 시작 단계에서 한국은 저임금의 풍부한 노동력으로 세계 경제의 경쟁체제에 입문하였다. 얼마 되지 않아 기술력이나 생산방법에서 선진기술을 따라잡는(catch-up) 전략을 취하였고 그다음 일정 수준의 발전 단계에 도달한 이후에는 기술력(따라서 혁신)으로 경쟁하는 완전경쟁 체제에 들어서 있다. 이제는 상대적으로 쉬운, 따라가는 것이 아닌 앞서가야 하는 단계이기 때문에 한국경제는 앞으로 여러 가지로 힘든 시간을 보낼 수밖에 없다.

이 마지막 단계에서 한국경제와 산업의 성장과 발전에 필요한 것은 혁신이다. 제조업이든 서비스업 또는 행정, 법률 시스템을 막론하고 모든 분야에서 혁신을 이루어야 경쟁에서 이길 수 있고 최소한 살아남거나 후퇴하지 않는 것이다. 이것은 선택사항이 아니고 세계 경제의 경기장인 링(시장)에 남아서 경쟁하기 위해 불가피한 사항이다. 한국경제가 고속 성장기를 지나 최근 저성장의 늪에 빠지고 있는 이유 중 가장 중요한 원인은 산업경쟁력의 상대적 저하이다. 쉽게 말해서 제조업이나 서비스 산업의 경쟁력이 약화되고 있는 점이다. 다른 표현으로는 혁신이 제때, 제대로 이루어지지 않고 있다는 것이 가장 중요한 원인이다.

그런데 혁신 또는 기술 진보가 추구하는 속성 중 제일 중요한 것이 속도이다. 혁신은 지금까지의 방법보다 더 빠르게, 더 쉽게, 더 싸게, 더 좋게, 더 많이, 더 가볍게 만들거나 업무를 조직하고 처리할 수 있는 방법이나 방식이라고 정의할 수 있다. 그런데 아무리 좋은 혁신이라 하더라도 그 결과나 아이디어를 다른 경쟁자보다 빨리 내놓지 않으면 그것은 쓸모없거나 유효하지 않은 경우가 대부분이다. 가장 극적인 예가 세계 최초로 실용적인 유선전화를 발명하여 특허 등록한 알렉산더 그레이엄 벨과 실제로 벨보다 먼저 전화를 발명하였지만 발명 특허 신청등록이 두 시간 늦어 뜻을 이루지 못하고 산업계나 발명계에서 잊혀 버린 엘리샤 그레이의 경우이다. '많은 기업들의 경우 개념(아이디어)에서 첫 번째가 되는 것과 그 결과로 시장에 가장 먼저 나가는 것은 생존에 절대적이다.[4] '아무리 좋은 모바일(컴퓨터)게임도 출시 전에 질질 끌다가 타이밍을 놓치면 실패한다.'[5] 따라서 경제성장을 견인하는 기업의 성패를 좌우하는 핵심은 바로 속도이다.

따라가거나 따라잡는 것도 속도와 직접 관계가 있다. 한국이 저개발국 상태에서 가장 빨리 선진기술을 따라잡았기에 오늘에 이르게 되었지만 세계에는 여전히 앞선 나라를 따라잡지 못하는 수많은 저개발 국가들이 있다. 앞선 자를 따라잡는 것도 속도이고 뒤에 따라오는 자에게 따라 잡히지 않는 비결도 속도이다. 따라서 경쟁력의 원천은 많은 경우 혁신인데 혁신의 내용은 속도와 직·간접적으로 연결된다.

속도는 시간으로 측정된다. 속도에 여러 가지 개념이 적용되고 비교될 수 있지만 결국은 시간이라는 단위로 수렴될 수밖에 없다. 시간은 한정적으로 주어지므로 인간에게 시간과의 전쟁은 숙명과도 같은 것이다.[6] 주어진 시간 내에서 더 빨리, 더 먼저를 경쟁하면서 우리는 살아오고 있고 모든 부문에서 그 속도(가속도)가 점점 더 빨라지고 있는 것이 현실이다.

이 책은 한국이 앞으로 세계의 열강들과 경쟁하면서 지속적으로 성장, 발전할 수 있는 경쟁력의 비결이 무엇인가를 묻고 그 답은 속도라고 증명하고자 하는 책이다. 지난 반세기 동안 한국이 기적적으로 성장하면서 세계가 인정하는 눈부신 발전을 이루었지만 이제는 옛날부터 가졌던 속도라는 경쟁력은 많이

---

4 Tom Kelly, "The Art of Innovation"2001 책 표지 카버에서 번역
5 넷마블 방준혁 의장 인터뷰, 조선경제 2017. 1. 4 B2. 타이밍은 결과에 결정적인 경우가 너무나 많다. 앞의 본문에서 전화기 발명 외에도 현대 과학에 결정적인 영향을 끼친 진화론도 다윈보다 먼저 연구결과를 쓴 숨은 창시자인 앨프리드 월리스(1823-1923)가 있다. 다윈의 논문이 먼저 실렸기 때문에 진화론의 창시자로 다윈이 기억되고 있을 뿐이다. 일프리드 러셀 월리스(노승영 옮김), "말레이 제도" 지오북 2017
6 알렉산더 데만트, 이덕일 옮김, "시간의 탄생" 북라이프 2018

소진되고 이미 유효기간이 끝나 버렸으므로 냉정한 관점으로 우리의 경쟁력의 원천(source)을 재발견하고 더 나은 길을 모색해야 하기 때문이다. 즉 산업 및 개별 기업의 경쟁력에서, 정치 및 정치제도와 그 실제 운영에서, 사회제도와 운영체제에서 과거의 장점이나 경쟁력은 대부분 사라지고 있고 과거의 좋았던 점이나 앞섰던 부분이 오히려 부담으로 나타나고 있는 것이 오늘의 현실이다.

이 현상을 타파하기 위한 물음에 대한 정답은 한국, 한국인 또는 한국 기업이나 공공부문 등이 다른 나라나 사회에 비해 개별적으로나 공통적으로 가장 잘했거나 지금도 잘 할 수 있는 것이 무엇인가를 먼저 발견하고 그동안 나타난 단점이나 부작용은 고치고 장점을 살려서 북돋우고, 개발하고, 활용하는 것이다. 이 책이 할 일은 한국인이 확실한 경쟁력을 살리고 북돋우는 길을 모색하여 과거의 경쟁력을 회복하자는 것이다.

더 구체적 질문으로 한국 또는 한국인이 다른 나라나 타민족에 비해서 더 잘 할 수 있는 것이 무엇일까? 과학적 사고나 철학적 소양이나 인문학적 바탕과 분위기일까? 뛰어난 예술성과 감성적 풍부함일까? 지력이나, 기술력, 체력의 상대적 우월성이나 강인함일까? 역사적, 지리적, 지정학적 우위와 유리함일까? 문화적 다양성이나 조상에게서 물려받은 물적, 정신적 유산일까? 다른 민족보다 뛰어난 근면성과 성품일까?

책은 속도의 정의와 속성에 대한 논의로부터 시작한다. 제1장에서는 인류의 과거와 현재의 생활에 걸쳐 변화의 모습을 살피고 사회, 경제 등 전 분야에서 속도의 역할과 속도가 차지하는 비중을 분석해 본다. 다음으로 속도에 관련한 경제, 기술, 지식, 생활 제도 등의 발전과정을 살펴본다. 다른 말로 속도로 본 역사라고 표현할 수도 있다. 앞에서 여러모로 강조한 바와 같이 속도의 구체적 역할과 성과는 인류의 생활 및 기업 활동이나 경제적 결과로 나타난다.

한국의 속도를 K속도로 명명하고 K속도가 한국경제와 사회 및 문화를 얼마나 빠르게 변화, 발전시켰는가를 일곱 분야로 나누어 제2장에서 보여준다. 속도는 상대적이므로 외국과의 비교를 통해 K속도가 확실히 있음을 입증한다. 제3장에서는 속도가 기업경영에서, 산업경쟁력에서 또 우리의 생활에서 어떻게, 얼마나 중요한 역할을 하는지를, 구체적으로는 유통이나 소비생활 등의 사례를 중심으로 논의한다. 이어서 제4장에서는 가장 최근의 여러 분야에서 두드러진 문화적 현상으로 나타나고 있는 한류를 설명하고 K속도와 연관하여 고찰한다.

속도는 해당 주체의 유전적 요인이나 사회·문화와 분리할 수 없는 현상이자 특성이다. 제5장은 유전적인 특성이나 민족성으로서의 K속도의 존재를 유형, 내용이나 인류·사회적 특징으로 입증하기 위해 사례를 중심으로 또 문화 현상으로도 살펴본다. 연관하여 제6장에서는 K속도의 실현조건과 그 일반화의 가능성을 논의한다. 한국은 세계 역사상 최초로 짧은 시간 내에 산업화와 민주화를 동시에 달성한 유일한 나라인데 그것이 다른 나라에도 적용될 수 있는 일반화 가능성을 논의한다. 동시에 산업화와 민주화의 선·후 관계를 논하면서 다른 나라들도 한국의 선례를 따라 두 가지를 무리 없이 달성할 수 있는가를 생각해본다.

K속도의 부작용과 반작용도 같이 생각해보아야 하는 주제이다. 제7장은 너무 빠른 속도의 역작용이 한국경제와 사회에 미치는 영향을 논의한다. 특히 급속한 인구감소와 노령화가 한국 사회에 미치는 영향과 부작용에 대해 논리적으로 설명하며 이를 K속도의 역설과 부작용으로 표현한다. 과유불급(過猶不及)이라는 옛 표현이 절실한 부분이다. 제8장은 K속도를 방해하고 억제하는 현상과 원인을 논의하면서 국가의 속도 경쟁력을 마라톤 경기에 비유하여 설명한다. 경쟁력을 억제하고 저하시키는 제도적 요인, 특히 각종 규제에 대해서

논의하고 몇 가지 산업의 경우를 예로 설명한다. 제9장은 한국이 되찾아야 하는 속도, 그러나 이제부터는 안전한, 신뢰할 수 있는, 정직한 속도로 업그레이드 시키는 방안을 제시하고 논의하는 부분이다. 마무리는 제10장에서 다룬다.

1-2 발전을 위한 여건과 조건

먼저 한국인이 이 세상에서 특별한 점을 많이 가지고 있는 민족임은 틀림없다. 반론의 여지는 있지만 각 나라 국민들의 지능지수(IQ) 조사에서 한국인은 세계 1위 또는 2위라는 것은 보편적으로 알려져 있다. 그 때문에 우리가 근래 급속 성장을 할 수 있었는지도 모른다. 그러나 소위 국민의 높은 평균 지능지수가 경제성장이나 발전에 절대적인 요인이라는 학술적인 연구나 주장은 아직까지 없다. 그 좋은 머리가 효율적으로 일하는데 또는 빠르게 일하는데 크게 기여하였으나 일정 단계를 지나서는 오히려 방해나 저해 요인이 될지도 모를 일이다.

다만 현재 세계에서 일 인당 국민소득이 높고 소위 발전된 나라로 불리는 국가들은 모두 평균 지능지수가 상대적으로 높은 그룹에 속하고 있다. 이 두 가지 변수의 인과관계를 증명할 필요는 없으나 한국이 유리한 조건을 갖추고 있음은 확실하다. 현재의 선진국들의 평균 지능지수가 상대적으로 높음은 알 수 있다. 통계 자료는 뒤에 나오는 표5-1을 참고할 수 있다.

다른 한 가지 요인으로 주목할 것으로는 한국, 대만, 홍콩, 싱가폴 4국으로 구성된 아시아 NIEs(Newly Industrialized Economies)[7]의 급속 경제성장의 원인에 대해 1980년대와 90년대에 적지 않은 연구와 논의가 이루어졌는데 그 공통 요인 중 하나로 그 나라들의 높은 교육열이 지적되었고 이 주장은 당시 상당한 공감을 얻었다.[8] 미국의 오바마 대통령이 재임 중 교육 모범사례로 자주 언급한 것이 한국의 교육시스템과 높은 교육열이다. 그런데 지금 한국

---

7 1960년대와 70년대에 급속 성장한 한국, 대만 싱가포르, 홍콩 4국을 아시아의 네 마리 용(龍)으로 명명하고 처음에는 Asian NICs(Newly Industrialized Countries)로 불렀으나 홍콩의 국가 호칭 때문에 경제로 바꾸어 NIEs로 부른다.
8 학문연구도 상당한 유행성이 있어서 한국의 IMF 경제위기 이후에는 이런 연구들이 급속하게 퇴조하였다. 한국의 경제위기에 대해 별로 설명할 거리가 없었기 때문일 것이다.

의 공교육 제도에 대해 한국 내에서는 그 누구도 한국의 방식이 성공적이라거나 현재의 제도나 방식을 계속 유지, 발전시켜야 한다고 말하지 않는다. 오히려 이대로는 안 된다는 탄식과 불만이 충만한 상태이다. 따라서 높은 교육열이나 교육제도 또는 교육방식을 앞으로의 경쟁력 수단으로 꼽기도 곤란하다.

한국의 정치, 정부, 사회제도나 문화 및 관행이 뛰어나게 모범적이어서 과거뿐만 아니라 앞으로의 나라 발전에 큰 힘이 되리라고 얘기할 사람은 단언컨대 국·내외적으로 없다. 1960년대 한국의 군사정권이 급속한 경제성장을 이룩한 것은 엄연한 역사적 사실이지만 이제는 군부 독재의 부정적인 측면을 강조하여 오히려 과거의 발전과 업적을 의도적으로 폄하하고자 하는 움직임이 오히려 강하다. 한국인의 성실성이나 질서 의식이 남다르기 때문에 앞으로 그것을 바탕으로 발전의 기틀을 마련해야 할 것으로 말할 용기를 가진 사람은 아마도 없을 것이다.

그러나 한국은 어쨌든 특별한 나라이다. 지난 반세기 동안의 변화가 그 확실한 증거이다. 다름이나 빠름은 상대적인 개념이다. 경제성장, 사회변화, 정치변화, 위상 변화, 생활 변화, 의식구조 변화 등 많은 면에서 한국(인)은 다른 어느 나라보다 상대적으로 빠르게 크거나 변화한 나라이다. 이 책은 그 변화의 장단점이나 결과의 우열을 논하고자 하는 것이 아니라 그 사실을 제대로 인식하고 지속가능성을 모색하고자 함이다. 국가는 지구와 인류가 존재하는 한 존속해야 하기 때문이다.

앞에서 몇 가지 사안으로 예를 들어서 생각해 본 한국인의 상대적으로 높은 평균 지능이나 과열된 교육열 및 여전히 앞서지 못한 기초학문 등의 분야를 앞으로의 경쟁력의 원천으로 삼거나 키워나가면 발전을 지속할 수 있으리라는 주장은 설득력을 얻기 어렵다. 혁신이나 발전을 선도할 사회 분위기를 이끌고 도와주어야 할 제도나 리더십은 오히려 반대 방향이어서 상대적으로 앞선 부문이나 구성원의 도움을 받아도 모자랄 형편이다. 다른 여러 가지 제안이 있을 수 있겠지만 극단적으로 제일 잘 할 수 있는 것을 끝내 발견할 수 없다면, 앞으로 우리는 세계 경제 속의 고만고만한 상태에서 퇴보나 정체의 길을 걸을 수밖에 없다. 그래서 경쟁력의 원천을 발견하고 공감하는 작업이 더욱 필요하다.

발전은 경제성장 또는 부가가치의 증가로 측정되고 그 성장의 중심적 주체는 기업이다. 기업이 성장하고 발전하여 더 많이 생산하고, 판매하고, 고용하고, 수출하면 그것이 구체적으로 국민소득이나 GDP의 성장으로 나타난다. 따라서 기업이 경쟁력을 갖지 못하는데 경제가 정상적으로 성장하기를 기대할 수는 없다. 한국이 과거와 달리 최근 연평균 2% 내외의 경제 성장율을 기록하고 있고, 앞으로도 이 수준을 넘지 못하리라고 예측[9]하고 있는데 이것이 바로 한국 산업과 기업경쟁력의 현주소이다.

한국이 발전하려면 기업뿐만 아니라 정부, 공공부문, 교육부문, 정치, 사회 등 모든 부문이 다 같이 경쟁력을 가져야 하지만 경쟁력이 다른 부문에 앞서 가장 구체적으로 나타나야 하는 부문이 경제, 더 직접적으로는 산업과 기업 부문이다. 물론 한 나라 전체의 경쟁력이 될 수 있는 장점이 어떤 한 부문에서만 나타날 수는 없고 또 그것이 바람직하지도 않다. 그러나 선도적인 부문을 먼저 발견하고 키우며 살려 나가야 하는 것은 전략적 선택일 수밖에 없다. 물론 기업은 사람이 만들고 사람이 운영한다.

이 책에서 주장하고자 하는 주제와 결론은 경쟁이 치열한 세계 속에서 한국인이 상대적으로 가장 잘 할 수 있는 경쟁력의 원천은 속도(빠름)이다. 앞으로 본문을 통해 계속 증명되고 설명되는 바와 같이 한국인만큼 빠르게 일하거나

---

9 코로나 사태로 인해 타격을 받은 2020년을 넘어 세계 경제의 2021년 성장률을 IMF가 예측했는데 세계 평균은 6.0%, 한국은 4.3%로 선진국 중에서 상대적으로 낮은 경우이다.(기획재정부 보도 참고자료 2021. 7. 27)

만들거나 일을 처리할 수 있는 자질, 속성이나 능력을 가진 나라나 민족은 세계에 거의 없다고 본다. 남이 가지지 않았거나 앞서지 않았다면 그것은 우리의 상대적 장점이자 경쟁력이 된다.

급속한 경제성장 과정을 거치면서 이 속도의 장점은 '빨리빨리', '대충대충'이라는 약간은 자조적(부정적)인 표현과 함께 때로는 한국인의 단점으로 부각되는 방향으로 나타나기도 하였다. 재빠르게 일을 해치우는 과정에서 나타나는 부작용은 물론 있다. 빠르게 하다 보면 실수가 나오기 쉽고 디테일에 소홀해지기도 쉽다. 그래서 열 가지 중에서 한 가지가 소홀해지면 다른 아홉 가지도 함께 못쓰게 될 수 있고 건축의 부실시공 부작용과 같이 결과적으로 더 큰 피해를 당해 또박또박 천천히 간 것보다 못한 결과로 나타날 수도 있다.

맨 앞에서 잠깐 설명한 바와 같이 혁신에 의한 경쟁력의 핵심은 속도이다. 혁신의 중요한 전제도 속도이다. 남보다 빠르지 않으면 이길 수 없다. 성장하고 발전하려면 모든 면에서 앞설 수밖에 없다. 그동안 우리는 한국인이 상대적으로 가장 잘 할 수 있는 것을 부작용을 지나치게 의식하여 때로는 폄하하거나 제대로 살리지 못한 측면도 있다. 물론 지금까지와 같은 상태나 모습의 속도이어서는 곤란하다.

다만 앞으로 한국인의 속도는 빠르기는 하되 안전한 속도, 누구나 믿을 수 있는 속도, 자·타에게 정직한 속도가 되어야 하고 이 세 가지가 충족되면서 우리가 지닌 고유의 장점이 발휘된다면 한국이 다시 도약할 수 있는 경쟁력의 기반이 될 수 있을 것이다. 물론 그 실현을 위해 정치적, 법적, 제도적 개선과 뒷받침이 필요하고 교육시스템이 달라져야 하고 지금까지의 관행과 문화가 달라져야 한다. 즉 장점은 살리고 그동안 경험해 오고 여러 형태로 나타났던 부작용을 없애거나 줄이는 방법을 같이 모색해야 한다.

1-3 속도와 가속도-개념의 현실적 정리

인류는 의식적이든 무의식적이든 속도를 열망하며 살아왔고 지금도 여전히 갈망한다. 빨리 가고 싶고 빨리 갖고 싶어 한다. 빨리 벌고 싶고 빨리 키우고 싶어 한다. 빨리 이기고 싶고 빨리 끝내고 싶어 한다. 빨리 만들고 싶고 빨리 보여 주고 싶어 한다. 빨리 달리고 싶고 빨리 이르고 싶어 한다. 앞의 모든 빨리라는 표현에서 '더'라는 말을 붙이고 싶어 한다. 이 속도 덕분에 인류는 엄청나게 많은 것을 이루었다. 그래서 빠름은 진보, 이김, 발전 또는 성장 그 자체가 되기도 하고 그렇지 않더라도 발전의 가장 중요한 요소가 되어왔다.

"컴퓨터 기술의 급속한 발전, 세계화 시대의 시장과 기후변화와 같은 자연의 변화가 한꺼번에 가속도가 붙으면서 직장·정치·지정학·도덕·지역사회가 모두 급속도로 변화한다."고 토마스 프리드만은 설명한다.[10] 우리는 거부할 수 없는 가속도의 시대에 살고 있다. 세계에 발붙이고 살려면 가속도는 선택의 문제가 아닌 생존의 문제가 되어버렸다.

페터 보르샤이트[11]는 《템포 바이러스》라는 책을 통해 속도를 바이러스로 비유했다. 그 책의 부제는 '인간을 지배한 속도의 문화사'이다. 저자가 분석한 내용 중에 "부유한 나라일수록 국민들이 움직이는 속도와 박자가 빨라진다."는 표현이 있다. 발전하고자 하는 현대인은 속도의 압박을 벗어날 수 없다는 의미이다. "시간은 삶이다…. 사람들이 시간을 절약하면 할수록 그것을 조금 더 갖게 된다."(앞의 책 p540). 인간의 역사는 속도와 분리할 수 없다. 상대적

---

10 프리드만의 생존지침서(Thank You for Being Late by Thomas Friedman 2017), 세계의 베스트셀러, 조선일보 2017. 1. 7 A17
11 페터 보르샤이트 저(두행숙 역) "템포 바이러스-인간을 지배한 문화사", 들녘, 2008. 이 책에서 저자는 속도의 가속화가 반드시 행복한 것만은 아니라는 점을 견지하고 있지만 속도가 현대사회를 지배하고 있음을 예를 들어 입증하고 있다.

으로 빠르면 시간을 좀 더 가질 수 있다.

그러나 보르샤이트는 여가 시간이 계속해서 길어지면서 더 많은 사람들이 속도 바이러스에 감염되어 일단 불붙은 가속화의 메커니즘이 엄청난 재앙에 의해서가 아니고는 거의 멈출 수 없을 것이라는 점도 지적한다. 그 재앙의 예가 2020년 벽두부터 전 세계가 겪고 있는 코로나 바이러스라고 할 수 있다. 또한 속도나 가속도의 일상화가 이미 이루어져 있고 인간의 생활에서 상대적으로는 어떤 일에 대한 소요 시간이 줄어서 자신의 가용 시간이 늘어날 수 있겠지만 절대적으로는 시간이 오히려 부족해 가는 모순적 현상을 나타내기도 한다. 인문학적 고찰이 이 책의 목적이 아니므로 더 이상 논의하지 않겠지만 속도의 가속화가 인간을 더 행복하게 만드는 것이 아님은 분명하지만 그렇다고 모든 측면에서 속도의 가속화를 거부할 수 없는 것도 사실이다.

속도는 연속적으로 가속되거나 지속적으로 꾸준히 빨라지기도 하고, 이산적으로 단숨에 뛰어올라서 혁명적으로 빨라지는 형태도 있다. 오랜 인류 역사에서 농업의 발전과 같이 농산물 수확량이 다소간에 지속적으로 늘어난 경우도 있고 통신수단의 발전과 같이 한 점에서 다른 점으로 비약적으로 빨라진 경우도 있다. 인류의 통신수단은 실제 인간 걸음걸이의 속도로부터 시작하여 지금은 거리에 관계없이 실시간으로 정보가 전달되고 이용되는 상태까지 발전하였다. 소위 정보의 소통에 관한 한 거리와 공간은 사라졌다고 공언할 수준에 이르렀다.[12] 책이나 글을 읽는 것과 같이 인간 능력의 한계가 확실한 경우에는 기계나 인공지능이 대신 읽고 처리해 주는 방법이 개발되었고 방대한 양의 자료(데이터)를 실시간으로 검색하고 처리해서 필요한 빅데이터에 의한 정보

---

12 물론 이런 현상은 나라와 경제에 따라 다르다. 한국과 같이 통신 인프라가 잘 갖추어진 나라에서는 공간과 거리가 사실상 장애가 되지 않는 경우도 있고 아프리카나 아마존의 어떤 나라 지역의 경우는 통신수단이 전혀 없거나 다닐 수 있는 도로 조차도 없는 경우가 있어서 소위 디지털 디바이드(digital divide)의 심각한 문제가 상존한다.

를 순식간에 획득하고 가공, 처리하는데 불편함이 없어진 단계로 계속 발전하고 있다. 이제는 인간의 지시가 아니라 기계 스스로가 판단하고 처리하는 인공지능의 단계까지 이르렀다.[13]

(1) 변화 속도에 대한 인식과 결과

인류는 발전이나 성장을 거부할 방법이나 도리가 없다. 물리적이고 군사적인 힘의 원천은 속도이며 경제나 산업도 경쟁력의 핵심은 속도이다. 앞의 두 가지를 공통적으로 아우르는 배경은 기술인데 기술 발전이 추구하는 목표는 궁극적으로는 속도이다. 공학, 의학, 물리학을 비롯하여 모든 분야가 이루고자 하는 목표는 속도 그 자체이거나 속도로 표시할 수 있는 변화이다.

우리가 오래전부터 즐겨 인용하는 말 중에 '시간은 돈이다(Time is money)'라는 표현이 있다. 그런데 시간이 속도로 대체되어 '속도가 돈이다(Speed is money)'로 표현해도 조금도 어색하지 않고 오히려 더 설득력이 있는 표현이 되고 있다. 예를 들면 이미 자본주의 경제의 가장 중요한 핵심 기능이 되어 버린 금융거래에서도 속도가 생명이다. 첨단 금융거래에서 경쟁력은 속도에서 나오는 경우가 대부분이다. 뒤에서 예로 나오는 대로 주식이나 선물거래에서 주문의 전송속도가 수익성을 좌우하기 때문에 주문자가 거래소의 컴퓨터와 가까이 있어야만 전달 속도에 따른 차이에 따른 불이익을 받지 않는다는 이유도 있다. 순간적인 접속 속도의 차이가 거래의 결과를 좌우하기 때문이다.

---

13 이것은 인공지능(Artificial Intelligence)의 기능과 역할과 관련이 있는 사안으로 인공지능이 인간의 보조 역할을 넘어 판단과 의사결정단계까지 발전할 수 있는 단계에 이를 수 있음을 나타내는 예가 될 수 있다.

(2) 자연과학적 개념과 측정 방법

자연과학적 개념으로도 설명이 가능하다. 속도는 물리적인 현상이고 속성이므로 물리학의 열역학 법칙으로 설명하자면 에너지(활력)의 공식은

$$E \fallingdotseq \sum mv^2 \text{ 로 표시할 수 있다.}$$

여기서 $\sum$는 합계(산)

E는 에너지 또는 원하는 성과(성장, 소득 등)

m은 질량 또는 투입물의 크기(투자, 매출 등 규모 등)

v는 속도(기술 발전 속도, 생산처리 속도 등)이다.

즉 에너지(경제적 성과나 활력)의 크기는 해당 물체의 질량(규모)에 변화 속도의 제곱을 곱한 값으로 나타난다.

이 공식을 우리가 주제로 논의하고 있는 내용에 응용해서 설명해 보면 잘 들어맞는다. 에너지는 측정이나 관심의 대상이 되는 생산량 증가분, 이익의 크기, 군사력의 정도, 소득 성장, 경쟁력 등 어떤 것으로 바꾸어 표시해도 되며 위의 식에서의 질량은 논의하고자 하는 투입 대상, 예를 들면 투자, 생산요소 투입량, 군사력 규모, 경제 규모 등이 되며 상대적으로 또 단기적으로는 크게 변하지 않는 안정적인 값(상수)에 해당한다. 속도는 기술 발전 속도, 혁신의 속도, 물리적 속도, 성장 속도 등 변화의 정도가 되며 위의 공식과 같이 제곱의 의미는 해당되는 속도 자체의 가속성 효과이다. 예를 들면 기업의 생산(경쟁)력은 기술 발전이나 혁신의 속도 및 가속도가 클수록 올라가게 된다. 물론 생산설비나 자금 규모, 경제 규모 등 위의 공식에서는 질량으로 표현되는 부문도 크거나 많으면 더 큰 결과를 가져오겠지만 그것은 단기적으로는 일종의 상수 역할을 하므로 핵심은 속도에 있다. 즉 규모보다는 변화의 빠름이 경쟁력과

그에 따른 결과를 결정한다는 의미이다.

위와 같은 물질적 측면뿐만 아니라 비물질적 측면 예를 들면 문화에서도 이 공식이 응용될 수 있다.[14]

$$C = \sum E \times T$$

C=Culture(문화의 수준)

E=Energy(1인당 연간 에너지 추출량)

T=Technology(이 에너지를 일에 투입하는 기술적 수단의 효율성)

문화 수준은 인간(인류)이 쓸 수 있는 에너지 추출량(예를 들면 소득)이 늘어나고 이 에너지를 일에 투입하는 기술적 수단의 효율성(예를 들면 IT기술)이 증가하는 것에 비례적으로 늘어난다. 뒤의 한류를 설명하는데 이 공식을 응용할 수 있다.

좀 더 좋게, 좀 더 많이, 좀 더 크게, 좀 더 세게, 좀 더 빨리, 좀 더 넓게를 추구하는 과정이 인류나 국가 또는 조직 등의 성장, 발전과정이라고 설명한다면 그 표현에서 '빨리' 등의 의미가 바로 속도이고 '더' 라는 제곱으로 표시된 가속도와 같은 의미가 된다. 경쟁상대보다 상대적으로 빠른 속도를 가질 수 있다면 경쟁력에서 우위를 가질 수 있다. 즉 앞의 물리학 공식을 주의 깊게 다시 한 번 빌린다면 질량(덩치) 자체도 커야만 전체적인 힘(활력)이 커지겠지만 그보다는 속도의 빠름으로 규모의 작음을 얼마든지 보완할 수 있음에 유의해야 한다. 뒤에서 예로 드는 인류 역사의 전쟁에서 승패를 좌우하는 핵심 요인은 대부분 군사력의 규모보다 속도(기동성)이었다.

---

14 이안 모리스, 가치관의 탄생(이재경역), 반니, 2016

(3) 경제적 비용에 의한 측정-거래비용과 기회비용

경제적 측정 방법으로는 속도를 물리적인 속도가 아닌 비용으로 측정하는 방법도 있다. 이 책이 관심과 분석을 목표로 하는 속도도 물론 비용과 관련된 경제적 속도이다. 비용은 직접적으로 나타나고 계산되는 가격뿐만 아니라 간접적으로 나타나는 숨은 비용도 있다. 그 대표적인 비용의 내용과 측정 수단이 거래비용과 기회비용이다.

경제학 이론에서 계속 거론하는 비용 중에 거래비용이 있다. 모든 거래, 예를 들면 물건을 사는 경우에 그 물건 값으로 지불하는 가격 외에도 사러 가고 오는데 드는 시간과 교통비, 살 물건을 고르는 시간 등은 해당 소비자에게는 비용으로 계산되어야 한다. 해당 거래에 소요되는 숨은 비용이다. 일반적으로 그 비용을 자기가 자기에게 직접 지불하지는 않으므로 그것은 당사자에게는 기회비용으로 불린다. 기회비용은 사람마다 다르다. 내가 물건을 사러 가지 않는 대신 일이나 딴 활동을 해서 벌 수 있는 소득이나 가질 수 있는 효용이 그 사람의 기회비용이 된다. 당연히 소득이 높을수록 기회비용은 올라간다. 그래서 그런 사람에게는 거래를 위한 시간 사용, 즉 거래비용이 더 중요해지는 것이다. 물론 쇼핑이나 외식 등은 시간이 걸림에도 불구하고 그 소비행위를 하는 주체가 즐거움과 기쁨 등을 얻을 수가 있으므로 사람에 따라서는 기꺼이 기회비용을 무시하는 경우도 있다.

소득수준은 올라가기 마련이므로 개인의 거래비용과 기회비용도 같이 상승한다. 그래서 누구에게나 시간이 더 '귀해지는' 것이다. 아무것도 하지 않고 놀고 있어도 내 시간은 점점 귀해진다. 누군가가 상대적인 싼값으로 시간을 절약시켜 주면서 서비스를 제공해 준다면 나는 비용을 지불하면서 그 서비스를 기꺼이 택할 용의가 있다. 따라서 소득 성장에 따라 상승하는 거래비용과 기회비용과 상대적으로 달라지는 서비스 비용이 새로운 시장을 만들어내는 것이다. 이런 추세에 더하여 코로나 사태와 같은 '비대면 방식'이 강제되거나 선호되면 그 시장은 폭발적으로 성장할 수 있다.

옛날부터의 '시간은 돈이다'라는 말은 그 의미가 절실하기보다는 시간을 아껴야 하거나 낭비하지 않는 것이 좋다는 의미로 쓰이는 정도였다. 왜냐하면 그때까지 경제학에서의 중요한 기본개념 중 하나인 거래비용과 기회비용에 대한 인식이 별로 없었기 때문이고 경제상황도 기회비용을 의식해서 바쁘게 움직이지 않아도 되는 환경이었기 때문이다. 기회비용은 내가 어떤 일에 시간을 씀으로서 그 시간에 다른 일을 해서 벌거나 만들 수 있는 가치(돈) 만큼의 계산상의 손실이 발생한다는 뜻이다. 기회비용 개념으로 생각하면 개인의 생활도 크게 달라질 수 있다. 또 개인의 성공을 위한 노력은 자신의 기회비용을 높이고자 하는 뜻도 있음을 알 수 있다.

따라서 기회비용 개념은 비즈니스에서 더 정확하고 냉혹한 의미를 가진다. 많은 경우에 남(경쟁자)보다 빠르면 더 많은 판매, 이익, 고객 등을 확보할 수 있다. 빠르지 않으면 많은 경우에 경쟁자에 밀려 탈락하는 수도 있다. 이 빠름은 만드는데 드는 시간, 서비스하는데 걸리는 시간으로도 표시되고 사용하는데 드는 시간, 접속하는데 드는 시간 등 모든 과정과 절차까지 포함하여 시간이 바로 경쟁력임을 의미한다. 당연히 더 빨리 가는 고속열차는 저속열차보다 표값이 비싸다.

같은 차원에서 거래비용도 논의의 대상이다. 모든 일에는 시간이 소요된다. 쇼핑, 통근 통학, 식사 등 시간이 드는데 그 시간은 사실상 당사자의 비용으로 계산해야 한다. 먼 옛날에 시골 장에 가듯, 또 현대에 쇼핑을 하듯, 자기가 그 자체를 즐기면 문제가 아니고 기꺼이 비용을 지불할 용의가 있지만 그 밖에는 쓰는 시간만큼의 손실(기회비용)이 발생하므로 시간을 줄일 수 있으면 그만큼 이득이 발생한 것으로 계산할 수 있다. 그것이 거래비용이다.

시간과 노력을 아낄 수 있으면 기꺼이 돈(비용)을 지불한다. 전기밥솥, 로봇청소기 등이 생활과 관련된 예이며 4차 산업혁명의 중심 기술인 AI(인공지능)도 같은 차원이다. 폭발적으로 성장하고 있는 배달업이 그 직접적 증거이다. 수많은 혁신과 발명, 개선 등 모든 노력은 궁극적으로 전보다 더 시간이나 비용을 줄이는 방법이나 방향을 제시하는 것이다. 시간은 돈이므로 시간이 바로 경쟁력이다.

1-4 사회, 경제와 사회생활에서의 속도의 역할과 중요성

인류 역사 이래 경제발전의 과정은 생산성 향상을 위한 노력 그 자체이며 더 구체적으로는 발전은 시간을 단축하는데 성공한 보답이다. 인류 경제사에서 가장 중요한 혁명 중 하나로 볼 수 있는 산업혁명은 생산, 제조 속도를 획기적으로 바꾸는 혁명이었다. 이 (산업혁명) 과정에서 "… 학생들은 산업화 이전의 느린 기술이 아니라 이른바 신속한 화학, 빠르게 작동하는 기계, 가속화된 가동방식, 속도를 내는 에너지원에 대한 지식과 기술을 배웠다."[15] 생산의 패러다임 체인지가 이뤄진 것이다.

그러나 산업혁명 이전이나 시기적으로는 산업혁명 이후라도 그때까지 산업화가 진행되지 않았던 나라나 지역에서의 시간에 대한 인식이나 일에 대한 태도는 전혀 달랐다. 산업화 이전의 과거 중국이나 조선에서 '세월(시간)은 쇠(소)털만큼 많으므로 서두를 필요가 없다.'는 표현이 아주 자연스러운 것이었다. 그러나 이미 산업화가 전 세계를 지배하는 지금에는 어느 나라도 속도의 지배를 벗어날 수는 없게 되어 있다.

주지하는 대로 한국의 경제성장 속도는 세계 역사상의 신기록이다.[16] 세계는 가장 빠른 시간에 세계의 최빈국 중의 하나에서 국민소득(GDP) 기준 세계 제10위권 내외 규모의 경제 강국으로 성장한 것을 유례가 없는 '한강의 기적'으로 평가한다. 한 가지 예로서 세계 제1위 경제 대국인 미국이 1960년에서 2017까지 경제 규모가 35.7배 증가했는데 한국은 같은 기간 386.8배 증가하였다. 어느 나라나 잘살고자 하며 후진국이나 중진국에서 선진국으로 진입하고자

---

15 보르사이트, P133-134.
16 장대환, 우리가 모르는 대한민국-미라클 코리아 70년, 매일경제신문사, 2019. 이 책이 한국 경제발전에 대한 통계적 결과와 국제적 비교를 쉽게 보여 주고 있다.

노력하지만 그 뜻을 이루지 못하고 있다. 성장 속도는 절대적이면서 또 상대적이기 때문이다.

즉 경제성장이나 발전에서 핵심 요인은 상대적 성장 속도이다. 상당한 기간 지속적으로 다른 나라보다 더 빠르게 경제가 성장할 수 있어야 경쟁에서 이길 수 있고 그것이 쌓여서 발전으로 결실하는 것이다. 특히 경제를 비롯한 여러 가지 부문에서 경쟁 국가보다 빠르지 않으면 따라잡을 수 없다.

1-5 교통, 통신 발전과 속도의 중심적 역할

저자가 어린 시절 할머니나 할아버지가 옛날 이야기를 해주실 때 처음 시작은 예외 없이 "옛날, 옛날 한 옛날에…"로 시작되었다. 지금(그 당시)보다는 확실히 달랐던 시절, 예컨대 할아버지의 한참 위 할아버지들이 살았던 시절을 표현하기 위해, 그래서 지금(현재)과는 좀 다른 세상을 강조하기 위해서였다. 왜냐하면 당시가 생활이나 기술 등 모든 것이 비교하고자 하는 옛날과 별 차이가 없었기 때문이다. 지금은 얼마 전, 예컨대 지난해 심지어 몇 달 전, 아니면 몇 주 전의 일이나 며칠 전에 새롭게 나왔던 기술을 얘기하기 위해 위의 표현이 바뀌어야 하는 시대가 되었다. 더욱이 디지털화와 각종 소셜미디어의 발달로 세상(사회)이 바뀌는 속도는 엄청나게 달라졌다. 그 대표적인 예로 교통과 통신을 들 수 있다.

(1) 교통

최근 2백 년 동안에 가장 뚜렷이 또 모든 인류가 공통적으로 체험한 가장 극적인 변화 분야 중의 하나는 교통 분야일 것이다. 인류의 오랜 교통수단은 육지에서는 처음은 발이었고 다음은 말(馬)로 대표되는 축력[17]이었다. 그러나 오랫동안 군사적 목적을 제외하고는 말이 보편적인 교통수단의 역할을 할 수는 없었다. 마차가 고안되어 유럽이나 아메리카 신대륙에서 사람이나 물자의 대량수송에 중요한 역할을 하기도 하였으나 오늘날의 교통수단의 역할과 같이 공간과 거리를 본격적으로 좁히는 단계에 이르지는 못하였다. 강이나 바다에서는 각종 선박이 고대로부터 중요한 교통수단의 역할을 하였으나 증기기관 발명전까지는 자연의 풍력이나 인력을 동력원으로 사용하였다. 따라서 자연조

---

17 역사적으로 보면 자연조건이나 기후 등에 따라 소, 낙타, 코끼리, 개 등이 주요 수송 수단이 되거나 전투력의 중심이 되기도 하였으나 보편적인 측면에서는 말이 가장 널리 쓰였을 뿐만 아니라 가장 효율적인 수단이 되었다.

건 등에 따라 많은 제약과 사고의 위험도 높았고 당연히 규모와 속력도 제한적이었다.

증기기관의 발명과 철도, 증기선의 등장은 교통(수송) 부문에 혁명적 변화를 불러와서 인간의 생활공간과 일상적 이동 거리가 획기적으로 늘어났다. 국가, 사회, 공동체가 영향을 미칠 수 있는 지리적, 공간적 범위가 확대되면서 정치체제, 사회 구조, 공동체와 개인의 생활방식, 의식구조, 문화 등 모든 면에서 큰 변화가 일어났다. 근대사회로의 이행은 교통과 통신이 선도하였다고 할 수 있다.

내연기관을 이용하는 자동차의 발명은 또 다른 혁명이었고 뒤이은 비행기의 등장은 시간과 공간 개념의 신세계를 열었다. 특히 기차와 자동차의 발명은 근대 도시의 생성과 모든 도시 내와 도시 간의 공간과 외연을 넓히고 산업화를 촉진하는 강력한 수단이 되었다. 새로운 교통수단의 발명과 통행 속도의 지속적인 증가 없이는 오늘날과 같은 도시 형성과 도시 생활은 있을 수 없다. 또한 증기 및 내연기관과 비행기의 등장이 오늘날과 같은 세계화 시대의 도래를 촉진하였다.

앞에서 언급한 바와 같이 산업혁명 시대를 기점으로 속도가 변화의 중심에서 본격적인 역할을 하기 시작하였다. 물론 산업혁명 이전에도 속도는 중시되고 경쟁력의 가장 중심적인 위치에 있었다. 예를 들면 더 빠른 발, 더 빠른 말, 더 빠른 배를 찾고, 만드는 일이 경제, 그보다는 군사적 경쟁력에서 절대적으로 필요하였으므로 끊임없는 혁신과 개선, 개량이 이루어졌다. 그 개선은 대부분 군사적인 목적에 사용되는 것에서 비롯되었다. 무기의 경우 총이나 대포와 같은 화기가 발명된 후에는 사거리를 늘리고, 화약 장전 시간을 줄이고, 연속 발사하게 하는 등의 속도 경쟁은 군사력의 우위를 위해 절대적이었고 따라서 성능 경쟁이 치열하게 계속되었다. 그럼에도 불구하고 그 상대적 속도의 증가는 산업혁명 이전과 그 후와는 비교가 되지 않는다.

산업혁명 이후의 변화는 질과 양의 양면에서 차원이 다른 모습을 보여 주었다. 그 가속도는 눈에 보이는 정도를 넘어 오늘날에는 상상을 뛰어넘는 수준에 이르고 있다. 자동차는 안전을 위해 최고 속도를 제한하고 있지만 경주용 자동차는 저속 비행기 속도에 다가가 있다. 지구를 넘어 우주로 나가는 기술은 우주여행이 관광 상품으로 예약되는 단계까지 발전하고 있다. 교통수단의 경우 기술 자체보다는 그 수단을 운영할 법적, 제도적, 인프라의 뒷받침 때문에 이용이 제한되고 있을 뿐이다.[18] 주행속도의 차원과는 별도로 인공지능(AI)에 의한 자율자동차의 개발은 자동차 산업과 전자 산업 및 통신 정보산업의 구분을 필요 없게 만들어 가고 있다. 비행기보다 빠른 속도(1200km/시간)를 낼 수 있는 하이퍼루프(Hyper-loop)와 같은 교통수단도 실험단계를 벗어나 상용화의 가능성을 과시하고 있다.[19] 제4차 산업혁명 시대의 신산업의 하나로 각광을 받고 있는 드론은 땅과 하늘의 교통수단을 융합하는 선도 역할을 하고 있으며 앞으로 많은 비행기의 소형화와 자율 비행을 실험하는 사전 단계로 해석할 수도 있다. 조만간 지상의 도로와 같이 공중에도 교통통제 시스템이 필요하게 될 것이다. 비행기의 속도를 혁명적으로 늘리는 작업도 가시화되어 있다. 우주여행을 위해 사전예약을 받을 정도로 인간의 생활과 여행공간이 우주공간으로 그 외연이 확장되고 있다. 그 속도도 계속 빨라지고 있다.

(2) 통신

편의상 교통을 먼저 다루었지만 통신의 발전은 교통수단 보다 훨씬 더

---

18 현재 서울-뉴욕간은 비행기로 10시간 이상 소요되지만 앞으로 2시간 이내로 비행이 가능할 기술이 개발되어 있다. 상업 비행기가 운용되기 전에는 배로 한 달은 가야 하는 거리였다는 것을 생각하면 교통수단의 가속화가 미치는 영향을 가늠해볼 수 있다.
19 '뉴욕-워싱턴 29분. 총알열차 하이퍼루프 현실로?' 매일경제 2017. 7. 22

극적이고 혁명적이다. 통신의 속도는 과거에는 교통수단의 속도를 넘지 못했다. 즉 인편이나 마편(馬便), 차편 또는 선편이 통신의 전달 수단이 되었기 때문이다.[20] 광학적 통신망 설치를 통한 통신 혁명은 전보(전신)와 유선전화의 발명으로 시작되었다. 과거 조선 왕조시대에 부산에서 서울까지 가는데 걸어서 한 달쯤은 걸렸는데 이제는 실시간으로 통신이 가능하고 그것도 글(편지 등)이 아닌 말(대화)로 상대방을 보면서 소통이 가능하게 되었으므로 그것은 매우 짧은 시간에 실현된 엄청난 변화이다. 실시간 통신은 세계의 많은 지점과 가능해졌으므로 세계로 공간을 확대해 보면 더 혁명적이다. 더 유의해 볼 점은 이런 실시간 통신에 비용이 거의 들지 않거나 상대적으로 저렴한 통신요금으로 가능한 점이다. 물론 이런 기술이 가능하게 된 배경은 전기, 전자와 전파가 발명, 발견되고 이용되었기 때문이다.

비교컨대 지금까지의 생활과 관련된 인류 역사에서 발명되거나 혁신된 기술 중에서 통신 분야보다 더 빠른 속도로 변화와 진보를 보인 분야는 없을 것이다. 한국의 경우를 예로 들어 보면 전화 통화는 1882년에 처음 도입되어 궁전과 각 아문(현재의 정부 부처) 간의 연락에 사용되었다. 20년 뒤인 1902년에 서울(한성)과 인천 사이의 전화가 먼저 가설되었고 그 후 시내전화도 개설되었다. 1905년까지 가입자가 수백 명에 불과했는데 주된 이유는 높은 가격이었다. 1960년대까지는 개인 가정에 유선전화를 설치하는 것은 거의 불가능하였다. 유선 전화망 등의 인프라가 구비되지 않았고 비용이 비쌌기 때문이다. 또 그 이전에는 자동 교환이 아닌 교환원을 통한 간접 연결 방식이었다.

1980년대에 이르러서는 원하는 가정마다 유선전화가 설치가 가능해졌고 혁신적인 변화의 단초로 이동통신의 첫 단계인 '삐삐'가 등장하였다. 이동 중

---

20 물론 군사용으로는 더 다양한 수단이 이용되었다. 예를 들면 전서구(비둘기)를 이용하든지, 봉화대를 통한 불빛과 연기를 이용하기도 하고 특정한 소리나 반사되는 빛을 이용하는 통신수단도 있었지만 보편적으로 이용되지는 않았다.

인 통신 가입자에게 연락을 부탁하는 수단인 신호(삐삐소리)를 보내어 상대방으로 하여금 전화를 걸게 만드는 이 방식은 당시로는 경이로운 첨단 수단이었다. 곧이어 초기 이동전화가 미국에서 보급되기 시작하고(작고 가벼운 오늘날의 형태가 아닌 크고 꽤 무거운 제품이었다) 한국에서도 1980년대 말부터 등장하면서 모바일 통신(휴대전화) 시대가 시작되고 이어서 2000년대부터 스마트폰 시대로 접어들었다. 최근 100여 년 동안에 한국을 비롯한 많은 지구상의 인류는 발에 의존하는 통신 방법으로부터 지금은 누구나 언제 어디서나 실시간으로 소통할 수 있는 수단을 구비하게 되었다. 그리고 그 속도는 무섭게 빨라지고 있다.[21] 2019년 초 한국이 5G를 세계 최초로 상용화 하면서 KT 황창규 회장은 세계 최대 모바일 전시회 MWC 연설에서 "5G는 단순히 속도만 빠른 게 아니라 제조업 패러다임을 바꾸는 기술로 한국경제를 움직일 중심축이 될 것"으로 전망하였다.[22]

예부터 우리가 쓰는 아주 빠른 속도의 표현으로 '눈 깜박할 사이'가 있었는데 현재의 시간 단위로는 약 1초 정도 되는 길이일 것이다. 현재의 통신 속도는 1초의 1,000분의 1(밀리초)을 다투는, 우리가 감각으로는 절대 감지할 수 없는 빠름을 가지고 경쟁하고 있다. 그 실제적 예가 증권과 선물거래 또는 스포츠에 쓰이는 속도이다.

---

21 이런 엄청나게 빠른 기술진보와 기기의 보급은 필연적으로 나라마다의 격차(Digital divide)를 초래하게 된다. 통신수단은 유선, 무선 또는 디지털 방식을 막론하고 엄청난 시설투자와 서비스 비용을 필요로 한다. 경제발전이 더디거나 뒤처진 나라일수록 통신수단의 격차도 감수해야 하는 어려움이 발생하는 것이다. 필자는 1990년대에 이 문제를 논의하는 논문을 발표한 바 있다. 거기에서 아직 유선전화 시스템도 제대로 보급되지 않은 개발도상국이 국가 정책으로 어떤 통신수단 설치를 결정해야 하는 가의 문제이다. 즉 선진국의 발전 패턴을 따라서 유선망부터 설치해야 할 것인가 아니면 아예 이동통신망부터 시작할 것인가에 대한 문제제기였다. 이 질문은 많은 개도국에 공통적으로 적용되는 질문인데 기술의 특성과 빠른 진보 속도 때문에 대부분의 나라들은 아예 디지털 방식부터 시작하고 있다.(임정덕, 'Information and Communication Technology and Bslanced Deveopment', 도시·지역개발연구 제8집 제1호, 2000) 이것은 진화론적인 적용방식 이론에 대한 다른 가능성을 제기하는 면이 된다. 통신수단으로 처음부터 디지털 방식을 사용해도 아무런 부작용이나 다른 부문과의 상호작용에 애로가 없는가의 질문이다. 즉 통신수단의 진보(진화)과정에서 매우 주요한 유선통신방식을 생략하고 처음부터 디지털 방식으로 들어가도 문제가 없다는 것이 판명되면 경제발전론에 상당히 중요한 참고사항이 될 수 있기 때문이다. 그런데 중간평가로는 단계적인 경로를 취할 수는 없다는 것이다. 기술변화의 속도 때문에 앞서간 나라를 따라갈 필요가 없어진 것이다. 기술변화의 가속도효과는 비용을 천문학적인 규모로 감소시키는 결과를 가져 오기 때문이다. 지금 자동차를 도입하는 나라는 전기자동차를 선택할 수밖에 없는 원리이다.

22 조선경제 2019. 2. 26. B5

18세기와 19세기 초에 걸친 나폴레옹 전쟁에서 비둘기, 쾌속선, 우편 마차와 유능한 정보원을 이용하여 영국 정부보다 빨리 정보와 소식을 획득하여 주식과 채권시장에서 엄청난 부를 획득한 금융 명문 로스차일드가의 비결은 빠른 속도이었다.[23]

세계에서 가장 큰 상품 선물거래소(CME)는 미국 시카고에 있고 증권거래소(NYSE)는 미국 뉴욕에 있다. 주식이나 상품 선물 가격은 서로 영향을 주고받으므로 남보다 빠르게 주문을 내는 것이 경쟁력의 원천이다. 지금은 모든 거래가 전자통신 방식에 의해 이루어지므로 몇 밀리초라도 앞서야 거래에서 이길 수 있는 것이다. 통신도 거리에 따라 도달 속도에 차이가 나므로 송신 수단과 수신 수단 간의 거리가 결정적으로 중요하다.

다음의 신문기사 내용은 그 통신 속도 전쟁의 모습을 설명한 재미있는 예이다. 우리가 일상생활에서는 도저히 감지할 수 없는 단위의 시간이 엄청난 금융 거래의 승패를 좌우하는 가장 중요한 요소임을 잘 보여 준다.

인구 20만 美 소도시서 벌어진 '0.001초 타워전쟁'

오로라시(市). 미국 시카고에서 서쪽으로 60km 떨어진 이 곳에선 '광속전쟁'이 한창 중이라 한다. 고속도로 가로등 기둥마다 접시 안테나가 달렸 있고, 공터에도 여러 개의 접시 계속 들어선다고 하는데

23 홍익희, 신유대인 이야기, 조선일보 2021.10.19. A34

이는 미 동부의 뉴욕증권거래소(NYSE)와 나스닥거래소의 뉴저지주 데이터센터들로부터 각종 금융 데이터를 마이크로파로 받아, 시카고 상업거래소(CME)의 각종 선물(先物)과 파생상품을 초단타 매매(HFT_ High Frequency Trading)하는 회사들이 설치한 것이라 한다.

CME는 하루 2,000만 건 안팎의 거래가 이뤄지는 세계 최대의 선물거래소. 초단타 매매사 들은 뉴욕증시에서 가격이 오르는 종목의 선물·파생상품을 남보다 빨리 주문하며, CME에서 선물 가격이 뛰는 종목을 더 빠르게 NYSE나 나스닥에서 주문하기 위해 첨단 기술이 적용된 자동 전자 거래를 한다. 이 게임은 '속도'가 승부다. 1,000분의 1초인 밀리초(millisecond)를 앞서려는 게임이다. 광섬유 전송이 6.55밀리 초인 반면 마이크로파 전송은 4.25밀리 초밖에 안 걸린다. 이렇게 줄인 2~3밀리초 동안 가격 변동은 고작 0.08센트지만 한 번에 수만 주씩 거래하고 또 24시간 내내 수천, 수만 건을 자동으로 전자 거래해 수익을 올린다는 것이다.(조선일보, 2019. 4. 26. 인용 요약 재구성)

한국에서도 상황이 같아서 한국증권거래소의 본사가 부산에 이전 입지하였지만 전산 거래 기능은 아직도 서울 여의도에 남아있는 이유가 서버를 부산으로 옮기면 현재 여의도에 있는 고객사들과의 통신 속도가 길어지는 문제 때문이었다.

한국은행이 2021년 2월의 기준금리를 발표하면서 카카오톡으로 기자들에게 발송하였다. '기준금리는 금융 시장을 흔들 수 있는 대단히 민감한 지표라

시장 참여자 모두에게 동시에 알려야 공평하다'는 이유에서 정보 전달 시간에 가장 오차가 적은 수단이 카카오톡이라고 설명하였다. 이 경우 오차는 10만분의 3초이다. 이메일의 경우는 2분 넘게 차이가 난다고 한다.[24]

한편 통신 방법과 기술이나 장비의 변화, 또는 관련 기기나 기술 도입주기는 발전의 단계가 늦은 나라나 사회일수록 더 짧아지고 있다. '후발의 이익'으로도 불리면서 주로 통신 발전, 나아가 모든 기술 발전에서 일어나는 패러독스(역설)이라고 할 이런 변화 추이는 발전이 늦은 나라일수록 앞선 오랜 기간 동안에 선진국이 계속 진화하는 시설이나 장비, 기술에 대한 막대하게 투입한 소위 매몰된 고정비용에 대한 비용의 부담 없이 빠르게 진보되고 있는 최첨단의 하드웨어와 소프트웨어 등을 처음부터 도입할 수 있는 이점이 있기 때문이다.[25]

내용적으로 통신 기술보다 더 놀라운 것이 정보와 지식 및 데이터의 수집, 저장, 검색, 처리 능력과 속도이며 그에 더하여 그 모든 것의 전달 및 학습과 교육 방법이다. 지식을 획득하고, 발견하고 전달하는 방식이 종래의 점진적, 단계적으로 하는 진화적 방식에서 차원을 달리하여 전과는 사실상 다른 방식과 수단으로 가능하게 된 것이다. '맞춤형'이라고도 표현할 수 있는 디지털 기술과 관련된 방식(예를 들면 알고리즘)이 인간을 편리하게 하기도 하지만 예속시키는 역할도 같이 한다. 인터넷의 발명이 20세기의 가장 중요한 성과이고 PC가 그 보편적 실행 수단으로 각광 받았지만 이미 PC는 조만간 그 자리를 스마트폰에 내어 주고 물러나야 할 형편이다.[26] 20세기 말까지 획기적인 발명품으로 각광받고 사용되던 다섯 가지 IT기기-PDA, 디지털카메라, UMPC, 유선전화,

---

24 조선경제 2021. 3. 7 B1
25 임정덕의 앞의 논문. 이 논문에서 저개발국가의 건너뛰기가 선진국의 발전과정을 겪지 않은데 따르는 대가가 없는지 논의하고 있다. 예를 들면 파푸아 뉴기니아가 통신시설을 최초로 도입할 때 모바일폰을 도입할 수밖에 없는데 그에 따른 부작용은 없는지와 같은 문제이다.
26 앞의 주17에서 제기한 질문이 여기에도 적용된다. 개인용 컴퓨터도 아직 보급되지 않은 아프리카 오지의 어린이들에게 PC 교육부터 시작하는 것이 좋은지 아니면 아예 스마트폰부터 시작하게 하는 것이 좋은지의 판단에 관한 문제이다.

MP3플레이어-는 이미 완전히 사라졌거나 사라지고 있다. 신용카드의 장래도 예측 가능하다. 인류의 문화유산으로 가장 크게 기억, 기록, 보관되어야 할 각종 사전들이 짧은 시간에 종이 형태의 출판물에서 사라진 것은 전통적 속도를 넘어서는 정보획득 방식 변화의 한 단면이다.

역설적인 표현으로 21세기 인류는 컴퓨터(지금은 스마트폰이 더 맞을 것이다)에 매인 농노라는 표현이 있다.[27] 시간이 귀해지고 더 비싸지므로 폰으로 대부분의 업무를 스스로 처리해야 하는 현실을 잘 지적한 경우이다. 가성비에서 시심비(時心比)로 옮겨가는 과정이라고도 할 수 있고 시간은 점차 더 귀해져 간다.

기술 발전과 실제 그 제도적 적용은 때로는 일치하지 않는다. 기술의 관점에서 인류 역사 이래 지속된 지식 습득과 전파 방법이 근본적으로 달라질 수밖에 없는 시대를 맞이하였으나 실제로 그 변화를 수용하고 적용하면서 실행하는 것은 다른 차원이었다. 결코 쉽지않은 이 과제를 실제로 경험해 보면서 보편적으로 느끼게 되는 계기가 2020 코로나 전염병 사태로 앞당겨지게 되었다. 어떤 제도나 관행의 변화가 시행착오를 거쳐 한 나라나 전 세계에 정착되는 과정은 어렵고 긴 과정일 수밖에 없는데 코로나 사태가 경험과 실행을 한 번에 앞당길 수 있게 만들었다. 그 현실적인 예가 학교 교육 방법이다. 속도가 엄청나게 증가하고 있는 현 사회의 패러다임 변화의 한 과정이다.

27 크레이그 렘버트 (이현주옮김), 그림자 노동의 역습, 민음사 2016

1-6 기술 변화와 속도

1초의 길이는 인류가 시간을 측정한 이래 절대적으로 같다. 앞으로도 마찬가지다. 그러나 그 상대적 길이는 계속 길어지고 있다. 앞서 소개한 금융거래를 위한 통신 속도는 우리가 몸이나 감각으로는 도저히 감지할 수 없는 0.001초의 차이를 중시하고 매달린다. 기술 발전은 소요 시간을 줄이는 속도의 차원으로도 설명할 수 있다.

경제나 사회의 발전을 이루는 근본 요인은 기술 발전이다. 교통 기술, 통신기술, 생산기술, 경영기술 등 모든 면에서 기술이 발전했으므로 그 해당 대상이 변화하고 발전한 것이다. 따라서 기술을 별도로 떼어내어 다루기보다는 융합적으로 다루는 것이 합리적일 수 있다. 다만 과학 기술이라는 범주에서는 기초과학을 따로 떼어 생각해 볼 필요는 있다. 기초과학의 발전 없이 오늘날 우리가 누리는 모든 기술 진보에 의한 혜택을 생각할 수 없기 때문이다. 기술과 마찬가지로 기초과학도 속도전의 성격을 가진 것은 확실하다. 연구의 결과를 남보다 먼저 발표하고 인정받지 않으면 연구의 성과와 결과가 달라지는 것이 엄연한 현실이다.[28]

물론 기술은 제조나 생산 등의 분야에만 국한되지 않는다. 경영, 비즈니스, 사무, 조직 등의 모든 분야에서 기술은 발전과 변화의 동력이 된다. 범위가 넓혀지면 인간 생활의 모든 면에서 기술은 진보와 개선의 방법과 수단이 된다.[29] 종류와 내용에 관계없이 모든 종류의 기술 발전은 전보다는 더 빠르거나, 싸거나, 더 편리한 상태를 나타내는 개념이다.

---

28 예를 들어 "최근 전남 영광원전에서 RENO(Reactor Experiment for Neutrino Oscillation 원전 중성미자 실험)이라고 불리는 한국의 중성미자 실험이 진행되는 중 중국 다야완(大亞灣) 원전에 있는 같은 목적의 실험시설에서 연구 결과가 먼저 발표됐다. 기초과학은 치열한 경쟁이고 속도전일지도 모른다" 조선일보, 2012. 03. 22
29 생활이나 관계 등 사회에서도 기술이란 용어가 널리 쓰인다. 예를 들면 발표기술 정치기술, 대화기술, 교제기술, 마케팅기술 등으로 기술을 강조한다. 물론 영어로 표현하면 이 때의 기술은 technology가 아닌 technique이므로 구분할 필요가 있지만 개선이나 발전이라는 개념으로 생각하면 한국식 표현에 별 무리가 없고 논리전개에도 지장을 주지 않는다.

기술 발전에 의한 인간 생활의 변화에 대해서는 여러모로 생각해 볼 여지가 많다. 예를 들면 최근 기술 발전 속도가 무섭게 가속화되고 있는 인공지능의 경우 이것이 인간의 종속대상인지 아니면 궁극적으로 인간과 대등해지거나 인간을 지배할 대상이 될 것인지에 관해 논란이 커지고 있다. 인공지능이 스스로 진화하고 발전하는 단계를 상상하는 것이 무리가 아니므로 만약 이 상상이 현실로 되면 우리가 지금까지 살아온 세상과는 다른 차원의 세상이 될 것이다. 그 변화 속도를 임의로 조절할 수 있느냐의 문제는 또 다른 차원의 논의이다. 그 속도 조절은 인류에게 큰 숙제가 될 것이다. 빅데이터가 인류의 생활, 사고방식, 과학, 경제, 산업 등 모든 분야를 바꾸는 역할을 하는 것을 우리는 매일 그리고 더 강하게 실감하고 있다.

"폴란드 출신의 사회학자 지그문트 바우만은 지금의 세대를 '액체 근대'로 정의한 바 있다… 역사상 최초로 인간은 변화 그 자체를 삶의 영구적 조건으로 받아들여야 하는 시대를 살고 있다… 하지만 우리 모두는 새로운 무언가가 되어가고 있으며 인류 역사를 통틀어 지금 이 순간보다 시작하기에 더 좋은 때는 없었다…"[30] 이 언급은 과거에 경험하지 못한 변화가 불가피하게 진행되고 있으므로 긍정적으로 또 적극적으로 자기의 것으로 만들어나가야 한다는 의미를 가진다.

그렇다면 어떻게 대처해야 하는 가를 알아야 한다. 《쏟아지는 일 완벽하게 해내는 법(Getting Things Done)》을 2001년에 내고 15년 만에 개정판을 낸 데이비드 앨런이 인터뷰에서 개정판을 내게 된 이유를 다음과 같이 밝히고 있다.[31] "… 디지털화와 소셜미디어의 발달로 세상이 바뀌는 속도는 더 빨라졌

---

30 케빈 켈리 지음(이한음 옮김), 《인에비터블》 2017 청림출판
31 데이비드 앨런, 김경섭 김선준 옮김, 《쏟아지는 일 완벽하게 해내는 법》, 김영사 2016

다. 과거에는 직장을 구한 후 업무에 익숙해지면 1-2년은 변화 없이 편하게 지낼 수 있었다. 지금은 그런 기간이 하루 이틀에 불과하다…. 외부의 뇌를 구축하고 활용할 필요성이 있다는 것이 인지과학 연구를 통해 뒷받침되고 있다." 지금 생존하고 있는 다른 연령대의 세대들은 그동안 인류가 살아왔던 긴 시간을 동시에 그러나 각각 다른 경험으로 현재 살고 있다고 표현해도 과언이 아니다. 한국이 근래 가장 빠른 속도로 변화했으므로 세대 간의 다른 경험은 한국의 경우가 가장 클 것이다.

토마스 프리드만은 2016년에 쓴 《Thank You for Being Late(늦어서 고마워)》라는 책에서 현기증이 날 정도로 빠른 변화가 일어나는 원인으로 "컴퓨터 기술의 급격한 발전, 세계화 시대의 시장과 기후변화와 같은 자연의 변화가 한꺼번에 가속도가 붙으면서 직장·정치·지정학·도덕·지역사회가 모두 급속도로 변화한다."고 설명한다.[32] 여기서 주목할 부분도 가속도이다.

인공지능과 인류의 미래에 대한 논의는 크게 두 가지로 요약되는데 인공지능 기술이 무섭게 발전하리라는 데는 이론이 없으나 그 기술로 인해 인간의 삶이 더 큰 혜택을 받으면서 편리해지고 향상될 것이라는 낙관적 주장과 인간이 스스로 발전한 인공지능에 의해 결국 지배당하면서 종속될 수밖에 없을 것이라는 비관적 입장으로 나누어진다. 이 책에서는 설정한 논의의 범위를 넘기 때문에 더 이상 다루지 않지만 인공지능의 발전 속도는 더 많은 관심과 주의를 가질 대상이다.

기술 변화와 기술의 사회, 정치, 경제, 문화에 끼치는 영향을 예측하는 책으로 《인에비터블》이라는 책을 쓴 저자 케빈 켈리는 다음의 12가지를 들고 있다.[33]

---

32 조선일보 2017. 1. 7 A17 책 섹션
33 케빈 켈리 앞의 책

(1) 새로운 무언가로 되어간다(Becoming), (2) 인공지능이 사람처럼 인지화한다(Cognifying), (3) 고정된 것에서 유동적인 것으로 흐른다(Flowing), (4) 현재는 읽지만 미래는 화면을 본다(Screening), (5) 소유하지 않고 접근한다(Accessing), (6) 공유한다(Sharing), (7) 나를 나답게 만들기 위해 걸러낸다(Filtering), (8) 섞일 수 없는 것을 뒤섞는다(Remixing), (9) 사람에게 하듯 사물과 상호 작용한다(Interacting), (10) 측정하고 기록해 흐름을 추적한다(Tracking), (11) 가치를 만들어낼 무언가를 질문한다(Questioning), (12) 오늘과 다른 새로운 미래를 시작한다(Beginning).

위의 예측은 상당히 예리한 것으로 저자의 예측 방향으로 세계가 빠르게 변해가고 있으며 관건은 결국 그 진행 속도에 달려 있다.

1-7 스포츠에서의 속도

현대인은 점점 더 스포츠에서의 속도에 열광한다. 서양에서 가장 인기가 있는 종목인 자동차 경주나 축구 경기 등은 속도 그 자체와 빠른 속도에 의한 성취(득점)을 보고 싶어 하는 대표적 사례이다. 모든 운동경기의 핵심은 '더 빨리'이다. 육상경기는 정해진 거리를 더 빨리 도달하는 자가 이기고 보통의 구기 운동에서는 정해진 시간 내에 더 많이 득점하는 자가 이긴다. 야구나, 테니스, 배구 같이 여러 가지 기술을 이용하여 점수를 더 많이 따는 자가 이기는 경기라도 핵심은 더 빠른 속도로 던지거나 치고, 달리는 속도가 빠른 자가 절대적으로 유리해서 승리의 요인이 된다. 어떤 경기종목의 경우라도 느린 자는 결코 이길 수 없다.

2015-16년도 시즌 영국 축구 EPL(English Premier League)에서 무명의 돌풍을 일으킨 레스트시티팀의 승리 요인으로 꼽힌 것이 순간 최고 속도 상위 20명 안에 레스터 시티 선수가 5명이나 포함된 점이다.[34] 많은 활동량에 폭발적인 스피드가 더해져 스타 선수가 없는 창단 이래의 만년 꼴찌 팀이 시즌 우승의 기쁨을 차지한 것이다. 그런 스피드가 지속되지 않자 그 팀은 옛날의 위치로 금방 돌아와 버렸다.

미국의 메이저 리그를 위시하여 세계의 모든 야구팀이 관심을 갖고 열심히 찾고 있는 투수는 가장 빠른 볼 스피드를 가진 투수이다. 평균 구속(球速)이나 한계 구속도 계속 빨라지고 있는데 과학과 기술의 진보 때문에 아마도 이 속도는 계속 더 올라갈 것이다. 여러 가지 이유가 있겠지만 빠른 속도가 타자들이 공을 치기 어렵게 만들어 제대로 맞히지 못하게 할 뿐 아니라 빠른 구속

---

34 여우군단의 돌풍, 원동력은 스피드, 조선일보 15. 11. 27

에 대중이 열광하기 때문이다. 경기 진행을 빠르게 하기 위해 프로야구는 투수 교체 시 연습 시간의 단축, 프로농구는 공격 리바운드 확보 시 14초 룰, 프로배구는 서브 8초룰 등 모든 경기 진행을 빠르게 하는 방향으로 속도를 높이고 있다. 시합에서 빨라야 이기는 법칙에 더하여 빨라야 구경도 더 재미있어지는 방향으로 변한다.

속도를 높이기 위해 운동선수의 체력이나 신체조건을 최적화하는 것은 물론 속도를 높이기 위해 각종 장비나 의복 등에 엄청난 투자가 이루어지는데 그 결과로 선수 개인의 영예와 엄청난 소득 증가는 물론 관련 산업에 막대한 부를 가져오기 때문이다. 미디어 산업의 발전에 의한 시장 규모의 확대, 속도 측정기술의 발전 등 관련 분야 모두와 스포츠를 즐기는 대중들이 가속도에 몰입해 있다고 해도 과언이 아니다.

스포츠에서 속도의 향상은 물론 무한대로 이루어질 수는 없다. 다만 측정기술의 급속한 발전이 계속되므로 미미하더라도 한계속도의 증가가 더 큰 관심의 표적이 될 것이고 인간은 그 속도 획득을 위해 더 많은 노력과 투자를 하게 될 것이다. 올림픽 100m 경기나 쇼트트랙 경기 등에서 1초의 100분의 1 단위의 속도까지 측정하여 순위를 가리는데 사실 우리 대부분은 일상에서 초 단위의 변화조차 큰 속도감으로 느끼는 생활을 하고 있지는 않다. 스포츠 경기가 우리가 보통 몸으로 느낄 수 없는 시간 단위를 이용해서 선수들을 무한 경쟁으로 내몰고 있는 것이다. 2018 평창동계올림픽의 500m 스피드스케이팅에 출전한 한국의 차만규가 0.01초 차이로 은메달로 밀렸는데 경기 후 "그 0.01초의 의미"를 묻자 "나의 짧은 다리"로 대답한 것이 인상적이었다.[35] 2022 베이징 동계올림픽에서는 0.001초의 차이로 승부가 갈렸다는 보도도 있다.[36]

---

35 조선일보 2018. 2.21 A30 만물상
36 조선일보 2022. 2.22 A22

앞서 인용했던《템포 바이러스》책에서 저자는 "속도는 원래 추구했던 경제적인 기반에서 벗어나 독자적으로 변해가면서 여가 문화나 새로운 종류의 스포츠가 되었다."라고 표현한다.(p156) 스포츠에서의 속도를 위해 각종 기술과 자원이 동원되고 있다. 옛날과 같이 단순히 체력, 자질과 끈기와 본인의 노력만 있으면 성공할 수 있었던 세상과 완전히 달라졌다.

속도 개념은 이제 노인의 운동 방법에도 적용되고 있다. 미국 대학스포츠의학회(ASCM)은 가이드라인을 개정하면서 노인운동에서 근육 파워를 높이는 것을 목적으로 전 세계 노인 운동지침에 영향을 주고 있다.[37] 노인이라도 빨라야 하는 것이다.

37 조선경제 제30273호

1-8 전쟁에서의 속도

　개인 간의 싸움이나 나라 간의 전쟁이냐를 막론하고 전쟁이나 전투의 승패를 좌우하는 요소를 한 가지만 꼽으면 그것은 속도이다. 남보다 더 빨리 베거나, 때리거나, 쏘거나, 맞추지 않으면 내가 죽거나 당할 수밖에 없다. 물론 개인이나 개별 군대가 아무리 출중하더라도 세(화력, 병력, 군수, 장비 등)가 약하면 결국에는 이기지 못하는 경우도 있지만 설사 싸움에 불리하여 도망을 가더라도 속도가 후퇴의 성공을 좌우하며 따라서 전쟁에서의 승리, 생존이나 점령에 가장 중요한 요인은 속도이다.

　싸움에 유리한 요지를 먼저 차지하거나 상대보다 더 빨리 점령하는 측이 이기는 것은 옛날이나 지금의 전투나 각종 다툼에서 마찬가지다. 전략의 주요 요소 중 하나인 기습작전도 핵심은 빠른 속도이다. 실제 전투는 물론 현대인이 즐기는 모바일 게임도 마찬가지 원리이며 몸을 움직이지 않고 가만히 앉아서 손으로 두는 바둑도 전략적 요지를 먼저 차지하는 측이 절대적으로 유리하다.

　역사상 가장 큰 영토의 제국을 이룩했던 13세기의 몽골제국이 단기간에 성공한 여러 요인 중에서 핵심은 속도이다. 당시 몽골 총인구가 2백만 명 정도이었으니 실제 전투 병력은 그보다 훨씬 적었을 것이다. 대신 군대가 전부 기병으로 이루어졌고 또 전원이 경기병(輕騎兵)이었다. 즉 무거운 갑옷을 입지 않았고 무기는 개인용 활과 쉽게 적을 벨 수 있는 반월형 칼이 중심이었다. 식량은 개별 보급(운반)시스템으로 말의 젖을 마시고 육포를 안장 밑에 깔고 다니며 숙성시켜 이동 중에도 식사가 가능하도록 하였다. 말 위에서 잠을 잘 수도 있었다. 이런 기병의 이동 속도는 철로 만든 갑옷으로 무장하고 무거운 무기를 휴대하면서 병참 부대와 보병까지 같이 데리고 움직여야 하는 중무장 기병보다 훨씬 빨랐고 전원이 기병이므로 주력이 보병으로 이루어지는 당시의 적군과 교전하면 쉽게 이길 수 있었다.[38] 당시 몽골군은 소문보다 더 빨리 이동했다는 말이 전해졌는데 이는 과장이 아니고 빠른 이동 속도 때문에 모든 전투가 기습과 같았다는 의미가 된다. 사람의 발에 의존하는 정보의 유통 속도가 느린 중세에 군대 자체가 정보나 첩보보다 먼저 도착해서 공격을 했다면 전투의 승패는 물으나 마나인 불문가지(不問可知)이다. 몽골군대는 공포의 대상일 수밖에 없었을 것이다.

중세의 서양 기사들은 쇠로 만든 무거운 갑옷과 긴 쇠창으로 무장하였기 때문에 말을 타더라도 빠른 속도는 낼 수 없었다. 서양의 기사와 몽골군이 서로 마주 보면서 맞붙었을 때 경무장 몽골군은 일단 기사의 긴 창을 피하면서 옆으로 지나친 다음 즉시 돌아서서 갑옷과 병기 무게 때문에 순간적으로 돌아서기가 불가능하며 등 쪽에는 갑옷 무장이 없는 서양 기사의 등을 향해 활을 쏘아서 거꾸러뜨렸다. 그야말로 전광석화(電光石火)와 같은 속도로 상대를 제압하였다. 중무장한 서양 기사의 이런 모습은 20세기 중반까지 한국에서도 유행하던 외국 영화에 자주 등장하였으므로 나이가 든 독자는 쉽게 떠올릴 수 있는 모습이다. 역사상 가장 넓은 영토를 가장 짧은 기간에 정복한 칭기스칸 군대가 유럽원정 때 헝가리에서 진격을 멈추지 않았더라면 오늘날의 세계 역사는 전혀 달라져 있을 것이다.

말을 사용하는 마차와 기병은 오랫동안 동서양의 각종 전투에서 필승의 수단이었다. 그러나 기병대에 전적으로 의지하는 전략은 지속적으로 유효할 수는 없었다. 기술 발전에 따른 신무기와 교통수단의 개발은 전쟁 방법과 전투의 양상을 완전히 바꾸었기 때문이다.

---

38 몽골제국이 형성되어 원나라의 수립과 같은 정착생활을 할 때까지는 가족과 가축이 군대와 같이 집단적으로 이동하였다. 군대가 먼저 이동하고 나머지는 뒤따라가는 형태이므로 소위 전략적으로 적의 배후나 근거지를 치는 작전 같은 것은 소용이 없었다. 또 이동속도의 차이 때문에 기습공격을 뒤에서 가하더라도 앞 서 나갔던 군대를 쉽게 되돌릴 수 있었다.(김종래, 밀레니엄맨 칭기스칸, 꿈엔들 2006, 잭 웨더포드 지음 정영목 옮김. 칭기스칸 잠든 유럽을 깨우다 사계절 2005)

적이 예상할 수 없는 이동 방법이나 이동 속도로 전쟁의 결과가 뒤바뀐 예는 수없이 많다. 나폴레옹 군대의 승리 요인도 당시 개발되던 화포나 화승총에 의존하는 것보다는 "… 군대의 신속한 작전행동, 전광석화처럼 빠른 행군"으로 분석된다.[39] 6·25 전쟁 시 유엔군 사령관 맥아더의 인천상륙작전도 적의 허를 찌르는 기습작전인 속도전으로 분류할 수 있다. 동서고금의 전쟁이나 전투에서 요충지를 먼저 점령하는 것이 전쟁이나 전투 승리의 핵심 부분 중의 하나이다. 따라서 속도가 전쟁 승리의 생명이었다. 명량해전에서 13척으로 10배 넘는 왜선을 격파한 이순신의 전법도 속도전이었다. 소설 삼국지에서 묘사된 수많은 전투 중 이기는 싸움의 상당 부분은 상대방의 허를 찌르는 기습과 이동, 전략 요충지의 선점 등 속도가 좌우하였다.

역사상에 나타나는 부족한 병력과 화력, 불리한 전황을 한꺼번에 뒤집는 특수작전도 전광석화와 같은 움직임에 의해 완수되었다. 특수작전이란 소규모 부대가 좁은 지역에서 짧은 시간 동안에 수행하는 작전이지만 전세를 역전시키는 중요한 역할을 하기도 하였다.[40]

이동속도의 차원에서 보면 서양에서는 나폴레옹의 오스트리아와의 전쟁이 유사한 경우이다. 1805년 오스트리아와의 전투에 앞서 나폴레옹은 볼로뉴에 있던 자신의 병력을 600km 떨어져 있는 라인강까지 한 달여 만에 이동시킴으로서 상대방이 프랑스군의 동향을 전혀 파악할 수 없게 만들었다. 무장 병력 전부가 하루에 20km 이상을 30일간 매일 행군을 한 셈이다. 이런 기습적인 기동에 상대인 오스트리아군은 일격을 당하고 항복하였다.

관점을 조금 달리하여 생각해도 마찬가지다. 고대 로마의 전쟁이나 전투개

---

39 보르샤이트, 템포 바이러스 p 400
40 유발 하라리, 김승옥 옮김, 대담한 작전, 프시케의숲, 2017

념의 혁신성도 속도에 있다. 전통적으로 성을 쌓거나 진지를 구축하는 것은 적을 방어하기 위한 목적이다. 따라서 적의 접근이 용이하지 못하게 만드는 높은 위치를 선정하고 높이 성을 쌓거나 참호 구축 등의 여러 가지 방법을 사용하였다. 그러나 로마는 처음부터 아예 성을 쌓지 않았다. 그 대신 로마로부터 각 지역, 식민지까지 이르는 로마 가도를 건설하였다. 그 길은 보행뿐만 아니라 마차가 다닐 정도의 견고하고 돌로 포장된 넓은 도로였다. 오늘날의 개념으로는 고속도로를 만든 셈이다. 이렇게 되면 적도 쉽게 접근할 위험이 있다. 그래서 기다리다가 맞아서 싸우는 것이 아니라 미리 나가서 유리한 지형을 선점하고 쳐들어오는 적을 맞아 싸우는 방식이었다. 그런 전략은 오히려 자기들이 세계의 전 지역으로 먼저 나가 싸우고 정복하는 개념이었다. 훗날 공격이 아닌 방어개념으로 전쟁과 나라의 운영방식이 바뀌자 로마도 몰락을 시작하였다.

로마의 가로망은 경제, 문화, 종교의 전파와 교류에도 결정적인 역할을 하였다. 길은 신속한 물자와 사람 왕래의 기본조건이다. 로마가 건설한 길은 로마의 법, 제도, 군대조직과 전투 등 많은 부문에서 로마식 제도 또는 로마 문화가 전파되고 광범위한 식민지를 경영하는데 결정적 역할을 하였다. 오늘날의 속도 중시 경영으로 평가할 수 있다.

또 로마식 가도는 기독교가 세계종교로 전파되어 세계 역사를 바꾸는 데도 큰 공헌을 하였다. 역사상 가장 뛰어난 기독교 신학자이자 전도자이었던 바울이 1세기 당시 로마 가도를 이용할 수 없었더라면 길지 않은 시간 동안 이스라엘 주변 지역에서 유럽과 중동(소아시아)에 걸친 세 번의 전도여행을 하기가 불가능했을 것이다.

20세기 전쟁의 예로 알카에다와 맞서 싸운 미군을 2003년에서 2008년까지 지휘한 매크리스털 대장은 실시간으로 조직을 재구성하는 알카에다에 대응하여 미군 특수부대도 작은 단위로 개편하여 매일 조직을 재구성하도록 하였다. 현장의 팀들이 스스로 두뇌가 되도록 정보를 공유하고 변할 수 있도록 권한을 대폭 위임하였다. '속도의 가속화', '변수 급증', '상호의존성 확대'를 특징으로 하는 제4세대 전쟁에 적응하기 위해서였다.[41]

그런데 위의 승리하는 전투를 비롯하여 비즈니스나 의사결정에 필요한 핵심 요소가 정보이고 또 그 정보와 관련된 핵심은 속도이다. 동서고금의 전쟁에서, 상업적 거래에서, 금융거래에서의 승패는 정보의 질과 양 그리고 전달이나 획득 속도에 좌우되었다. 소설 삼국지연의에 나오는 전쟁의 신으로 불러도 손색이 없는 촉나라의 제갈량(공명)이 가장 뛰어났던 점은 정보의 수집 방법과 활용이었다. 소설에서 제갈량은 인간(휴민트)에 의한 정보의 수집과 활용 외에도 지리 정보, 기상정보의 수집과 이용, 천문(주로 별자리의 변화)에 의한 예측 등의 뛰어난 정보의 활용으로 군사력의 열세를 극복하고 대부분의 전투에서 승리하는 것으로 묘사되었다. 현대 용어로 말하면 GIS, GPS 기술을 활용한 특출한 천재로 묘사되고 있다.

세계의 기술혁신을 주도하고 있는 실리콘밸리도 전쟁터에 비유할 수 있다. 실리콘밸리에서 성공하는 비결로 블리츠 스케일링(Blitzscaling)을 비유한 주장도 있다.[42] 기습공격을 의미하는 블리츠 크리크(Blitzkrieg)와 규모 확장을 뜻하는 스케일 업(scale-up)을 합성한 말로 엄청난 속도로 회사를 키워 압도적인 경쟁 우위를 선점하는 전략을 말한다. 그 예로 아마존, 구글, 에어비엔비 등을 소개하고 있다.

41 Weekly Biz, 조선일보 2017. 4. 15, 13 김경준, '세포조직, 속도전'
42 리드 호프먼, 크리스 예(이영래 옮김), '블리츠스케일링' 쌤앤파커스, 2020

1-9 발전과 속도의 관계-첫 번째 정리

빨라짐은 발전의 한 표현이다. 물리적인 속도뿐만 아니라 변화나 성장이 빨리 이루어지면 우리는 일반적으로 발전하고 있다거나 발전의 속도가 빠르다고 표현한다. 그래서 인류 문명이 발전했다거나 학문이나 경제, 기술(수준)이 발전했다는 등의 용어를 거부감 없이 받아들이며 생활한다. 인류문화는 기술 변화와 더불어 지속적으로 발전해왔다. 그 발전을 위한 기술 진보를 촉진하는 촉매가 경쟁이었다. 경쟁이 심할수록 속도는 빨라졌다.

다른 예를 들 필요가 없이 세계경제사에서 유례없는 지난 50여 년 동안의 한국의 경제발전이 속도에 의했음은 자명하다. 짧은 기간 동안에 한국의 경제 성장률이 다른 경쟁국보다 지속적으로 높았기 때문에 오늘의 한국경제가 존재한다. 또 누적된 속도의 빠르고 느림이 발전의 위상을 자리매김하거나 바꾸기도 한다.

발전의 속도를 정지시키거나 느리게 하는 반대의 경우가 관습, 법률이나 제도적 장치에 의한 경쟁의 제한이나 금지이고 역사적으로 과거부터 오늘날에 이르기까지 경쟁을 제한하기 위한 제도적인 기제는 끊임없이 작동해 왔다. 과거 산업혁명에 의한 기계화를 거부하고 파괴하고자 했던 러다이트운동이 대표적인 예이다. 같은 맥락에서 정치나 제도적인 측면에서 보면 제도는 일의 진행 속도를 결정하는 매우 중요한 요인이다. "14세기말 경에는 라인강을 한 차례 운항하는 배들에 대한 통행 검열이 64회나 이루어졌다. 오스트리아의 다뉴브 하류에서는 무려 77회, 로아르와 낭드사이의 로아르 강에서는 74회나 검열이 있었다."[43] 이것은 뒤에서 설명할 미시와 거시의 충돌과 모순적인 관계

---

43 템포 바이러스 p65

로도 설명이 가능하다.

현재 한국이나 전 세계의 나라나 사회에서 기업 활동에 가해지는 각종 규제도 똑같은 차원으로 볼 수 있다. 이 세상의 모든 규제에는 나름대로의 이유가 존재한다. 사실 국가나 사회는 경쟁만을 추구하거나 지향할 수는 없는 조직이다. 문제는 세계화된 현대사회에서 다른 나라는 가하지 않는 규제를 어느 한 나라만 고집할 때 생기는 경쟁력의 저하 결과이다. 그런 경우에는 제도의 변화가 기업(경제) 활동의 속도를 낮추거나 멈추는 역할을 하므로 발전 속도를 저하시키는 경우의 예가 될 수 있다. 앞의 옛 유럽의 운항 선박 검열 경우나 한국 기업 활동에서의 규제는 변화가 속도를 오히려 감소시키는 예이므로 발전과 속도가 언제나 같이 가는 것만은 아니라고 할 수 있다.

냉전 시대까지 러시아는 소련(소비에트연방)으로 불리며 미국과 더불어 G2로 선진 강국에 속해 있었다. 당시 중국은 중공(중화인민공화국)으로 불리는 후진국이었다. 중국의 개방정책과 그 후 일어난 소련의 붕괴 이후 두 나라의 위상은 급속도로 역전되어 지금은 비대칭 군사력을 제외한 거의 모든 부문에서 중국이 러시아를 압도하고 있다. 제도와 행정서비스 속도의 측면에서 대비되는 경험에 의한 예를 하나 들어본다.

속도의 경험-제도와 행정서비스(러시아 국경 넘기)

극동 러시아는 중국의 동북 지역과 국경을 맞대고 있다. 2009년 공무출장 시 극동 러시아의 블라디보스톡에서 육로로 중국 훈춘시까지 국경을 넘은 적이 있다. 러시아 측 국경을 넘기 위해서는 국경 지역에 있는 지정된 지역의 정해진 지점에 아침 9시까지 집결해야 하고 거기서부터 러시아 측이 제공한 버스를 타고 국경지대를 통과해야만 했다. 그 때문에 블라디보스톡의 호텔을 새벽 5시경에 출발하여 집결지에 도착하여 시간이 되기를 오래 기다렸다. 시간이 되어 지정한 버스를 타고 러시아 측 국경을 지나는데 도중 러시아군 부대가 군데군데 여러 곳에 주둔해 있고 그 주둔지마다 검문소가 있어서 그곳마다 군인들이 올라와서 버스에 탄 승객을 둘러보거나 여권을 검사하는 것이었다. 지나는 곳이 같은 러시아 지역이고 러시아 측이 직접 운행하는 버스에 탄 일행 대부분이 중국인이었고 중-러가 적대관계도 아닌데 수많은 검문소의 계속되는 검문 때문에 시간이 많이 소요되었다. 마지막 국경사무소에서 다시 여권을 검사하고 나와서 옆 건물에 있는 중국 출입국사무소로 들어갔다. 놀랍게도 그곳 입구에는 출입국 관리가 아무도 없고 여권은 기계로 자동검색하고 짐은 국내선에서 검색대를 통해 찾는 것과 똑같이 찾아서 들고 나오는 것으로 끝났다.

속도가 불러오는 사고나 재앙이 가속화를 막거나 거부하는 결과도 있다. 1912년에 일어난 타이타닉호의 침몰사고는 속도 경쟁의 열기를 잠시 식히는 작용을 했을 것이다. 최고 속도를 위해 안전이 도외시 되어서는 안 된다는 반작용이 있었지만 장기적인 시각에서 보면 선박을 포함한 모든 운송 수단의 속도는 끊임없는 크고 작은 사고와 위험에도 불구하고 지속적으로, 빠르게 증가하였다. 2020년의 코로나 바이러스의 빠른 확산으로 인한 전염병 사태는 세계에서의 수많은 움직임을 사실상 정지시키거나 둔화시키는 예상하지 못한 위력을 발휘하였는데 그렇다고 다른 모든 부문에서의 속도의 중요성이나 필요성 자체가 사라지거나 감소되는 것은 아니다. 다만 앞만 보고 달려오는 열차와 같은 현대의 삶에 대한 성찰의 계기를 마련해주었다고 할 수는 있을 것이다.

예외적인 예가 있기는 하지만 발전과 속도는 정비례 관계로 이해하는 것이 타당하다. 속도의 상대적인 증가가 발전을 가져온다고 정의하는 것이 맞으며 양이나 숫자 또는 비용으로 측정하기 어려운 질적인 속성을 가진 대상까지도 속도와 관련해서 해석될 수 있을 것이다.

기술변화에 맞춰 앞서가는 사람의 경우는 '수십만 년에 걸쳐 진행되어온 인류 진화가 수일로 단축될 것'이라는 예측까지 하게 된다. 특히 '한 가지 기술만 살펴보면 발전 속도가 느려 보일지 몰라도 동시다발적으로 여러 산업에서 나타난 변화를 모아보면 그렇지 않다'는 주장도 있다.[44]

---

44 우주 관광회사 피터 디아만디스 CEO 인터뷰기사, 조선일보, 위클리 비즈 2017. 3. 4

1-10 생활 속의 속도

인간의 생활을 변화시킨 요인 중에서 속도보다 더 중요한 것은 없을 것이다. 사람과 사물의 이동, 가사노동, 통신(의사소통), 학습 등 모든 면에서 생활을 완전히 변하게 한 요인은 속도이다. 인간에게 주어진 절대적인 하루 시간은 예나 지금이나 변함이 없지만 상대적인 시간은 전혀 달라져 있다. 해야 할 어떤 일을 옛날 방식으로 하는 것과 지금의 방식으로 하는 것은 소요 시간으로 비교하면 엄청난 차이가 나고 해외여행과 같은 경우에는 비교 자체가 불가능하다. 공간이나 거리의 개념, 에너지에 대한 개념과 이용방식, 세균이나 바이러스와 같은 마이크로한 대상에 대한 인식과 이용, 지식과 정보의 습득 및 이용과 활용, 일이나 해당 사안의 처리에 필요한 시간 등 그 자체로는 계속 감소하는 각종 소요 시간은 전과 비교해서 생활 주체(개인)의 일반적인 생활과 관련된 가용 시간이 상대적으로 크게 늘어났음을 의미한다. 지금(2022년 초)의 코로나 전염병 시대에 백신과 치료제 개발 및 보급 속도가 초미의 관심사가 되고 또 실제로 개발시간이 계속 단축되는 것을 전 세계인이 목격하고 빠른 사용을 기대하고 있는 것도 하나의 예이다.

다만 시간이 상대적으로 늘어났기 때문에 인간이 좀 더 한가롭게 되었다거나 여유가 더 생긴 것은 아니다. 오히려 정반대로 더 바빠지고 더 여유가 없는 생활이 된 것이 사실이다. 옛날 기준으로는 몰라도 이제는 수많은 일이나 소식을 실시간으로 모르면 남보다 뒤처져서 더불어 경쟁할 수가 없다든지 더 빨리, 더 많이 움직이고 활동하지 않으면 살아남을 수 없는 사회로 점점 바뀌고 있는 점 등을 생각해 보면 된다.[45] 그동안의 라디오, 텔레비전이나 지금의 스마트폰에 의해 제공되는 그 많은 프로그램이나 정보는 보거나 듣거나 읽지 않아도 되는 완전한 자유 선택의 경우이지만 대부분의 현대인들은 사실상 이들 매체나 통신수단에 스스로 예속되어 오히려 전보다 더 바쁘게 살고 있다.

반드시 유의해야 하는 점은 모든 면에서 속도는 상대적이라는 사실이다. 똑같이 주어진 시간이지만 노인이 될수록 시간이 점점 빨리 지나간다. 왜냐하면 신경세포 전달 속도의 차이 때문이다.[46] 어렸을 때는 신경세포 전달 속도가 훨씬 빠르기 때문에 마치 비디오의 슬로우 모션을 보는 것과 같기 때문이다. 파리나 모기는 사람보다 훨씬 신경세포 전달 속도가 빠르기 때문에 파리가 볼 때 자기를 잡으러 오는 사람의 손이 상대적으로 슬로우 모션으로 오기 때문에 쉽게 피할 수가 있는 것과 같은 이치다.

생활의 변화에 가장 상징적인 것은 스마트 기기들, 특히 스마트폰이다.[47] 스마트폰은 시간과 속도에 관한 개념을 근본적으로 바꾸어 버린 혁명적 변화의 상징이다. 스마트폰은 시간과 공간을 압축해서 생활과 관련된 대부분을 실시간화와 현지(화면)화시킨 마술 상자이다. 뉴스를 비롯한 많은 필요한 정보와 지식을 실시간으로 획득하는 것은 기본이고 과거에는 시간과 노력을 필요로 했던 수많은 (거래)행위 들을 손바닥 안에서 해결한다. 가장 대표적인 것 중의 하나가 온라인 쇼핑과 온라인 금융거래이다. 앞서 설명한 대로 모든 거래에는 거래비용이 발생하는데 그중 가장 큰 부분이 시간의 기회비용이다. 개인이 전자 금융거래 대신 금융기관을 수시로 직접 방문하고 객장에 가서 필요한 거래를 해야 한다고 생각해 보면 얼마나 근본적인 변화가 일어난 것인가를 짐작할 수 있다. 아직도 백화점이나 시장이 기능하고 있지만 온라인 쇼핑이나 거래의 비중은 지속적으로 늘어나고 있다. 비대면 거래 방식의 증가 속도는 코로나

---

45 한국에서 부고나 결혼 청첩장을 받고 무시해 버리는 것은 매우 어려운 일이다. 특히 부고는 갑자기 발생하기 때문에 널리 알리기 어려운 측면이 있어서 과거에는 가족이나 가까운 친족 중심으로 장례가 진행될 수밖에 없었다. 전보나 편지 시대를 거쳐 유선전화에 의존하던 때와는 달리 지금은 스마트 폰이나 이메일 등의 대량, 즉시 통지 방식이 가능해 지고 대부분 이를 이용하기 때문에 이제는 통지 범위가 월등하게 확대되었고 옛날 생활방식이나 가치관을 따르는 사람은 이런 것 때문에도 더 바빠지고 있다.
46 김대식, '뇌, 현실, 그리고 인공지능' 조선일보 Weekly Biz, 2015. 3. 28~29 C4
47 견해에 따라서는 스마트 폰을 선행한 컴퓨터 특히 PC와 월드 와이드 웹(WWW)을 더 중요한 단서로 꼽을 수 있을 것이다. 그러나 스마트 폰이 가지고 있는 기능, 역할, 용도의 장점은 누구도 부인할 수 없을 것이다. 스마트 폰은 앞선 기기와 시스템, 기술로부터 진화된 것이 틀림없지만 훨씬 빠르게 또 상상력을 넘어서 발전하여 왔다. 이런 과정(모형)을 인공지능의 경우에 적용해 보면 인공지능이 인간에게 미칠 영향에 대해 낙관적으로만 생각할 수 없다는 결론이 나올 수도 있다.

바이러스 전염병 사태로 생긴 '사회적 거리 두기' 캠페인이 결정적으로 촉진한 것으로도 볼 수 있다. 이것은 단순히 대면 거래를 바꾸는 변화만을 의미하는 것 이상으로 거래의 속도를 단축시키는 결과이다.

생활 속의 속도로 특히 언어생활에서의 변화가 두드러진다. "언어는 거대한 양으로 다가온다. 언어가 바이트(byte)로 계량되는 시대가… 양 뿐 만이 아니라 SNS 등을 통해 엄청난 속도를 갖고 있다. 그 양과 속도 때문에 언어를 다듬고 곱씹어보고 사고하는 것이 몹시 어려워졌다. 인류사상 처음으로 '언어의 위기' 단계를 맞고 있다."[48] 또 한국에서 유독 매일 수 없이 양산되고 있는 각종 줄임말은 언어변화의 속도를 실감하게 하는 다른 예이다. 이 줄임말의 범람은 변화를 따라가지 못하는 연령층에게는 외국어 또는 외계어와 다름이 없을 것이다.

이런 변화를 만드는 수단이 속도이다. 데이터 처리 속도, 저장 용량의 증가 속도가 대표적인 예가 된다. 더 많은 부문이 지능화, 자동화되고 있는데 기능과 한계에 대한 기대와 우려 논란이 증가하고 있는 인공지능이 그 중심에 있다. 그런데 윤리적인 문제, 기술적인 문제 등을 떠나서 그 발전과 이용을 저지할 법적 장치나 사회적 합의가 쉽사리 이루어질 수 없기 때문에 큰 모순과 혼란을 맞을 수도 있다. 즉 가속화되는 기술과 응용은 우리가 상상할 수 있는 범위를 벗어나서 통제 불능의 상태에 이를 수도 있을 것이다.

일부에서 우려하는 데로 인간이 인공지능으로 만든 로봇의 명령에 따라 움직이며 그 지시대로 살아갈 수밖에 없는 시대도 상상해 볼 수 있다. 조지 오웰의 소설 《1984》의 '빅브라더' 체제가 인공지능이 지배하는 세계를 상상하고

---

48 노마 히데키, 최보식이 만난 사람 인터뷰기사 중에서, 조선일보 2017. 3. 6 A31

만든 작품인지도 모른다. 디지털 시대의 한국에서 코로나 전염병의 예방과 방역을 위해 국민의 보편적 개인 통신수단(휴대폰)을 통해 쉴 새 없이 또 강제로 울리고 반드시 먼저 받아야만 하는 전염병에 관한 메시지와 지시사항, 감염자의 경로와 위치추적은 그런 시대의 도래를 실험해보는 완벽한 기회가 되고 있다.

중국에서 이미 사용되고 있는 AI 기술에 의한 얼굴인식으로 특정인의 얼굴을 식별해서 범죄자나 정권의 감시대상자를 식별하고 감시하고 있는 것이나 위에서 말한 한국에서 2020 이후의 코로나 전염병의 확진 경로 조사나 격리 대상자의 이동감시를 스마트폰의 GPS를 이용해서 추적하는 사례나 전 국민에게 각종 재난정보나 그에 따른 지시의 실시간 동시 전달 등 '빅브라더' 시대는 기술적으로는 이미 도래해 있다고 할 수 있다.

1-11 지식과 교육의 변화 속도

　유사 이래 인류는 지식을 계속 축적하면서 쌓아 올려 왔다. 과거의 지식이 잘 못 된 것도 있고 틀린 것도 있지만 과거의 기반 위에서 새로운 경험과 연구를 통해 기존의 축적을 발전시키거나 또는 고치거나 바로잡는 과정을 거치면서 크게 발전해 왔다. 중세의 천동설에서 지동설로의 사고의 체계를 근본적으로 바꾸는 대전환도 가끔씩 겪어왔지만 그 주기나 소요 기간은 절대적으로나 상대적으로 길고 그 새로운 지식체계에 적응하는 시간도 매우 길었다. 다시 말하면 지식을 증가시키거나 또 전승되고 축적된 잘못된 지식을 바로 잡는 기간이 여러 세대를 거친 오랜 시간에 걸쳐 이루어졌다.

　그런 차원에서 최근의 지식변화 속도, 특히 가속도는 충격적이다. 새로운 지식이나 획득수단의 증가 속도와 기존 지식의 폐기나 노후화 속도는 우리가 인식하는 것보다 훨씬 빠르다. 새뮤얼 아브스만은 《지식의 반감기》라는 책을 통해서 우리가 종래 인식하던 지식의 증가나 노후화하는 되는 시간이 엄청나게 짧아지고 있다고 주장한다. 먼저 표1-1은 지식과 관련된 분야의 종사자, 발견, 지식이 배가되는데 걸리는 시간을 나타내고 있다.

〈표1-1〉 주요 분야의 배가 시간

분야	배가 시간
· 미국 인명사전에 등재된 사람의 수	100년
· 대학교의 수	50년
· 중요한 발견의 수, 알려진 화학 원소의 수, 계기의 정확도	20년
· 과학 저널의 수, 알려진 화학물의 수, 과학 연구기관의 회원 수	15년
· 알려진 소행성의 수, 미국 엔지니어의 수	10년

출처:《지식의 반감기》 P29 표1을 전재

오래전 과거부터 오늘에 이르기까지 각종 발명이나 발견에는 긴 시간이나 노력이 필요하였다. 또 물질의 구성 요소인 화학 원소가 발견되고 정해지게 되는 데에도 상대적으로 오랜 시간이 소요되었다. 그러나 그런 과거와 비교해 볼 때 지금은 비교되는 발명과 발견의 양이나 내용이 두 배가 되는데 걸리는 소요 시간이 불과 20년 정도라는 놀라운 통계가 보고되었다. 그 의미는 새로운 지식이나 발견, 발명은 옛날처럼 매우 희귀한 것이 아니라 일상적인 것일 수도 있다는 것이고 과거에 비해 그 속도가 크게 빨라지고 있다는 것이다. 다만 한국의 경우에 대한 통계나 보고가 별도로 없어서 직접 비교할 수는 없지만 사람이나 학교 수가 아닌 과학 데이터는 동일한 사실이다. 또 지식은 보편적인 것이므로 뒤진 자의 경우에는 현존의 지식을 제대로 습득하기 전에 더 새로운 지식이 기존 지식을 무력화시키는 현상도 당할 수 있다. 놀라운 통계치들이 제시되고 있는데 저자가 자기 이름을 걸고 출판하였으므로 부인하기도 어렵다. 놀라운 속도이다.

그에 더하여 통신이나 관련 기술의 배가 시간은 지식이나 발견, 발명 등의 배가 시간보다 훨씬 짧아서 년(年)이 아닌 개월(個月)로 단축되었고 그 속도는 계속 가속되고 있는 중이다. 우리는 이제 이런 속도에 크게 놀라지도 않고 당연한 일로 받아들이는 지경에 이르렀다. 이미 기술 가속도에 익숙해져서 경쟁을 예상하고 오히려 즐기는 분위기이다.

다른 차원에서 기존의 지식을 대표하는 각종 학문의 노후화 속도도 우리의 상상을 뛰어넘는 빠른 수준이다. 앞의 책에서 소개하는 지식학문의 대표라고 할 수 있는 물리학, 수학, 역사학 등의 반감기는 더 충격적으로 짧다. 인류가 수천 년에 걸친 긴 시간에 걸쳐 쌓아 온 지식의 토대 위에 세워진 각종 학문들의 많은 성과들이 최근 빠르게 권위와 효력을 상실했거나 무대에서 퇴장해야 하는 운명에 처한 것이다. 한국 학계에도 당연히 해당되는 내용일 것이다.

앞에서 제시한 내용과 결과를 두고 조사, 측정 방법이나 타당성, 추정치 등에 대한 반론도 물론 있겠지만 지식의 증가나 또는 그 효력이 노후화 내지 무력화 되는 속도가 엄청나게 짧아지고 있음은 누구도 부인하기 어렵다.

이런 엄청난 지식변화의 시대에 우리가 지금까지 소중하게 여기고 가꾸어 왔던 제도-예를 들면 교육시스템과 교육 방법이나 인재 양성 제도 등-가 하루빨리 바뀌어야 함을 확실히 알 수 있다. 우리가 머리로나 이론적으로는 알고 이해하더라도 실행하기는 힘든 것이 역사와 전통에 근거한 교육제도와 같은 사회적 변화이다. 일단 정해진 제도를 바꾸기가 쉽지 않고 변화를 위한 실험이 나 시험이 매우 어려운 조건을 가지고 있어서 속도가 느린 대표적인 경우이다. 사회적 합의를 필요로 하는 민주주의 제도에서는 더욱 그렇다. 그런데 뜻밖의 코로나 전염병 사태가 그 실험을 불가피하게 강요했는데 여러 가지 결과가 나타났고 또 장래를 예측할 수 있게 만든다. 그중 하나가 가상공간이나 영상 을 통한 비대면 교육의 긍정적인 가능성과 불가피성의 발견이다.

어느 때나 그 시점보다 모든 면에서 완벽하게 더 나은 제도는 실제로 존재하 기 어렵다. 설사 있다고 하더라도 현실적인 여건상 그것을 제대로 시험해 보기 가 불가능하거나 매우 어렵고 근거 있는 반대 이유와 현실적 제약이 많을 것이 기 때문이다. 그런 측면에서 코로나 전염병과 같은 뜻밖의 사태가 강요된 실험 결과를 제시해서 변화를 촉진하거나 그 속도를 가속화 할 수 있다. 교육 시스 템의 경우 2020년 상반기부터 대학부터 초등학교, 유치원까지의 각 급 학교에 서 재택 온라인 강의 또는 수업과 같은 예상 밖 실험을 하게 되었다. 여러 문제 점과 개선점 등이 노출되고 찬반에 대한 의견도 많지만 이미 실험은 수행되었 고 이제 어떤 형태로든 그 변화는 불가피하게 다가와 있다고 본다. 한국의 속도가 그 기능과 역할을 할지의 여부는 정치와 정책의 차원이다.

1-12 생활방식, 트렌드, 문화의 변화 속도

한국경제가 지난 20세기의 30여 년 만에 이룩한 성장 과정을 '압축성장'이라는 한마디로 표현한다. 다른 나라가 100여 년, 200여 년 또는 그 이상의 시간에 걸쳐 이룩한 성장과 발전, 또는 많은 대부분의 나라가 아직도 이루지 못한 발전의 단계를 한꺼번에 뛰어넘은 것을 일컫는 표현이다. 지금까지 이보다 더 빠른 속도는 세계 경제 역사에서 아직 기록되지 않고 있다. 경제가 변했으므로 그 외 다른 모든 부문도 급속하게 변하였고 지금도 빠른 속도로 변화를 거듭하고 있다. 의식주의 차원에서 그것을 살펴보자.

(1) 식(食)생활

인간 생활의 변화를 의식주라는 측면에서 트렌드를 통해서 살펴보면 놀라운 변화와 동시에 큰 모순도 발견할 수 있다. 먹는 것부터 생각해보자. 우리가 흔히 표현하는 '먹고 살기'라는 표현은 여러 의미를 함축하고 있다. 한국의 경우로 압축해서 생각해 보면 우리는 살기 위해 먹어야 하는 삶을 유사 이래 오랜 기간 동안 영위해 왔다. "입에 풀칠이라도 했으면 좋겠다…"라는 과거 표현의 의미는 제대로 먹지는 못해도 약간의 먹는 시늉 정도라도 했으면 좋겠다는 어려운 현실에 대한 간절한 바람이었다.

한국에서 먹고사는 문제가 거의 해결된 때는 1970년 후반이나 80년대 초반이 아닐까 추정된다. 1970년대 후반까지 한국에는 '분식의 날'이 한 주에 이틀이나 있었다. 모든 식당이 수요일과 토요일[49] 점심시간에는 쌀로 만든 음식을

---

[49] 우리가 당연하게 생각하는 주 5일 근무, 주 40시간 노동제도도 한국에서 전면적으로 시행된 것은 2011년 7월 11일부터이다. 그 이전에는 토요일도 오전까지 근무하였고 초과근무가 보통이었으므로 직장인은 토요일도 외식이 일상적이었다.

팔지 못하도록 강제하였다. 그 이유는 쌀이 부족하므로 미국 원조로 들어왔던 밀가루를 대신 먹게 하는 고육책이었다. 급속한 산업화 이후 먹고사는 문제는 기본적으로 해결되었다. 쌀이나 다른 대체 식품을 수입할 수 있는 형편이 되었으므로 해결된 것이다. 대신 영양 과다와 관련된 비만이나 성인병이 급속하게 생기게 되는 부작용이 발생하였다.

유사 이래 인류 생활에서 세계 전체적으로 보면 식량 공급이 수요보다 많지 않았다. 그래서 인류의 최대 관심사는 먹는 문제이었다. 물론 나라나 지역에 따라 큰 차이가 있었고 같은 나라라 하더라도 사회 경제적 계층에 따라 확연히 구분되었다. 그러나 나라 전체적이나 전 세계적으로 보면 설사 분배가 공정하게 이루어졌다 하더라도 여전히 공급이 부족한 상태이었다. 20세기 후반 농업기술의 발전으로 식량 생산이 획기적으로 늘어나서 인류 전체로 보아도 수요와 공급이 균형 또는 초과 공급능력을 이루고 거시적으로는 공급이 신축적으로 수요에 대응할 수 있는 단계에 이르렀다. 즉 인류 역사 최초로 전 지구로 본 총량적 측면으로는 먹는 문제가 해결될 수 있게 된 것이다.

그렇기 때문에 인류의 먹는 문제가 해결된 것은 아니다. 세계에는 아직도 굶주리는 사람의 비율이 엄청나게 높다. 유엔식량농업기구(UNFAO)의 조사로는 2010년에 9억 2,500만 명이 식량부족이나 영양결핍을 겪고 있고 그 가장 큰 희생자가 어린이다. 즉 총량으로는 식량 문제가 해결되는 여건을 갖추었으나 분배의 문제, 즉 개별 국가로 나누어진 여건, 전달과 수송 방법, 수송비용, 정치 사회체제 등의 장애 때문에 먹는 문제는 아직도 크게 해결되지 못한 과제로 남아 있다.

다시 말해 아마도 유사 이래 처음으로 전 세계적으로 보아 식량 생산량 증가 속도가 인구증가 속도를 따라잡는 쾌거를 이룩했으나 식량을 나누거나 거래하는 비용이나 국경선, 거리 등의 문제 때문에 먹고사는 문제는 여전히 인류 세계의 심각한 문제로 남아 있다. 아직도 많은 세계의 후진국이 일정 정도의 경제성장이나 발전을 이루지 못한다면 이 문제는 계속 숙제로 남아있을 수밖에 없다. 놀랍게도 한국이 이 난관을 가장 빠르게 돌파한 것이다.

(2) 의(衣)생활

다음으로 입는 일은 어떻게 보면 먹는 일보다 우선시 되는 측면도 있다. 즉 의식주(衣食住)라는 말에서 표현되는 대로 입는 일이 먹는 일보다 먼저 나오는 것은 우연히 붙인 것 이상의 뜻이 있을지 모른다. 역사적으로 상상해 보면 의복은 온도를 조절하고 피부를 보호하는 단순한 기능이나 중요 부위를 가리거나 강조하는 역할 이상을 해온 것이다. 그에 못지않게 다른 사람과의 구별 또는 차별의 수단으로 의복이 인류의 생활 초기부터 이용된 것이다. 특정 종족이나 가족 또는 개인을 구분하는 수단으로 의복의 전부나 일부를 이용한다거나 여성이 아름답게 보이는 수단으로 의복이 처음부터 큰 역할을 했을 것이다. 기능적으로 전투를 하는 사람이나 수렵 또는 어로 활동을 하는 계층도 거기에 맞는 복식(제복) 등을 만들어 입었을 것이다. 거기에 더하여 다른 사람보다 권력이 있고 우위에 있다는 것을, 또는 신분이나 경제적으로 부유하다는 것을 표시하는 수단으로 의복이나 치장이 처음부터 활용되었다. 지금은 돈만 있으면 어떤 의복이나 마음대로 입을 수 있지만 과거 신분 사회에서는 입을 수 있는 의복 재료, 색상, 디자인 등이 엄격하게 규제되었으므로 의복만으로도 신분을 구분할 수 있게 만든 것이다.

조선 시대를 돌아보면 반상(班常) 또는 개인의 신분에 따라 의상과 모자의 크기와 재료 등이 구분되어 규제되었으므로 먹는 것 보다 입는 표현이 먼저 나오게 된 연유를 짐작할 수 있다. 먹고 사는 것보다 더 절실하게 여겨질 수도 있었던 입는 문제는 통치나 사회질서 차원의 문제이기도 했다. 조선조 시대에 부녀자의 장신구 크기나 재질, 옷길이 등 여성의 사치에 관해 정부 차원의 금지령이나 논란이 계속된 점만 보아도 신분이 상승할수록 입는 것이 먹는 것보다 중요한 이슈이자 관심사였던 것이 틀림없다.

의상의 발전 속도와 연관해서 살펴보면 재료, 염색, 가공, 제작의 기술 발전에 따라 패션도 달라져 왔다. 특히 자연이나 천연재료에 의존하던 시대를 지나 직조 직물의 발전이 의생활에 미쳤을 영향과 뒤를 이은 인조섬유의 발명은 혁명 그 자체였을 것이다. 이렇게 되면 패션이 상류층뿐만 아니라 전 계층으로 확산되고 그에 따라 개성을 드러내고 살리는 속도가 가속화된 것이다.

패션과 관련한 변화의 주요 내용도 속도이다. 의상이 주문생산과 맞춤의 단계를 지나 대량생산과 대량소비 시대로 접어든 이래 근래 나타난 두드러진 현상은 소량생산, 소량소비 형태의 빠른 확산이다. 의상의 제작과 유통, 소비에 관한 패러다임이 달라진 것이다. 일찍 이 속도 변화에 빠르게 대응하고 변화를 선도한 예가 동대문시장이다. 그 이후 패션 산업 자체가 생산과 유통 패러다임을 바꾸고 그 이전에 불가능해 보였던 변화를 계속 보이고 있다. 소비자의 트렌드 변화를 즉시 디자인과 생산 및 유통에 반영하는 자라(Zara)나 H&M 등의 새로운 의류산업의 리더들이 오랫동안 불가능해 보였던 이 산업의 경영 관행을 완전히 바꾸어 놓았다고 해도 과언이 아니다.

변화의 속도는 더 가속화될 것이다. 3D 프린팅 기술의 발전이나 AI 기술이 의류, 패션을 비켜 갈 수 없을 것이다. 자기가 직접 디자인하거나 인터넷으로 획득한 디자인으로 스스로 제작한 옷을 만들거나 주문해 입는 것이 보편화되는 경우를 얼마든지 상상해 볼 수 있다. 가상현실(VR)을 이용한 맞춤옷 고르기는 이미 시작되고 있다. AI가 코디해 주는 옷으로 구독(subscription)하는 날도 머지않아 도래할 것이다. 의복의 경우 생산기술의 혁명적 변화는 다품종 대량생산이 가능한 상황으로 발전하면서 유행의 주기를 극단적으로 짧게 바꾸는 방식이 가능하게 만들고 있다.

(3) 주(住)생활

주(住)생활도 엄청나게 변화해 왔다. 다만 그 변화의 속도는 식생활이나 의생활보다는 상대적으로 빠르지 않다. 아마도 집이나 주거생활은 규모나 비용(경제 능력)에서 다른 두 가지와는 비교가 되지 않는 큰 것이어서 속도가 상대적으로 느린 것이다. 한국의 경우 고대로부터 조선조 말기까지는 그 변화가 완만했으나 서양식 주거방식이 소개되고 소득의 증가에 따라 개인적인 건축이 가능하게 된 뒤부터는 급격하게 달라져서 변화의 속도가 상대적으로 빨라졌다.

계속 소개하는 대로 우리나라는 변화 속도의 측면에서 세계에서 제일 빠른 것이 많다. 주거생활과 관련된 것 중의 하나가 도시화 속도이다. 통계적으로 보면 경제개발계획 이전인 1960년에 30% 미만이던 도시화율이 1995년에 이미 80%를 넘어섰다. 약 30여 년 만에 절대적인 농촌 중심 사회에서 급격한 산업화로 인한 도시 중심 사회로 성격이 바뀐 것이다. 세계 어느 나라에서도 유례가 없는 속도이다. 이 기록은 앞으로도 바뀌지 않을 것이다.

변화 속도가 빠른 한·중·일 3국을 비교해 보아도 차이는 뚜렷하다. 이들 세 나라 중 한국은 가장 짧은 시간에 도시화를 달성했는데 바람직한지의 여부와 성과 및 부작용 등을 떠나서 속도 면에서 월등하다. 국가의 정책과 경제발전 속도 및 문화적 여건 등의 차이가 있겠지만 한국의 속도가 매우 큰 역할을 한 경우이다.

그중에서 가장 특징적이고 상징적인 모습이 아파트 중심으로 도시 생활의 주거방식이 빠르게 바뀌고 있는 점이다. 1960년대 초반까지, 즉 경제개발

5개년 계획 정책이 있기 전까지 한국에는 아파트 방식의 주거개념이 사실상 없었다. 그런데 한 세대(30년을 기준)도 미처 지나지 않아 아파트가 도시 생활에서 가장 선호되는 주거방식이 되고 특히 가장 확실한 재산형성의 수단이 되었는데 이 기록도 세계에 유례가 없다. 주택은 짓거나 바꾸기가 쉽지 않은 대상이고 개인이나 가정생활에서 가장 덩치가 큰 자산인데 한국에서만이 이런 일이 가능하였다. 물론 여러 가지 요인이 복합적으로 작용한 경우이다. 지금은 한국 어디서나 내부 구조는 말할 것도 없지만 외관이라도 한국 전통 양식인 한옥 방식을 가진 주택을 발견하기가 어렵다. 이것도 바람직한지의 여부를 떠나 한국의 속도(K속도)의 한 모습이다.

아래의 그림은 1970년 초반부터 시작된 한국의 아파트 건설 증가 속도를 나타낸 그래프이다. 1970년 대 초반부터 2000년 대 초반까지의 30여 년 동안에 아파트 건설과 공급은 세계 어느 곳에서도 유례가 없는 가파른 속도를 보인다. 일반 소비재나 유행품도 아닌 덩치와 가치가 가장 큰 내구재인 주택이 이런 속도로 변한 것이 한국이라는 나라만의 경우이다. 최근 속도에서 여러 면으로 한국을 따라잡으려고 하는 중국의 경우도 비교가 되지 않고 일본은 가속도

〈그림1-1〉 전국 아파트 입주 물량 추이

출처: 부동산114, 부동산인포

에서는 전혀 비교가 되지 않는다. 2020년에 한국의 주거에서 아파트가 차지하는 비중이 50%를 넘었다. 예상과 달리 이 주거방식 변화가 의식주의 변화 속도 중에서 가장 빠르고 특징적인 K속도가 아닐까 생각한다.

물론 빠르면 놓치는 것이 많은 점은 아쉬운 부분이다. 한국의 전통 가옥을 도시는 물론 농촌에서도 찾기 어려운 현상은 변화 속도 때문에 전통이 급속도로 사라지는 손실을 감수할 수밖에 없게 만드는 것이다. 대조적으로 일본을 보면 도시에서도 일본식 전통 가옥을 흔하게 볼 수 있다. 한국식 주거방식의 세계적인 장점(예를 들면 온돌)이 급속도로 사라지는 것을 방지하거나 최소한 그 속도를 늦추는 작업이 필요할 것이다.

(4) 다방과 전문커피점

　한국은 다른 많은 면에서도 다른 나라나 민족과는 확실히 구분된다. 즉 어떤 문화나 방식이 도입되고 나서 임계점에 이르면 그 보급이나 확산의 절대적이나 상대적 속도가 어떤 외국과도 비교하기가 어려울 정도로 빠른 분야가 많은 것이 많은 특별한 나라이다. 가장 대표적인 예 중의 하나가 커피음료의 일상화와 커피숍의 확산 속도이다. 예전에는 방방곡곡에 다방이 있어서 사랑방과 사교장 역할을 담당했지만 그보다 더 많이, 더 빨리 커피숍이 들어서고 주요 고객층도 최 단시간에 완전한 세대교체를 이루었다. 다방 성업 시절에 이용객들은 주 고객이 중년 남성 중심이었으며 커피를 마시기 위해 다방을 찾은 것보다는 다방을 이용하는 대가로 드는 음료 중의 하나로 커피가 이용되었다.

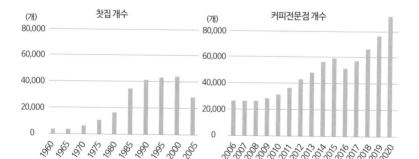

〈그림1-2〉국내 찻집 및 커피전문점 개수

출처: 행안부, 「지방 행정 인허가 데이터」

　그리고 그때까지 한국인이 즐겨 마시는 대표적 음료가 커피가 아니고 오히려 홍차나 한국 전통차였다. 적어도 커피를 마시기 위해 다방에 간다는 일은 없었다고 단언할 수도 있다. 그때까지 커피는 가루로 만든 원료를 타서 파는 인스턴트 커피였고 설탕이나 우유(크림)를 더 넣는 방식이 선호되었다. '그때'는 찻집(다방) 숫자가 정점을 찍은 2000년 전후로 볼 수 있다.

아주 오랫동안 한국인의 대화, 특히 약속이나 친숙함을 뜻하는 표현에서 '차라도 한 잔…' 또는 '차나 한 잔 하면서…'라는 표현이 자연스럽게 사용되고 있었다. 그런데 커피가 주요 음료로 등장하면서 이 말이 어느새 차 대신 커피로 바뀌어 버렸다. 사용하는 본인들은 이런 바뀜을 의식하지도 못할 것이다. K속도의 위력과 영향력의 또 하나의 예이다.

옆의 그림에서 보는 바와 같이 다방의 수가 줄어드는 대신 커피숍의 숫자가 더 빠르게 더 많이 늘어났는데 다방의 감소와 커피숍의 증가 속도는 물론 세계에서 제일 빠른 속도이다. 중국도 최근 한국 못지않은 속도를 보이는 부문이 많은데 예부터 차 문화가 발달했던 중국에서 커피 소비와 커피전문점의 증가 속도가 그 한 예이다. 다만 인구 대비 비교로는 한국과 비교가 되지 않는 속도이다.

부산 영도는 조선업을 중심으로 한 공업지역이었는데 이제는 커피섬으로 탈바꿈하고 있다. 지난 10년간 커피 전문점이 7~8개에서 220여 개로 30배 늘어났다. 영도구청은 커피 산업을 영도의 대표 산업으로 만들고 커피 R&D센터와 커피몰을 조성할 예정이다.[50] 한국의 속도 예의 또 하나이다.

---

50 조선일보 2022. 2. 28. A16

다방의 추억

나는 1970년 부터 1976년까지 서울 한국은행 본점에서 직장생활을 했다. 그때는 아직 자가용은 거의 없고 지하철도 없는 가운데 버스와 같은 대중교통 수단도 불편하던 시절이어서 모두가 직장에서 제공하는 통근버스를 타고 출근하였다. 당시 통근버스가 도착하면 거의 예외없이 주변에 즐비한 다방으로 직행하였다. 자연히 단골 다방이 생기고 그 아침 시간이면 다방은 초만원이 되었다. 담배 연기 자욱한 가운데 그때 마시는 음료는 주로 커피였다. 맛을 즐기려 가는 곳이 아니라 사람이 모이는 매개체 역할이어서 지금 기준으로는 맛은 별로였다고 기억한다. 종업원(레지라고 불렀다)은 단골의 기호 음료를 기억하고 있어서 주문받을 것도 없이 도착순서대로 커피나 맞춤 음료를 가져왔다. 지금의 커피샵과 같이 주요 건물 옆의 곳곳에 다방이 많이 있었다. 한적한 시골의 읍내에도 물론 있는 경우가 있었다.

당시까지의 다방은 지금의 커피샵과 같이 사람이 만나고 소통하고 무료한 시간을 보내는 사랑방과 같은 기능을 했는데 지금과의 차이점은 최대 이용자는 중년 이상의 남성이 많았다. 당시로서는 부담이 되는 찻값을 지불할 능력이 있어야 했으므로 자연히 이용객이 제한적이었을 것이다. 당시의 세태를 반영하는 유행가 가사와 같이 '커피 한잔 시켜놓고' 반나절고 한나절을 자리에 앉아 보내서 운영자(마담으로 불렀다)의 눈총을 받는 손님도 많았다. 오랫동안 대부분의 다방이 배달서비스를 제공하였다. 지금의 배달과 다른 점은 레지가 음료를 보따리에 싸가지고 가서 직접 서빙하고 기다렸다가 찻잔을 회수해 오는 방식이었다.

다방의 기능과 역할은 크게 세 가지로, 첫째 사람이 만나는 사랑방의 역할로 대부분의 만남은 다방에서 이루어졌고 사무실의 역할도 해서 전화기가 귀하던 시절의 고객의 사무실과 비서기능을 수행하기도 하였다. 긴요한 연락이 오기를 다방에 앉아서 하염없이 기다리는 경우도 많았다. 남녀간의 첫 만남이나 결혼 과정의 첫 단계인 맞선도 대부분 다방에서 이루어졌다. 1960년 대 대학가에서 학과나 동아리 간 단체로 남녀의 만남을 주선하는 '미팅'이라는 방식이 유행했는데 장소는 물론 다방이었다. 당시에는 여자대학은 말할 것도 없지만 남녀공학 대학이라도 학과 구성원이 대부분 남학생이거나 여학생으로 일방적인 경우가 많았기 때문이다. 둘째 문화공간의 역할로 다방이 예술가들의 작업실로 쓰이거나 음악감상실 등의 문화적 기능을 훌륭하게 수행하기도 하였다. 축음기에서 나오는 유행가 가락에 장단을 맞추는 모습도 어색하지 않았다. 셋째는 일종의 놀이 공간의 기능으로 별 소일거리가 없는 사람(당시 직업을 구하지 못한 교육받은 젊은이들을 룸펜이라고 불렀다)들의 놀이터, 만남터, 시간 보내기 공간으로의 역할도 수행하였다. 물론 찻값을 낼 수 있는 형편이 되는 사람에 국한한 경우인데 실업자 대부분은 형편이 되지 않았다.

나의 대학생 시절은 1960년대 초, 중반이었는데 당시 다방을 출입할 경제적 여유가 있는 친구나 주변 사람은 드물었고 다만 클래식을 주로 들려주는 음악감상실이 일부 대학생들의 만남이나, 데이트, 소일하는 멋을 제공하는 주요한 장소이었다. 물론 당시 유행을 선도하는 외국 팝송 등을 주로 들려주는 음악감상실도 따로 있었다. 음악감상실은 입장료만 있고 음료제공은 따로 지불해야 한 것으로 기억하는데 일반 다방에서도 커피를 비롯해서 모든 음료가 맛을 즐기기 위해서가 아니라 주로 자리값을 하는 만남의 매개물이었다.

(5) MZ세대와 사고방식, 생활 방식, 사회생활 및 언어의 변화

앞서 지적한 바와 같이 언어의 변화 속도도 예외가 아니다. SNS로 실시간 대화와 소통이 가능해진 것은 한국만의 현상이 아니겠지만 말이나 글자의 축소나 단순화 추세는 세계 어느 나라와도 비교가 불가능할 정도이다. 주로 한글이나 외래어 단어의 머리글자를 따서 만드는 신조어는 나이 든 세대가 배우기를 열심히 노력하지 않으면 젊은 세대와는 대화나 소통이 불가능한 정도에까지 이르고 있다. 현 시대 한국에서 문제로 지적되는 세대 간 소통 문제를 일으키는 장벽 중 또 하나의 심각한 요인이라고 생각한다. 단어나 표현을 줄여서 하는 방식은 어느 나라 어느 시대에나 있는 현상이지만 한국의 경우는 어느 외국이나 다른 언어와는 비교가 되지 않을 정도로 젊은 세대에게는 이미 보편화 되어 있는데 SNS가 보급되고 널리 사용되면서 극단적인 경향으로까지 변화하고 있다. 이제는 공식적인 신문이나 방송 등 언론매체조차 줄임말을 그대로 쓸 정도로 간편화되고 널리 보급되고 있는 언어생활이 또 하나의 전형적인 한국의 속도문화이다. 한글이라는 언어의 특수성이 그것을 가능하게 함은 물론이다.

언어가 상징하는 사고방식이나 문화적인 트렌드로 세대 간 차이를 지적하지 않을 수 없다. 앞서 지적한 바와 같이 지금의 인류는 같은 세상과 시대를 살고 있지만 사실상 다른 문화와 사고를 가지고 생활한다. 1977~1997년에 태어난 세대를 N세대(Net Generation 또는 Digital Native)로 부르기도 하는데 위키노믹스(Wikinomics)를 만든 돈 탭스콧(Don Tapscott)은 페이스북 창업자인 마크 저커버그를 비롯한 6,000여 명을 인터뷰해서 이 세대의 특징을 다음과 같이 요약했다.[51]

---

51 Don Tapscott, Grown Up Digital: How the Net Generation is Changing Your World, Foreign Book Review, 조선일보 위클리 비즈 C2 2009. 2.21~22

첫째 N세대들은 선택을 자유로 여긴다(Freedom). 둘째, 상품과 서비스 등 모든 것을 자신의 취향에 맞게 변형하고 자기 것으로 만들기를 원한다(Customization). 셋째, 협업에 익숙하다(Collaboration). 넷째, 어떤 사안에 대해서도 검증하려고 한다(Scrutiny). 다섯째, 통합의 가치를 높이 산다(Integrity). 여섯째, 늘 재미를 추구하는데 직장이나 학교에서도 마찬가지다(Entertainment). 일곱째, 스피드를 중시한다(Speed). 여덟째, 기존 질서에 머무르지 않으려고 한다(Innovation).

여기서 말하는 N세대는 이 책에서 주로 분류하는 밀레니얼 세대와 연령대가 대부분 겹치고 있다. 통상의 분류로는 베이비붐 세대, 밀레니얼 세대, Z세대로 나누면서 세대별 특징을 찾고 공통점으로 연결하는데 분류 방법은 이론적인 분류가 아니므로 편리한 대로 이용하면 될 것이다. 지금은 N세대 대신 M세대 또는 MZ세대로 부르고 있다.

위의 여덟 가지 특성은 한국의 같은 세대에게도 똑같이 해당될 것이다. 그래서 이런 특성이 새로운 트렌드이자 문화의 변화임을 인정해야 하고 그에 따른 변화의 가속도를 미리 예측하는 지혜가 필요할 것이다. 또한 급속한 기술발전에 의한 초연결사회(Hyper-connected society)의 도래가 위의 8가지 특성을 가로지르는 키워드로 사용될 수도 있을 것이다.

또 이 여덟 가지 특성은 앞서 기술 변화와 속도에서 소개한 특성들과도 상통하거나 대비되는데 변화의 방향이나 전체 흐름은 거의 같다고 볼 수 있다. 언제나 세대를 구분하면서 뒷 세대는 앞 세대와는 다른 점이 많다고 예부터 '세대 차'를 서로 언급해왔는데 지금 시대는 세대의 구분 간격이 훨씬 좁아지고 있는 것이 특징이어서 분류된 세대 내에서의 세분화도 진행되는 방향으로 변하고 있다. 속도의 다른 모습이다. 구체적으로 한국에서 나타나는 현상들은 더 극적인 일들이 많다. 직장생활의 경우 승진을 거부하거나 자발적 이직을 택하면서 개인 생활을 중시하는 변화는 빠른 변화의 예 중 하나이다. 앞으로 일하는 방식이나 고용방식이 달라지는 변화를 예고하는 조짐이다.

그러면서 취업 형태는 원하는 때 필요한 만큼만 일하는 긱 노동자(gig worker)가 빠르게 증가하는 추세를 보인다. 배달업의 폭발적 증가가 그런 여건을 제공하는 주요한 수단이 되고 있다. 반면 제조업은 구인난을 호소한다.[52] 처우에 따른 이직 현상도 증가한다. 전과 다른 확실한 변화는 대기업에서 스타트업으로의 이직이 이들 세대에게는 어려운 결단이 아닌 현상으로 나타나고 있는 점이다. 통계청의 월평균 가계수지 마이크로데이터 분석에 의하면 2021년 20대의 복권 구입비용이 코로나 이전보다 313% 증가하였다고 한다.[53] 그림, 주식시장, 코인시장 참여가 폭증하는 현상도 같은 차원이다. 시대의 변화에 맞추어 분쟁과 불만을 해결하는 수단으로 우체국을 통한 인터넷 내용증명을 이용하는 건수가 3년새 약 3배 증가하였다.[54] 주로 MZ세대가 이용하는 방법이다.

2022년 대통령선거전에서 각 후보 진영이 가장 관심을 가지고 공을 들인 세대가 MZ세대 특히 20대 유권자들인데 그동안 없던 전혀 새로운 현상이다. 이 세대들이 사회변화의 중심에서 가장 빠르게 변하고 또 변하게 만드는 주역이 되고 있음을 의미하고 물론 여기서도 한국의 속도가 단연 월등하다.

다른 예의 하나로 한국이 어느새 중국을 비롯한 동남아의 의류나 명품의 유행을 선도하는 중심지로 자리 잡았는데 구매 능력을 갖춘 젊은이들이 트렌드

---

52 매일경제, 2021. 12. 13. A1
53 매일경제, 2021. 12. 14. A1
54 조선일보, 2021. 12. 20. A10

에 민감하면서 소비생활이 바뀌는 모습의 다른 예이다. 전 세계 MZ세대의 여행 1순위가 한국으로 등장할 정도로 한국의 변화 속도는 빠르다.[55] 'TV, 스마트폰, K팝에 이어 여행도 한국이 선도할 것'이라는 예측도 설득력이 있다.[56]

---

55 여행가방업체 리모와 CEO 인터뷰, 조선21. 10. 6A16
56 에어비앤비 리해인 부사장 인터뷰, 매경21. 12. 14A35

K2

K속도-가장 빠르게 변한
한국 경제와 사회, 문화의 모습과 내용

근래 K-pop, K드라마 등과 같이 한국인이나 한국의 문화, 서비스 방식, 시스템 같은 한국 또는 한국인이 가지는 특별한 특색을 가지는 분야를 한마디로 묶어 K00로 부르는 경향이 급속하게 생겨났다. 나아가서 한국과 관련된 일이나 사건, 정책 등에 K라는 접두어를 사용하는 일이 빈번해졌다. 그런 맥락에서 한국경제와 사회의 빠른 변화 모습, 그리고 한국인이 지닌, 또 보여 주는 빠름과 관련된 차별성을 K속도라고 부르는 것이 어색하지 않을 것이다.

K속도는 과연 존재한다고 단언할 수 있는가? 있다면 타고난 것인가? 아니면 만들어진 것인가? 그런 속도는 시대와 세대별로 다르게 나타나는가? 등 물어보고 생각해보고 증명해보아야 하는 일들이 많다. 이 책은 그것이 있다는 것을 입증하기 위해 쓴 것이다. 타고났든 아니면 만들어졌든 간에 그것이 있다는 것을 보이고 그 구체적 내용을 지금부터 제시해 보고자 한다. 당연히 논의는 다른 요소보다 속도를 중심으로 한다.

2-1 한국경제, 사회발전과 속도

뒤에서 논의할 한국 민족의 유전적 특성, 체질, 문화, 민족성은 결국은 나라 (국가)라는 단위로 거시적으로 응집되어 나타난다. 한국이라는 나라와 한국 인이라는 구성원의 특징은 지리적, 역사적 및 유전적 요인과 생활환경이나 전 개 과정은 물론, 세계와 지역 정세변화에 따른 대응, 국제관계 속에서의 위상 변화, 국가 지배구조와 통치방식 등의 내, 외부적 요인과 나라 안에서의 개인 과 집단이 상호작용을 통해 이루어 낸 결과나 과정으로 나타나고 표현된다.

역사는 변화과정과 그 결과의 기록으로 볼 수도 있다. 그것을 속도와 연관 시켜 분석하면 재미있는 발견이 많이 있을 것이다. 어느 한 나라(거시적 관찰 대상)는 그 나라에 속하는 개인이나 개별 집단(따라서 미시적 관찰대상) 보다 는 변화 속도가 빠르지 않을 것이다. 나라 안에서 구성원의 개인적, 계층적, 경 제적 편차가 매우 크고 빨리 변하더라도 나라 전체라는 단위로 보면 상대적으 로는 별 변화가 없는 경우가 대부분이다. 예를 들면 어떤 나라가 경제적, 사회 적으로 내부에서 큰 변화를 겪고 있더라도 세계적으로 본다면 그 나라가 다른 나라와 비교해서 상대적 위상이나 역할에 별로 변화가 없는 경우가 되는 것이 지금까지는 보편적이고 역사적인 사실이다.

그래서 역사적으로, 또 국가 단위로 보면 긴 시간 동안의 지속적인 성장이나 변화가 두드러지지 않은 경우가 대부분이다. 즉 오늘날까지도 대부분의 후진 국이나 개발도상국이 나름대로 발전과 변화를 위해 노력하고 애쓰고 특히 개 별 기업이나 국민 개인의 차원에서는 몸부림치면서 큰 변화를 나타내기도 하 지만 여전히 나라 단위로는 저개발국 위치에 머무르는 경우가 대부분이었다.

한국은 긴 역사를 자랑하지만 근세 100여 년간에는 일본의 식민지가 되었고 해방 후에는 국토의 분단과 동족상잔의 전쟁을 겪는 등의 어려운 과정의 연속이었으므로 객관적인 측정이나 비교를 위해서는 6·25전쟁 후인 1950년대 후반 또는 1960년대부터 변화의 속도를 측정하고 비교해 보는 것이 좋다. 세계적으로도 그 무렵 제2차 세계대전 후 2차 산업혁명이 무르익으며 정보화 시대의 초기로 진입하려 하면서 변화의 속도가 빨라지기 시작하는 때이므로 이 시점을 분석의 대상으로 하는 것이 타당할 것이다.

다음의 설명과 예들은 지난 60여 년간 한국이 어떻게 변해 왔는가를 몇 가지 측면에서 정리해 본 것이다. 한국은 규모나 여건이 유리하지 않음에도 불구하고 다른 나라가 가지지 못한 여러 가지 독특한 특성을 가진 나라이면서 동시에 20세기 후반 단시간에 매우 빠르게 변화하여 최후진국의 상태에서 명실공히 선진국 수준으로 진입한 아주 특별한 나라임을 알 수 있고 그 변화를 읽는 키워드는 단연 속도와 가속도이다.

여기에 소개하는 모든 항목들은 어떤 체계를 이용하여 정리한 것은 아니고 각 부문에서 대표적인 사례나 통계 몇 가지만을 모아 본 것으로 이 외에도 수없이 많은 증거나 사례가 있겠지만 여기에 소개한 이런 사실의 나열만으로도 과연 한국은 남다르고 특별한 나라라고 할 수밖에 없고 또 세계가 인정하고 감탄한다. 그런데 일부이기는 하지만 정작 한국인 자신들은 이런 점을 제대로 인정하지 않거나 인지하더라도 바로 평가하지 못하거나 나아가 오히려 선진들의 노력, 업적과 성과에 대해 폄훼하는 어리석음을 나타내는 경우가 많다.

2-2 한국 : 속도가 매우 빠르고 아주 특별한 나라

아래에서 열거하는 몇 가지 분야별 특성을 살펴보면 한국은 확실히 다른 나라와는 다른 특별한 나라임을 알 수 있다. 특히 현재까지의 변화 속도에서는 다른 어떤 나라와도 비교가 되지 않는 점을 확인, 재확인하게 된다.

1) 역사

- 지리적으로 중국에 접한 변방이고 간섭과 영향을 받았지만 국호와 국체를 나라의 시작부터 독자적으로 유지한 나라
- 통일신라 이후 천년이상 통일국가이며 그 이전부터 독자 문화 및 고유 언어를 가진 나라
- 20세기 초부터 중반까지 식민 지배를 받다가 해방 후 3년간 남북 전쟁까지 치르고도 반세기만에 열강의 반열에 오른 역사상 세계 유일의 나라
- 한 세대(30년) 안에 산업화와 민주화를 동시에 달성한 세계 유일의 나라
- 70년 이상 존속하고 있는 세계 유일의 분단국이자 아직도 정전 상태에 있는 나라

2차 대전 후 세계에 남북한, 동서독, 남북베트남, 남북예맨 4개의 분단국이 생겼는데 현재는 한국이 유일한 분단국이다. 제2차 세계대전을 일으키지도 참가하지도 않았으나 식민지였다는 운명 때문에 전후 강제 분할 당하고 북의 무모한 남침으로 3년간의 전쟁을 치루면서 남아있던 산업 기반마저 철저하게 무너진 상태에서 단기간에 '한강의 기적'을 일으켜 열강의 반열에 오르는 놀라운 역사를 기록하였는데 세계 역사상 전무후무하다.

2) 일반 지표

- 한글 : 가장 많은 발음 문자로 11천 개 이상 표기 가능 (참고: 중국어 400 개 정도), 디지털에 가장 적합한 문자
- 세계 각국 학교의 제2외국어로 채택(43개국, 1699 학교, 2020년 기준)
- 평균 IQ 100 이상, 문맹률 1% 이하로 세계 1-2위 수준
- 해외 거주 동포 수 193개국 약732만명(21년 기준), (참고: 해외 거주 중국인 6,000만여 명)
- 2020 사회발전지수(SPI) 측정 세계 살기 좋은 나라 17위/163 (2020)
- 일본과 더불어 OECD와 G20에 가입된 2개의 아시아 국가 중 하나
- 18세기에 외국인 선교사가 아닌 자국민에 의해 천주교회가 시작된 유일한 나라
- 기독교 선교 100년 안에 인구의 25% 이상이 교인이 된 세계 유일의 나라
- 여의도 순복음교회, 1958년 천막 교회에서 1992년 교인 70만 명의 세계 최대교회로 등재(기네스북)
- 개신교 피 선교 100년 만에 세계 제2위의 선교 대국으로 부상(해외 파송 선교사 20,000+ 추산, 절대 수로는 세계 2위, 인구 대비로는 세계 1위)
- 모든 개신교회에서 매일 새벽 새벽기도회가 열리는 세계 유일의 나라
- 스포츠 그랜드슬램(동ᆞ하계 올림픽, 세계육상선수권대회, 월드컵 개최) 달성 6개국 중 하나
- 세계 태권도연맹 회원국 211국, 사범 3,000여 명, 경기용어로 한국어 사용
- 세계기능올림픽대회에서 8년 연속 1위 차지
- 한국의 전자정부 기술(행정전산화)이 세계 1등(UN, ITU 등 발표)
- 세계에서 인터넷의 속도, 기술, 보급률이 가장 높은 나라 중 하나
- 특허 등록 100만 건 돌파 소요 기간이 62년으로(미국 121년, 일본 97년), 그 중 70만 건이 최근 10년 안이며 그 중 52%가 IT 관련

- 국제회의 개최 건수 세계 1위 기록(2017 국제협회연합)
- 비자없이 190개국 여행 가능국(세계 제 2위)으로 최 단시간에 국가 위상 변화

위의 예들이 명백하게 보여 주는 메시지는 한국의 속도이다. 열악한 초기 조건에서 다른 나라나 집단이 할 수 없는 성취를 보여 준 배경과 요인이 여러 가지 있지만 공통적으로 뽑아낼 수 있는 특성은 다른 어느 나라나 민족이 하고 싶어도 따라 할 수 없는 경쟁력과 속도이다. 한국에서는 되는데 다른 나라는 잘 안 되고 있는 일들 가운데 몇 가지 예이다.

3) 경제

- 경이적인 경제 발전 속도의 나라 : 압축성장의 최선두 사례
- 근대 세계 역사상 원조 수혜국에서 공여국으로 바뀐 세계 최초의 나라
- 세계식량계획(WFP)과 미국 잉여농산물(PL480)의 식량 원조로 살던 나라에서 지원국으로 변신한 유일한 나라
- 세계 최빈국(1961년 일인당 소득 82불)에서 반세기 이내에 GDP 규모 10위권으로 도약한 유일한 나라
- UNCTAD(유엔개발계획) 역사상 최초로 개도국에서 선진국으로 진입 분류된 나라(2021)
- 유니세프 차원에서도 유일한 지위 변경국이며 현재 모금 규모가 세계 4위
- 세계 30-50클럽(소득 3만불 이상-인구 5천만 이상)에 들어간 일곱 나라 중의 하나
- 한국전 참전 16개국 중에서 7개국을 경제적으로 뛰어넘어 오히려 도와 주는 나라
- 근래 두 번의 경제위기(IMF금융위기, 2008년 세계외환위기)를 성공적으로 극복한 나라

- IMF금융위기를 전화위복의 계기로 삼아 구조조정에 빠르게 성공한 나라
- 금모으기운동에 온 국민이 자발적으로 참여하여 IMF 국난을 단기간에 극복
- 블룸버그 세계혁신국가순위 1위(2021)
- 세계은행 인적자본지수 157국 중 2위(2018)

　지금의 70대 이상의 고령층은 자기의 생애를 통해 아날로그 시대와 굶주림, 6·25 전쟁, 외국 원조, 가난을 거쳐 현재의 산업화, 풍요, 복지혜택, 디지털 시대의 최첨단 기술의 혜택을 전부 다 경험하고 누리는 경험을 한 역사상 유일무이한 세대이다. 또한 IMF금융위기를 오히려 산업 구조조정과 환골탈태의 기회로 활용한 사례, 특히 외화 빚을 갚기 위해 국민들이 소장하고 있던 금을 자발적으로 내어놓은 사례는 세계에서 그 유례를 찾기 어렵고 앞으로도 없을 것이다.[57] 한국은 정말 매우 특별한 나라이다.

4) 인재, 교육

- 교육열이 세계 최고로 높은 나라: 과거부터 현재까지도
- 지속적으로 문화, 예술, 스포츠 방면의 세계적 스타 지속적 배출
- 단시간에 영화, 드라마, 게임, 웹툰 등으로 세계를 석권
- BTS, KPOP, 아이돌그룹, 국내외의 각종 재능경연 등에서 발군의 실적 과시
- 싸이, BTS, 블랙핑크 등의 미국 빌보드차트, 아메리칸 뮤직어워즈, 그래미상 1위 등 한류의 급속한 확산
- 아카데미 영화제 작품상, 감독상, 조연상 등 세계 유수 영화제에서 지속적인 두각
- 인재의 국제기구 등으로의 지속적 진출과 빠른 두각(유엔 사무총장 등)

---

57 본인은 당시 대학에서 보직을 하고 있었는데 결혼 때 처가에서 받은 한복 저고리의 금 단추와 금반지를 내어 놓았다.

- 장기간 일방적인 해외 유학에서 해외유치 유학생의 빠른 증가세로 급속 전환
- LPGA에서 최단기간에 최강의 독보적 위치 구축과 높은 경쟁력 지속적 유지
- 해외취업자 5년간 2배, 성인 자원봉사자 5년간 2배, 특허등록건수 10년간 2배
- 세계 기능올림픽, 수학올림피아드 등에서 괄목할 성적 지속적 기록

집단으로서나 개별적인 차원에서 한국인이 '꾀', '흥'과 '끼'를 가지면서 '순발력'과 '빠름'을 발휘하는 능력을 가졌음을 보여주는 예들인데 순발력과 빠름의 차이는 지속성의 여부가 된다. 이 책의 다른 곳에서 설명하는 대로 이런 역량은 아주 천천히 끓어오르다가 경제적 여건이 뒷받침되는 비등점에서 폭발적으로 나타나게 된다.

5) 생활

- 신생아 모두가 병원에서 나서 대부분 유아원이나 유치원에서 자라고 아이들은 재능 활동과 조기교육을 받으면서 사실상 소왕자(小王子)와 소공주(小公主)의 지위를 누림
- 청소년들은 학교 수업 외에 각종 과외수업과 예체능 활동을 거의 강제적으로 받음.
- 국민의료보험, 국민연금 등의 사회보장 체제를 단시간 동안에 구비하고 지속적으로 개선
- 아파트 보급률과 그 증가 속도가 세계 최고의 기록. 이미 주택 과반수가 아파트이며 생활환경이 편리하고 문화시설이 갖춰진 아파트에서 생활
- 자가용 보급 속도가 세계 최고로 빠르고, 전 식구가 스마트폰을 가지고 있으며 해외여행은 일상적인 삶의 일부가 되고 있음.
- 인구 대비 커피숍의 숫자와 인당 커피 소비가 세계 최고. 단시간에

커피가 국민 음료화되고 생활 필수품화 단계에 이름. 일찍이 커피믹스를 개발하여 오늘에 이름.

생활 차원에서 한국인의 수준은 대부분의 측면에서 세계 최고이거나 최상 단계이다. 구매력으로 평가하는 일인당 소득 수준에서는 이미 세계 상위 수준에 이르렀다. 특히 현재의 여러 앞선 나라들과 반세기(50년) 이전을 비교해 본다면 한국의 변화 속도는 독보적이다. 그 정도를 현장에서 경험해 보지 않은 사람들은 제대로 느끼기 어렵다. 한국전 참전 용사들이 한국에 와 보고 공통적으로 가장 놀라는 부분이 폐허로부터 극단적으로 변화된 모습이다. 그들에게 감탄과 보람, 자부심을 줄 수밖에 없다.

6) 정치, 사회, 복지

- 단시간에 도로, 교통망 등 사회간접자본을 잘 갖추었고 생활의 질을 우선시하며 의료보험 및 사회보장제도를 만들어 최 단시간에 기본적인 복지국가의 틀을 갖춤.
- 과거 만성적 물자 부족으로 일어났던 각종 공급 상의 애로는 거의 발생하지 않음.
- 언론과 시위의 자유가 보장되어 있고 익명성이 보장되는 사이버공간에서는 더욱 그러함.
- 2차대전 후 선거에 의해 평화적인 정권 교체를 여러 차례 경험하면서 산업화 한 유일한 개도국
- 장애인 등 약자나 소수자에 대한 배려도 법적, 제도적으로 보장.
- 군 복무기간은 계속 짧아지고 있고 군대의 생활환경은 획기적으로 개선됨.
- 행정전산화가 세계 1위로 전자정부의 속도가 세계에서 가장 빠름
- 신용카드와 전자결제 방식의 보편화로 사업자나 개인의 탈세를 자동

방지할 수 있는 나라
- 절대적 식량 부족(특히 주식인 쌀) 국가에서 잉여 국가로 최단기간에 전환한 나라
- 단기간에 전 국민의 반 이상이 대학 이상의 학력 소지(2, 30대는 세계 1위)
- 전 국민들이 세계에서 한국(인)이 누리는 위상과 지위를 당연하게 여기고 받아들임

경제 수준의 향상은 사회제도나 모습, 위상이나 자부심도 당연히 달라지게 만든다. 그 두 가지의 선후나 인과관계는 산업화, 경제적 발전이 선행 또는 동행하는 것이고 특히 개도국에서 산업화가 민주화를 선도하지 그 반대의 경우는 지금까지 세계에 유례가 없었다. 한국의 선례대로 일단 먹고 사는 문제가 제대로 해결되어야 다음 단계를 실현시킬 수 있고 설사 실현했더라도 지속시킬 수 있는 것이다.

7) 산업

- 세계 1등부터 6등까지의 조선소가 모두 대한민국 조선소이었을 정도로 조선 강국으로 부상
- 세계 자동차 생산 5대 강국으로 한 세대 만에 부상
- 산업의 쌀인 메모리 반도체인 D램 제조에서는 확실한 세계 1위이고 비메모리 분야에서도 경쟁력을 가진 반도체 강국
- 조선, 자동차, 반도체는 1970년대까지 한국에 전혀 없던 산업이나 현재 메모리반도체는 세계 1위 생산국
- 원자력 발전을 수출하는 극소수의 기술국가[58]

---

58 문재인 대통령의 취임시 탈원전 선언으로 한국의 원자력 산업계가 곤경에 처해 있음은 온 나라가 경험하고 있는 중이다.

- 만성적인 국제수지 적자국에서 산업 발전으로 단기간에 흑자국으로 돌아선 산업 강국
- 인류의 생활 필수품화 된 휴대폰 개발, 생산과 이용을 선도하는 몇 나라 중 선두 그룹, 전 세계 평균 4명 중 1명이 대한민국에서 만든 휴대폰 사용 중
- 전 세계 바다에 떠다니는 대형 선박의 43%가 한국 조선소에서 건조
- 한국인이 카카오톡을 개발하여 전 세계 100여 개국에 공급
- 제조업 중심의 국제경쟁력에서 문화, 예술, 예능, 엔터테인먼트 등에서 최단 기간에 두각을 나타내고 리드하는 문화 강국으로 부상
- 삼성전자의 브랜드 가치가 글로벌 6위로 부상(2022)
- 차세대 전기차의 동력인 배터리 생산기술의 선두 그룹에 있는 나라
- 로켓배송과 새벽배송 등을 포함한 배달문화가 단기간에 일상화된 나라

한국이 산업화에 의해 세계 경제의 강자로 등장한 기간이 매우 짧은 점이 K속도의 확실한 증거이다. 산업화 초기까지 국산품(한국제품)은 공업 제품은 말할 것도 없고 생활필수품이나 식품, 소모품 등 모두가 전 국민들의 선호 대상이 아니라 기피 대상이었다. 세계경제사에서 정반대의 반전이 극히 짧은 단기간에 일어난 경우는 지금까지 한국이 유일하다.

위에서 예를 든 것은 모든 것을 체계적이나 통계적으로 망라한 것이 아니라 여러 종류의 자료들이나 언론 보도 등을 토대로 무작위로 뽑아 본 것이다. 이외에도 더 많은 통계적 사실이나 경우가 있다. 위의 모든 것이 발전의 상대적 속도가 빨랐기 때문에 나타난 결과이다. 정작 한국인의 대부분은 우리가 짧은 시간 동안에 이렇게 엄청난 성과와 기록을 가진 대단한 나라임을 제대로 인식하거나 느끼지 못하고 있을 것이다. 원래 변화의 소용돌이에 들어있는 주체들은 정작 이런 속도가 유례가 없는 것임을 제대로 인식하거나 기억하지 못하고 지나는 경우가 많다.

속도의 경험 1: 70년 동안의 체험

나는 1945년생이다. 해방 때는 갓난 아기였고 1950년 일어난 6·25 전쟁 때는 부산에 있었으므로 거의 모든 한국인이 겪어야 했던 해방 시절의 혼란, 피난 시절이나 피난 생활에 대한 특별한 기억은 없다. 우리 집에 피난 온 여러 세대가 방 하나씩을 쓰고 있었다는 것은 어렴풋이 기억한다. 1940년대 당시를 기억하는 한 가지는 부산 거리에 전차도 있었지만 마차도 다니고 있었다는 것이다. 제대로 산업화되기 전까지 상당수 도시 가정에 농촌에서 온 젊은 여성 도우미(당시 식모라고 불렀다)가 있었는데 우리 집에도 있었고 거의 무급 수준이었다. 농촌 가정의 입 하나라도 줄이고 당사자라도 제대로 먹이려는 몸부림이었을 것이다.

1950년대에 초등학교(당시에는 국민학교라 불렀다)와 중학교를 다녔는데 학교는 당연히 걸어 다녔다. 중학교는 지금으로는 지하철 세 정거장쯤 되는 거리이었다. 물론 더 먼 곳에서 걸어 등교하는 학생도 많았다. 다니던 고등학교도 중학교와 같은 구내이었는데 길이나 교통수단이 매우 한정되었으므로 먼 곳에서 진학한 학생, 한 예로 당시에는 부산의 시외이며 연결 도로가 제대로 갖추어지지 않은 구포나 양산, 울산 방면에 사는 학생들은 기차를 타고 통학하였다. 아마도 통학에 엄청난 시간이 걸렸을 것이다.

전기와 수도는 기본적으로 가정용으로는 많이 없었고 혹시 가정에 있는 경우에도 제한 공급이어서 하루 중 짧은 시간에만 공급이 가능하였다. 전기는 전압이 낮아서 조명이 어두웠고 그나마 수시로 정전이 되거나 깜박거렸다. 당시에는 전기료를 아끼기 위해 같이 붙어 있는 방의 벽 위쪽을 터서 그 중간 부분에 별로 밝지도 않은 전등을 매단 경우가 많았다. 70년대 후반에 보급된 가정용 선풍기는 비싼 가격과 전기요금 때문에 쓰기 힘든 귀한 가전제품이었다. 전화가 일찍 도입되어 있었지만 가정용 전화기를 본 적은 없다. 다니던 교회도 집에서 멀리 떨어진 학교 근처에 있었는데 전언이나 긴급회의 소집을 위해서는 교회 사찰(관리직원)이 모든 장로의 집을 돌며 메시지를 전달하였다. 긴급한 사연은 전보를 이용했는데 물론 우체국에 가야하고 발송 작업 과정에 드는 시간과 상대방이 집배원의 배달로 받아 보는 시간도 상당히 소요되었다.

도시가 아닌 시골에서는 전보 신청을 위해 아주 먼 곳(읍내)에 있는 우체국까지 걸어가야 했고 마찬가지로 도착한 전보의 배달에도 시간이 훨씬 더 걸렸을 것이다. 전보 요금은 글자 수에 의해 정해졌으므로 학교에서 짧게(기본요금은 10자 이내) 전보 쓰는 법을 가르치기도 하였다.

1960년대에는 고등학교와 대학교를 다녔다. 고등학교 때 입었던 옷과 신발은 옷감의 질이 좋지 않은 교복과 당시 미국에서 보내온 구호품 바지나 물들인 군용 작업복과 고물 군화 정도이었다. 검거나 흰 고무신도 상용 신발이었고 운동화는 말 그대로 운동이나 외출용 신발로 귀한 물건이었다. 사진을 찍는 것이 귀하고 드문 일이어서 사진관에 가서 찍어야만 했다. 고등학교 시절까지 학교 구내에 사진사 아저씨가 같이 있으면서 가끔 사진을 찍었고 사진사 본인은 퇴근 후 집에 있는 집 암실에서 흑백사진 현상과 인화 작업을 해와서 팔았다. 촬영을 위해 소풍이나 수학여행도 같이 따라가는 경우가 많았다.

1963년에 대학을 서울로 진학했고 진학 첫 학기에는 학교 근처에서 하숙을 했는데 당시 미국과 긴장 관계가 생겨 원조받던 쌀과 밀가루 공급이 끊어져 쌀 파동이 났기 때문에 앞당겨 여름방학을 할 수밖에 없었다. 학교에 구내식당이 있었지만 점심도 물론 하숙집에 가서 먹지 않으면 굶어야 했다. 본인이 기억하는 당시 하숙비는 올라서 월 1,700원이었다. 60년대 중반 이후 일반 가정에 전화기가 보급되기 시작했는데 전화가 있는 집은 재산이나 신분의 상징이 될 수 있는 희귀품이었다.

높은 출산율, 낮은 국민소득, 세계로의 진출 욕망 등이 복합적으로 작용한 계획 이민이 시작되었다. 주로 남미 브라질 등으로 가족 단위 농업 이민이었다. 코리안 디아스포라가 정부의 정책과 장려 하에 이루어진 경우이다. 독일에 광부로, 간호원으로 당시의 고학력 무직자가 진출한 것도 비슷한 무렵이며 월남전 참전도 이 무렵 이루어졌다. 가족 연고나 의사와 같은 기술이 있는 개인이나 가정은 미국에 이민의 기회를 누리기도 했다. 미국 대학으로의 유학이 본격적으로 늘어나기 시작하는 것도 1960년대 이후부터이다. 다른 무엇보다 미국 대학이나 정부의 장학금 혜택이 있었기 때문이다.

대학 진학 당시(1963년) 서울에 버스 노선이 10여 개 정도가 있는 걸로 기억하고 그 후 빠르게 노선이 늘어났다. 당시 행정구역은 잘 기억하지 못하지만 서울로 유학 온 대학생(본인)의 기억으로는 신촌, 상도동, 영등포, 미아리, 청량리 등은 아직 변두리에 속하는 지역이었다. 그때까지 전차도 중요한 교통수단이었다. 당시 학생들의 알콜 음료는 주로 막걸리였는데 곡류가 아닌 카바이트 원료를 사용한다는 말이 많았다.

60년대 말 육군 장교로 휴전선 지역 사단 사령부에서 군 복무를 했는데 그때까지도 사단 사령부를 제외한 예하 부대는 통신수단으로 6·25 전투에 쓰던 수동식 무선 통신에 주로 의존하였다. 군에서의 통신은 교환소(수)를 이용하였으며 점차 직통으로 바뀌었을 것이다. 첫 임지였던 연대 본부의 독신장교숙소(BOQ)에 살았는데 창문이 깨진 채로 있고 난방시설도 제대로 없어 최전방 지역의 겨울 추위 때문에 메트리스를 덮고 잔 기억도 있다.

1970년에 전역하고 당시 국내에서 첨단시설 조건을 갖춘 한국은행에 입행했는데 전화는 한 계(係) 전체가 공유하는 공통 구내 전화번호를 사용하였다. 문서는 주로 만년필이나 펜으로 작성했고 한글 타자기가 보급되어 있었으나 복사 기능이나 수정 기능은 없었다. 문서를 여러 부 작성할 때는 공타라는 방법을 이용하여 먹지에 타이핑하거나 먹지를 철판(가리방이라고도 부른 표면이 토들 토들한 판)에 대고 철필로 긁고 그 용지를 등사기에 붙여서 손으로 찍어 내어 대량 생산하였다. 물론 은행 내에 전문직인 필경사를 둔 등사실이 있었다. 문서 주문과 배달을 위해 은행 내 각 과를 돌아 다니는 배달원이 별도로 있었다. 외국이나 원격지와의 통신은 전보나 텔렉스를 주로 이용하였고 그를 위해 통신 직종 직원이 별도로 존재하였다. 공·사를 막론하고 외국에 전화하려면 전화국에 가서 신청한 후 차례와 연결을 기다려야 하는데 대기 소요 시간은 예측이 불가능하였다. 물론 미국 같은 외국에서도 비슷한 방법으로 국제 통화를 하고 있다고 들었다.

1970년 은행에 입행한 당시의 놀라운 발견은 냉장고 크기만한 일제

복사기였다. 복사 용지와 잉크가 비싸기는 했지만 문서를 복사할 수 있는 최첨단 기기를 처음 본 것이다. 볼펜이 본격적으로 보급되면서 펜과 잉크에 의존하던 사무환경 혁신이 많이 이루어졌다. 주판이 대세였지만 (전자)계산기가 보급되기 시작해서 상업고등학교를 나오지 않아도 통상의 은행 업무가 가능한 환경이 되었다. 컴퓨터가 없던 시절이어서 예금예측을 위한 회귀분석 모형 계산을 계산기를 두드리며 한 기억도 있다. 모든 문서는 주로 우편이나 인편을 통할 수밖에 없었다. 독신 직원을 위한 은행 합숙소에 전화가 한 대 있었지만 방이 수십개가 넘는 큰 건물이었다. 급한 전화가 오면 관리인이 부르러 방으로 찾아왔다.

은행 행우회에서 당시 개발을 시작한 서초동에 있는 땅(임야)을 단체로 매입하면서 개인에게 200평씩을 분양했는데 분양가는 평당 7,000원이었다. 본인은 그나마 여유가 없어 신청하지 못했다. 참고로 은행 입행시 본봉은 월 13,000원으로 당시의 직장 봉급으로는 아주 높은 수준이었다.

1976년에 초급간부(조사역)로 승진하였는데 책상에 개인전용 구내번호가 있는 전화기가 있어서 전화기를 단독으로 쓸 수 있는 것도 승진이된 특전이었다. 그 무렵 서울에서는 가정용 전화도 점차 보급되기 시작했다. 당시 가정용 전화는 일반거래와 설치가 자유로운 백색전화와 국가(전화국)에서 배정을 받아야 설치가 되면서 타인에게 양도는 불가능한 청색전화의 두 종류가 있었는데 상대적으로 싼 청색전화는 청약 경쟁이 심하였고 백색전화는 매우 비싸고 귀한 존재였다.

1976년에 미국으로 유학을 떠났는데 김포공항(인천국제공항은 뒤에 신설)에 환송객이 적어도 50여 명 이상이 나왔고 지방에 있는 형제, 친척 가족도 전송 나왔다. 직항은 없어서 동경을 경유하여 미국으로 갔다. 1981년까지 대학원에서 장학금을 받고 공부했는데 당시 학생 아파트에는 전화가 없었다. 그 당시 미국은 잘 사는 나라여서인지 대학원생에게는 책이나 자료를 무료로 복사하게 해주었는데 특히 후진국에서 온 학생들에게는 엄청난 혜택이었다. 그러나 비용이 도저히 감당이 되지 않아서인지 얼마 지나지 않아 그 제도가 폐지되었다.

1981년에 미국 한 대학의 교수로 취업했는데 그 학교에는 여전히 학과 교수연구실 전화번호가 여러 사람이 연결된 공용이어서 전화가 오면 누군가가 자기 방에서 받아야 하고 해당자에게 여러 가지 방법으로 연결시켜 주어야 했다. 그때까지 미국에서도 공용 게시판에 게시하거나 타이프나 복사된 문서의 배달로 소식을 알리는 것이 학과나 학교 내 중요한 통신수단이었다. 교수 개인이 타자기를 마련해야 했다. 지금으로 치면 개인 컴퓨터인 셈이다. 그 당시 타자 오류를 고치는 테이프가 소중했음은 새삼 말할 것도 없다.

1970년대 후반부터 미국 대학에 컴퓨터가 도입되었는데 초기이어서 지금과 비교하면 용량은 너무나 적으나 크기는 엄청난 컴퓨터를 주립인 대학과 주 정부가 공동으로 사용하였다. 입력 카드에 천공(穿孔)하고 카드 리더(reader)기에 입력시켜 기본 사용언어인 포트란이나 코볼을 실행시켜 이용하였다. 이런 컴퓨터 언어나 이용 방법을 가르치는 것이 전산학과의 주요 과정이었다. 학위 논문을 위해서 컴퓨터에 의한 데이터 처리나 계산 작업이 필요한데 대학 컴퓨터 용량이 워낙 적어서 낮에 작업하면 에러 메시지(error message) 하나를 받아 보는 것만 해도 한나절 이상이 걸리기 때문에 하는 수 없이 매일 밤 12시 이후에 전산실로 가서 작업을 하게 되고 따라서 건강이 상당히 나빠질 수밖에 없었다.

미국에서 본인이 취업한 대학은 학생 수가 적은 대학이라 대학에 별도의 자체 컴퓨터 시설이 없었고 딴 곳의 시설과 기능을 빌려 이용하였다. 1984년 초에 귀국하기 전에 그때 막 나오기 시작한 애플 PC를 사 올 것인가를 고민했는데 가격이 비싸기 때문이기도 하였지만 사 오지 않았던 것을 후회하였다. 한국이 아직 본격적으로 발전하지 않은 때이므로 귀국할 때 미국서 쓰던 모든 살림과 가전제품들을 컨테이너로 실어 왔다.

부산대학교로 왔는데 놀랍게도 교수연구실에 전용 구내번호가 있는 직통 전화가 보급되기 시작했다. 이 현상이 경제학에서 쓰는 용어인 후발 이익의 경우로 통신 후발국인 한국은 처음부터 그 당시의 첨단시설부터 설치를 시작할 수 있어서 다른 선진국보다 빨리 유선통신 근대화가 이루어진 경우이다. 아마도 국립대는 관공서와 같은 취급을 받은 기관이므로 도입 속도가 더 빨랐을 것이다. 논문을 쓰기 위해서는 원고지에 쓰더라도 발표나 투고를 위해서는 타자가 필요한데 당시 학장실의 비서가 이 기능(타자수)을 담당하였다. 상업적인 복사점이 많이 생겨나기 시작해서 타자 용역을 하거나 복사와 제본 작업을 겸하였다. 지적 재산권 개념이 아직 철저히 확립되지 않은 때라 외국 서적 등을 통째로 복사하는 경우도 있었고 그 일을 하는 전문 복사점까지 있던 것으로 기억한다. 이후 연구실마다 개인 컴퓨터(데스크탑)가 지급되기 시작하여 스스로 작업이 가능하게 되었다.

1984년 초 부산대학교에 부임했을 때 자동차를 가진 교직원이 많지 않았다. 본인의 경우 중고차를 동료 교수에게서 구입하였지만 대부분은 자가용 차를 타는 것이 흔치 않은 일이었으나 얼마 지나지 않아 본격적으로 개인 승용차가 보급되기 시작하였고 그 후 얼마되지 않아서는 학생들도 차를 가지고 다니는 일이 생겨나기 시작했다.

1980년대 부터 '삐삐'에 의한 준(準) 이동통신이 시작되었다. 그것은 통신을 원하는 상대방이 작은 신호수신기를 차고 다니는 수신자에게 삐삐 소리의 신호를 보내게 하면 그 신호를 받은 사람이 공중전화나 다른 전화기를 이용하여 연락한 상대에게 전화를 걸어서 통화하는 방식이었지만 당시로는 획기적인 이동통신 수단이었다.

한국에 인터넷이 소개되고 보급되기 시작하였다. 오늘날 우리가 누리는 기능과 용도를 당시에 상상한 사람은 많지 않을 것이다. 그중 상상력과 모험심을 가진 젊은이들이 마이크로소프트, 애플, 구글 등과 같은 거대기업을 창업하여 세계 기업판도를 송두리째 바꾸어 버렸다. 한국에서도 상상력과 창의력을 갖춘 사람들이 창업한 관련 기업들이 오늘날의 굴지의 대기업이 되었다. 당시의 벤처로 성장한 '한글과 컴퓨터(뒤에 한컴으로 개명)'이 유명하였다.

1989년 여름부터 1년간 하와이 호놀룰루에 있는 동서센터(East

West Center) 방문 연구원으로 가 있었다. 그때 놀라웠던 것은 이동전화기를 본 것이었다. 크기가 매우 커서 작은 목침이나 군용 통신기만큼 크고 꽤 무거운 것이었는데 사업하는 한국 교민이 가지고 다니는 것을 신기하게 보았다. 자료를 찾아보니 한국에서도 1988년 7월 1일에 비슷한 휴대전화 서비스가 시작되었다고 한다. 놀라운 일이다.

1990년대 중·후반부터 휴대용 전화가 사용되기 시작되었는데 나는 1997년에 대학 처장 직책을 수행하면서 학교에서 지급하는 휴대전화기를 처음 사용하게 되었다. 전화기 기능은 이동통신 위주이었고 보급이 널리 되지 않았기 때문에 당시 중요한 기능 중 하나는 총장의 호출이나 전화를 실시간으로 받는 것이었다. 1998년부터 2001년까지 부산발전연구원장 직을 수행했는데 그때도 기능이 비슷한 모토롤라 이동전화 단말기를 사용하였다. 그후 스마트폰이 보급되면서 컴퓨터가 하는 기능과 역할을 흡수하거나 대체하기 시작하였다. 그 중간에 MP3나 태블릿 PC 등 여러 기기가 있으나 빠른 기술 발전이 중간 단계를 사실상 생략하게 만들었다.

이때까지 이동전화에 카메라 기능(스마트폰)이 없었으므로 카메라를 별도로 사용하였고 필름과 사진 현상 과정을 거쳐야만 했다. 카메라가 계속 소형화, 고성능화 해졌지만 기본적인 기능은 바뀌지 않았다. 일찍이 코닥이 촬영과 동시에 현상과 인화가 되는 획기적인 발명품을 내놓았고 고화소, 다기능 촬영 등의 혁신도 계속되었다. 이동식 카메라와 비디오 촬영과 녹화 기능 등 혁신은 계속되었으나 테이프나 필름을 쓰는 방식이어서 현재의 스마트폰과는 전혀 다른 방식이었다.

2000년 중반에 아이폰이 나오면서 스마트폰 시대가 시작되었다. 통신, 촬영 등의 기능뿐 만 아니라 컴퓨터가 하는 기능까지를 수행하였고 지금은 인공지능을 활용하여 사물인터넷의 수행 기능과 비서 역할 등의 인간과도 직접 교감하는 기기로 계속 진화하고 있다. 정보검색이나 저장 활용 등 학습과 관련한 기능 때문에 인류 문화유산이라고 할 수 있는 책으로 된 언어 사전이나 백과사전이 사라져 버렸다. 동영상 등 자기가 만들거나 받은 자료를 즉각 전파할 수 있는 기능도 갖추어 소셜 미디어의 활용 방식, 따라서 생활방식이 달라지고 있다.

지금까지 기술한 내용은 본인의 경험이나 기억에 의존하여 생각나는 일이나 변화된 사건들을 정리해 본 것이다. 시간이나 내용이 정확하지 않을 수 있고 기억이 잘 못 되었을 수도 있다. 글을 쓴 목적이 정확한 기록에 의한 자료를 만드는 것이 아니라 한 인간이 길지 않은 삶의 과정을 통해 아날로그 시대의 후반부터 디지털 시대의 초반까지 경험하거나 목격한 실로 놀라운 변화를 대충 조망하고 기록해 보고자 한 것이다. 이 짧은 기간 동안의 변화는 인류가 처음부터 지금까지 겪어 왔던 과거 수만 년 또는 수십만 년 동안의 누적적인 변화보다 더 빠르고 획기적인 속도이며 그 중심에 기술 발전이라는 가속도가 있다.

지난 70여 년을 요약하면 나는 세계적으로는 산업화 시대의 중, 후반이 되는 무렵 한국이라는, 식민지에서 막 벗어난, 아주 후진국에서 태어나서 세계 산업화 시대 후반의 빠른 변화와 세계에서 유례없는 급속한 국가 경제발전과정의 참여자이며 수혜자이었다. 겹쳐서 이어지는 정보화 시대를 경험하면서 그 한 가운데에 있었고 이제는 다시 세 가지가 한꺼번에 겹쳐지는 디지털 시대와 제4차 산업혁명 시대의 와중에 서 있다. 또 20세기 말과 21세기 초를 살아 보는 행운이 있었고 천 년에 한 번 경험하는 새천년(밀레니엄)의 전환기를 경험한 매우 드문 행운아 계층에 속하기도 한다.

이런 변화의 내용과 속도는 이전의 누구도 경험이나 상상조차 하기 힘든 일이었음은 확실하다. 또 이후의 세대에게도 이런 경험을 한꺼번에 할 수 있는 기회는 아마도 없을 것이므로 나를 포함하는 우리 세대는 '행운 세대'라고 부를 수 있겠다. 인공지능을 비롯한 지금의 기술변화가 과거보다 더 빠르게 세상을 변화시킬 수 있겠지만 여러 번의 혁명과 같은 시대의 변화를 아무나 여러 차례 그리고 겹쳐서 직접 경험하는 것은 아니므로 그에 따른 감회는 남다르다.

2-3 국제 비교를 통해 본 한국(인)의 빠름과 차별성

경제와 사회의 모든 현상과 결과는 상대적이다. 극단적인 가정으로 만약 다른 나라들이 같은 기간 우리보다 더 빨랐다면 우리는 현재도 여전히 상대적인 후진국일 수밖에 없을 것이다. 그래서 한국의 빠름과 외국과 다름을 다음의 두 가지 최근 통계로 비교 설명하고자 한다. 먼저는 OECD가 만든 국제 노동 관련 통계를 가지고 한국의 속도를 비교해 본 것이다. 이 책에서 자주 이용하는 다른 여러 통계와 같이 2015년을 기준으로 해서 년도 별로 전, 후의 변화 정도를 비교하는 방법이다. 비교의 상대로는 주로 많은 경우에 세계에서 가장 앞선 미국과 지금까지 아시아에서의 부동의 1위인 일본과의 비교이며 특별한 경우에 유럽의 몇 국가와도 비교한다. 결론부터 얘기하면 한국(인)은 다른 선진국(민)과 분명히 다른 특성과 차별성을 가지고 있음과 그런 다름을 만드는 속도가 확실히 빠르다는 사실의 재확인이다.

(1) 노동관련 통계 비교

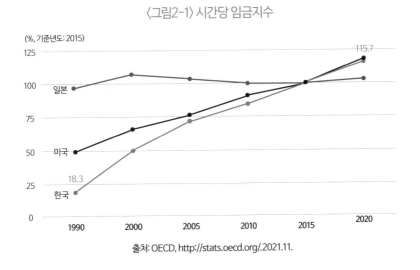

〈그림2-1〉 시간당 임금지수

출처: OECD, http://stats.oecd.org/.2021.11.

1) 시간당 임금지수

그림 2-1은 민간 부문의 시간당 임금지수를 국제비교한 것으로 한국과 일본, 미국만을 뽑아 본 것이다. 따로 설명할 필요가 없이 각 나라마다 임금수준이 다르지만 년도 별로 변해 온 정도를 비교하는 것은 의미가 크다. 그림에서 한·미·일 3국의 경우를 비교해 보면 2015년 기준으로 임금수준은 지난 25년 동안에 한국은 18.3에서 지수 100으로 상승한 반면 일본은 97.4에서 100으로 거의 변동이 없었다. 미국은 48.5에서 100으로 변하였고 2015년에서 5년 동안에 117.4로 상승하였다. 한국도 같은 기간 115.7로 비슷하게 상승하였다. 반면 일본은 101.0으로 거의 변동이 없었다. 절대적 수준이 아닌 역동성의 속도에서 한·일은 전혀 다른 모습이다. 한국은 통계가 나온 1990년부터 빠르게 상승하였으며 미국은 속도는 떨어져도 한국과 비슷한 경향이나 일본은 약간의 변화는 보이나 거의 정체상태로 평가할 수 있다. 제조업 부문의 시간당 임금지수도 비슷한 성향을 보인다.

근로자가 받는 임금의 달러 표시 구매력으로 비교하는 방법도 있다. 1990년에 한국 근로자에 비해 일본 근로자의 구매력은 3배, 미국 근로자는 4배 이상이었는데 2020년에는 구매력으로는 한국이 일본은 물론 미국까지 앞서게 되었다. 2020년에 프랑스가 한국보다 앞서 있으나 25년 전에는 네 배 이상 앞섰기 때문에 엄청난 반전이다. 한국경제가 얼마나 빠르게 발전했는가를 단적으로 나타낸다.

2) 전체 취업자의 주당 근로시간

한국은 오랫동안 장시간 근로시간으로 악명(?)을 떨치던 나라였다. 물론 남보다 오래 일해서 오늘날의 번영을 이룩한 측면도 무시할 수 없을 것이다. 많은 OECD 국가, 특히 유럽 각국은 지난 25년간 주당 근로시간이 거의 변동이 없거나 3시간미만으로 소폭 감소하였지만 한국은 52.9시간에서 40.2시간으로 12시간 넘게 감소하였다. 그래프로 비교할 필요도 없을 정도이다.

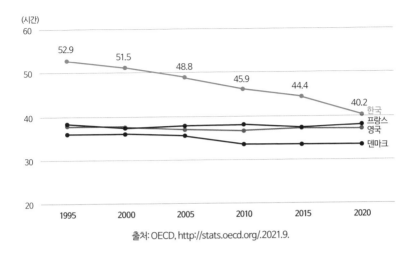

〈그림 2-2〉 주당 근로시간 추이: 전체 취업자

출처: OECD, http://stats.oecd.org/.2021.9.

3) 노령연금 급여 지출 수준

노령 연금은 해당 국가의 복지 수준을 나타내는 주요 지표의 하나가 된다. 절대적인 수준에서 한국은 과거 OECD 각국에 비해 비교조차 할 수 없는 수준이었다. 한 세대가 지난 뒤를 비교하면 선진 각국은 %로 표시되는 정도로 수준이 증가하였지만 한국은 몇 배(倍)로 증가하였다. 비교의 시작인 1985년에는 한국에는 이런 연금제도조차 없었으나 선진 각국은 이미 GDP의 5~10% 내외의 지출을 하고 있었다. 이후 30여 년간 OECD 평균은 6.2%에서 8.2%로 증가하는데 그쳤으나 한국은 0%에서 3.2%로 증가하였다. 절대적인 수준에서는 아직 선진 제국의 수준에 상당히 미달되지만 따라잡는 속도는 기록적이다. 이 의미는 한국은 복지 수준에서도 얼마 전까지도 선진 각국과 도저히 비교가 안되는 보잘 것 없는 초라한 나라였으나 이제는 상당히 따라잡았고 계속 빠른 속도로 간격을 줄여가고 있다. GDP에서 한 부문이 차지하는 지출 비중을 별도로 높이는 것은 사실상 쉽지 않은 일이다.

4) 실업급여 지출 수준

〈그림2-3〉 GDP 대비 실업급여(조기 퇴직 수당) 지출수준

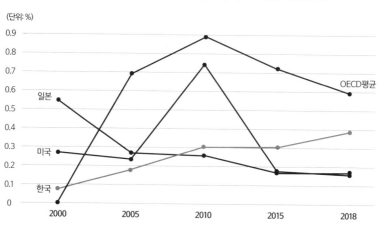

출처: OECD, http://stats.oecd.org/Index.aspx?DataSetCode=LMPEXP.2021.9.

실업급여 지출 수준은 앞의 노령연금 경우보다 더 극적으로 빠르다. 한국에서 제도가 시행된 후인 2000년에 불과 0.07%에 불과하던 GDP 대비 지출 비중이 18년 후에는 0.38%로 오르고 2000년 0.55%이던 일본은 그 후 비중이 점차 축소되는 반면 한국은 빠르게 상승하여 2010년 대에는 일본과 미국을 추월하였다. 물론 이 수치는 높아서 좋은 것만이 아니라 경기나 고용 사정이 나아져서 오히려 감소하는 것이 더 좋을 수도 있다. 그러나 여기서도 읽어야 할 포인트는 한국의 속도이다. 즉 지출을 감당할 능력의 차원이다.

다시 반복하는 표현이지만 많은 경우에 한국은 이미 선진 각국과 비교해서 여러 가지 부문에서 명목상이나 실질적으로 비슷한 수준에 도달하였는데 관심의 초점은 변화 속도이다. 개인이나 기업 등 개별조직이 아닌 국가의 경우에 주로 한세대 이내인 초단기간에 이런 빠른 속도를 보인 예는 세계 역사에 아직까지 없다. 앞으로의 과제는 지속가능성일 것이다.

(2) 건강 관련 통계 비교

다음으로는 역시 OECD가 2021년 12월에 발표한 '건강 한 번에 보기 (Health at a Glance)'라는 자료로 한국(인)의 특성과 다른 점을 비교하면서 외국, 특히 OECD 국가와 대비하고자 한다. 다시 강조하고자 하는 점은 구태여 장점이나 단점이라는 측면에서나 또는 더 좋거나 나쁘다는 관점에서 보는 것이 아니고 평균적으로나 개별적으로 한국(인)이 다른 나라(사람)와 비교해서 어떻게 또는 얼마나 차별되는 특성이 있고 단기간에 상대적으로 바뀐 정도나 그 변화 속도를 비교해보기 위함이다.

1) 기대수명

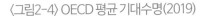

〈그림2-4〉 OECD 평균 기대수명(2019)

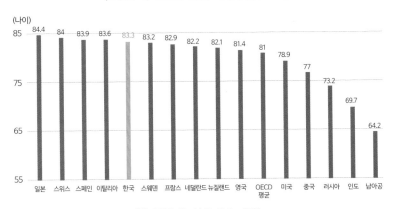

출처: OECD, Health Statistics. 2021.

지난 반세기 동안의 한국 신생아의 기대수명 변화를 보면 1970년까지는 OECD 국가들과는 비교가 되지 않고 당시나 현재까지의 중진국들과 비슷한 수준이었으나 2019년에는 확실한 최선두그룹으로 도약하였다. 다른 무엇보다 경제 수준과 의료수준이 급격히 상승한 때문이다. 다른 OECD국들이나 큰 나라들과 비교해서도 상대적으로 높은 수준임을 확실히 알 수 있다.

2) 코로나 관련 우울증 증세

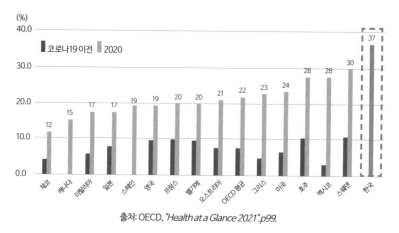

〈그림2-5〉 COVID-19 전후, 우울증 증세 발생률 추정치

출처: OECD, "Health at a Glance 2021".p99.

　한편으로 그림2-5를 보면 한국인의 또 다른 특성이 매우 뚜렷하게 드러난다. 코로나 사태 전, 후로 성인의 우울증이나 우울증 증세를 보이는 정도가 나라별로 비교가 되는데 한국은 그 이전에는 별 증세가 없다가 2020년에는 다른 나라들보다 훨씬 크게 반응을 보인다. 이 역병에 대해 OECD 국가 중 상대적으로 제일 민감하게 느끼고 있다는 증거이다. 호, 불호를 떠나 한국인의 특성과 다름을 세계적으로 나타내는 증거이다.

3) 자신의 건강 상태 평가

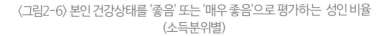

〈그림2-6〉 본인 건강상태를 '좋음' 또는 '매우 좋음'으로 평가하는 성인 비율
(소득분위별)

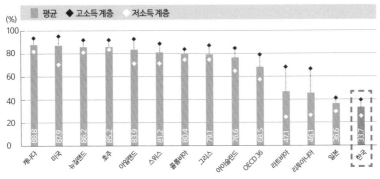

출처: OECD, "Health at a Glance 2021". p101.

앞서와 연관되는 사항으로 그림2-6에서 보는 바와 같이 한국의 성인은 본인이 속한 소득 계층에 관계없이 다른 나라의 비교 대상보다 자신의 건강 상태를 훨씬 좋지 않거나 비관적으로 생각한다. 이 경우 일본도 비슷한 성향을 보이나 한국이 물론 제일 극단적이다. 비교하는 나라들의 소득 최상위 그룹에 속한 사람들은 거의 대부분이 자신의 건강 상태에 대해 상대적으로 좋다고 대부분 긍정적으로 생각하나 한국은 소득 최상위층까지 절반 이하만이 매우 좋거나 좋은 것으로 느낀다. 이 또한 확실한 차이이다.

4) 의사 대면 상담 횟수

〈그림2-7〉 1인당 의사 상담 횟수

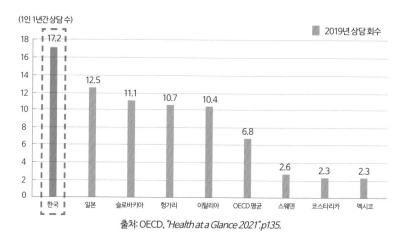

(1인 1년간 상담 수)

출처: OECD, *"Health at a Glance 2021"*, p135.

　그래서인지 최근 기준 년간 의사 대면 횟수는 한국이 단연 앞서 있다. 그림 2-7를 보면 한국 다음인 일본보다도 월등하게 많다. OECD 34국 평균의 2배 가 훨씬 넘는다. 당연히 의사당 년간 진료횟수도 타의 추종을 불허하는 1위이 다. 즉 한국은 2019년 기준 평균 6,989회이나 OECD 33국의 평균은 2,122회 이다. 관련해서 비대면 진료 횟수는 아예 비교 대상도 되지 않는다. 의료와 관련된 규제 때문이다. 이 부분은 따로 논의한다.

5) 병원 입원 기간

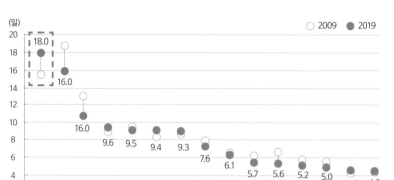

〈그림2-8〉 평균 입원 기간(2009, 2019년)

출처: OECD, "Health at a Glance 2021", p141.

  병원 입원 기간과 그 변화추이에서도 한국은 단연 세계 추세와 다르다. 그림 2-8에서 보는 바와 같이 2019년 기준 한국인의 평균 입원 기간은 2019년 기준 18.0일로 OECD 38국 평균 7.6일 보다 2.4배쯤 높다. 그보다 훨씬 더 큰 특징은 그림에 나타난 거의 대부분의 국가들 특히 OECD국들은 2009년 이후에 평균 입원 기간이 전부 감소했는데 한국만이 뚜렷하게 증가하였다. 65세 이상 노인의 장기요양 서비스의 정도와 변화 방향도 유사한 면을 보인다. 비슷한 차원에서 2019년 현재 병원에서 사망하는 비율이 한국은 2019년 현재 77%로 OECD 22개국 중 가장 높은데 앞의 여러 특징과 마찬가지로 2009년 이후 10년간 다른 나라들은 그 비중이 감소하는 추세인데 한국은 반대로 빠르게 증가하는 방향으로 변하였다.

6) 고령자 예방주사 접종률

　독감 예방주사 접종률(86%)도 한국이 확실한 선두이며 다른 OECD국들과는 정반대 방향으로 2009년 이후 접종률이 크게 올라간 경우이다. 항생제 처방률도 최선두 그룹에 있다. 자신의 건강 상태에 대한 관심과 실천력이 앞서는 특징으로 볼 수 있다. 정부가 코로나 백신을 조기에 확보하지 못해서 크게 곤욕을 치르기도 했지만 뒤늦게 시작한 백신 접종률이 단시간에 세계 선두권이 되는 속도를 다시 보여줬다.

〈그림2-9〉 인플루엔자 예방 접종을 맞은 65세 이상 인구 비율

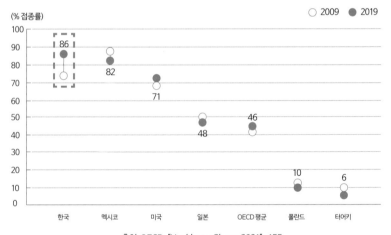

출처: OECD, "*Health at a Glance 2021*". p155.

7) 건강 관련 비용 지출

〈그림2-10〉 GDP 대비 의료비 지출 비중

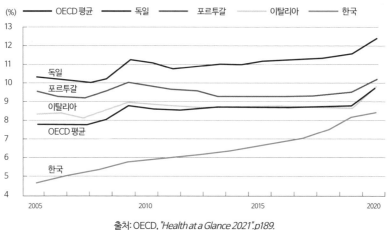

출처: OECD, *"Health at a Glance 2021". p189.*

GDP대비 건강 관련 지출 비중은 2020년 현재 OECD 22개국 평균과 비교하여 아직 낮은 수준이지만 2005년 이후 변화추이는 확연하게 다르다. 그림 2-10에서 보는 바와 같이 정부와 개인이 부담하는 일 인당 건강 관련 지출 비용도 평균보다는 아직은 낮다. 그러나 변화(증가) 속도는 가장 높다.

8) 두 가지 장래 예측

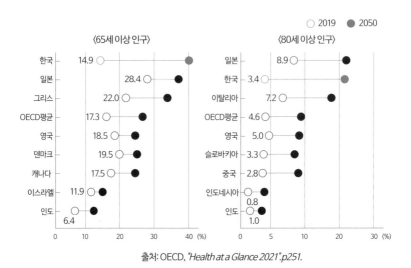

〈그림2-11〉 65세 이상 및 80세 이상 인구 비율(2019, 2050년)

출처: OECD, "Health at a Glance 2021", p251.

지금까지의 변화 속도와 아울러 장래 예측에서도 한국은 단연 앞서는 부문이 많다. 먼저 65세 이상과 80세 이상의 노령인구 비중의 2050년까지의 예측이다. 한국은 일본과 더불어 단연 최선두에 있다. 비교하는 표를 볼 필요도 없이 위의 그림2-11 그래프를 보면 한국의 속도를 명백하게 알 수 있다.

다른 하나의 지표로 치매 질병의 발병 예측이다. 바람직한 것은 아니지만 2050까지의 치매 발병 예측에서 한국은 단연 빠른 속도를 나타낸다. 한국이 모든 다른 나라들과는 많은 부문에서 변화 모습과 정도가 확실히 다르며 앞으로도 더 빠를 것이라는 점을 한마디로 보여주는 또 하나의 증거이다. 따로 설명할 필요가 없이 한국은 정말 특별한 나라이다.

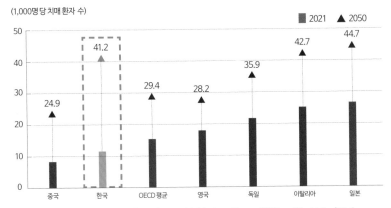

〈그림2-12〉 치매 유병율 추정치 (2021년, 2050년)

출처: OECD, Analysis of Data from the World Alzheimer Report 2015 and the United Nations.

다시 강조하는 것은 이런 국제비교에 의해 한국(인)의 장점이나 단점을 밝혀 내려 하는 것이 아니라 한국이 다른 나라들, 특히 경제적으로 앞선 나라들(선진국)과 비교해서 확실히 다른 면, 즉 상대적으로 빠른 변화 속도를 가지고 있고 또 많은 부문에서 당초 뒤떨어졌다가 비슷한 수준에 빠르게 도달했다는 점의 재확인이며 앞으로의 변화에 대한 예측에서도 바람직한 가의 여부를 떠나 다를 것이라는 점을 한마디로 보여 주는 또 하나의 증거이다. 따로 설명할 필요가 없이 한국은 정말 특별한 나라이며 놀라운 속도를 보일 부문이 많다는 사실이다.

OECD가 2021에 발간한 '한국의 포용적 성장 검토-모두를 위한 기회의 창출(Inclusive Growth Review of Korea-Creating Opportunities for All)'이라는 보고서에서 한국경제와 사회가 빠른 성장과 변화를 이룩한 동시에 아직 상대적으로 해결하지 못하고 있는 여러 가지 또 다른 측면의 문제점도 지적하고 있다. 상대적으로 모자라거나 부족한 점도 경청하고 빠르게 고쳐나가는 지혜가 필요한 시점이다.

속도의 경험 2

본인이 직접 경험하지 못한 과거는 실감되지 않는 전해지는 이야기일 수밖에 없다. 한국은 1960년대까지 대부분의 국민이 세 끼의 끼니를 제대로 해결하지 못하는 어려운 나라이었다. 보릿고개라는 말을 이후 세대는 알거나 느낄 도리가 없다. 도시에서도 상수도 대신 우물물로 취사나 생활을 해야 하는 상태이었고 하수 시설도 정비되지 않고 수세식 화장실도 물론 없었다. 분뇨 수거 사업이 대단한 이권이었다. 두루마리 휴지는 만약 있다면 귀한 소비품이었다. 도시에서는 연탄(19공탄)이 보급되어 취사와 난방에 사용되었으나 장작이나 숯을 때는 것도 일반적이었다. 연탄가스로 인한 중독 사망이 자주 발생하였다. 1961년 군사쿠테타의 혁명 공약 첫 번째가 민생고를 해결하겠다는 것인데 당시 많은 사람들이 내심 공감했을 것이다. 한마디로 먹고 살기가 매우 힘들고 고단한 시절이었다.

경제 상황에 걸맞게 학문, 문화, 예술 등도 비슷한 수준이었다. 학문의 경우 당시에도 선진국이었던 미국이나 유럽을 배워야 하는데 우선 책이나 자료를 구하는 것이 비싸고 어려운 일이었다. 만약 구했다 하더라도 어학 실력이 문제이었다. 일제 식민지 시대를 거쳐서 영어가 능통하지 못했기 때문이다. 따라서 당시 월등한 수준에 있었던 일본 책을 구하고 이용하는 것이 최첨단을 가는 방법이었다. 구하기 어려운 일본어로 된 책이나 자료를 가지고 가르치면 훌륭한 강의나 수업이 가능하였다. 가르치는 사람만 가진 귀한 자료이고 한글로 된 교과서나 책은 아직 제대로 나오지 않았기 때문이다. 물론 복사 기계나 기능이 없었던 시절이었다.

문화와 예술도 꼭 같은 상황이었다. 소설, 가요, 영화 등 모든 부문에서 일제와 미제는 수준이 높을뿐만 아니라 다양하고 월등하여 선호되는 현실이었으나 일본 것은 정부 정책과 민족 감정 차원까지 더해져 전면적으로 금지와 배격의 대상이었다. 그러나 학문적 수준 차이에 따른 현실적 수요 때문에 일본 책을 파는 서점은 여전히 있었다.

미국도 모든 것이 빨리 도입되거나 제도화된 것은 아니다. 치과 보험 적용은 1980년 대 초에야 전반적으로 적용되어 한국과의 시차가 크게 나지도 않는다. 그 당시 본인이 미국 대학에 취업하여 전면 잇몸 수술을 받은 것을 감사하게 생각하였다.

1960년 대부터 본격화된 미국이나 남미 이민도 경쟁력 향상을 위한 몸부림의 시도 차원이었다. 미국의 이민 개방정책에 발맞추어 많은 한국인이 미국 이민을 결행하였는데 현상을 타개하려는 적극적 몸부림의 시도였다고 볼 수 있다. 당시 미국행을 선택한 사람들은 우선 제대로 대우받는 전문가(예를 들면 의사)의 길을 택함과 아울러 제대로 된 자녀 교육과 그들의 장래를 위해서 또 생활 여건이 월등한 곳에서 펼쳐지는 기회를 잡겠다는 적극적 의지와 각오를 가지고 이민을 결행하였고 상당수가 한국에서 이미 직장이나 어느 정도 재산을 가진 사람들이었다. 더 나은 곳에서 확실하게 뜻을 펼치겠다는 앞서가는 선택이었다.

그 세대가 미국에 정착하는 과정은 결코 녹녹치 않았지만 한국인 특유의 속도와 경쟁력으로 대부분이 성공적으로 정착 과정을 통과하였다고 할 수 있다. 미국은 당시의 한국과는 모든 면에서 비교가 되지 않는 명실공히 기회의 땅이었다. 한 세대 또는 반세기가 지나지 않은 자신의 당대에 생활의 뿌리를 옮겨 나온 조국의 발전 속도에 놀라지 않은 사람은 많지 않을 것이다. 이제는 많은 이민자들이 오히려 질병이나 치과 등의 치료를 위해 한국을 방문하고 자녀들을 한국의 대학이나 대학원에 유학시키는 경우가 많아지는 등 한국의 위상이 완전히 달라졌는데 지금까지 어느 나라의 경우에도 없는 일이다. 부동산 가격 등의 여건 때문에 노후에 한국으로 돌아올 의향이 있어도 오지 못하는 경우도 생겨났다. 추측컨대 당시의 이민자 중 어느 한 사람도 자기의 당대인 이렇게 빠른 시간에 떠나온 나라가 발전하고 달라지리라 예상하지는 못했을 것이다. 바로 한국의 속도 결과이다.

2-4 속도를 내게 만드는 한국인의 성격 (첫 번째 정리)

한국이 위와 같이 세계에서 유례없는 변화를 단시간에 가장 빠르게 이룩할 수 있었던 이유는 먼저 국민의 잠재력을 일깨워 산업화와 경제발전으로 이끈 지도자의 비전과 역량이 있었고 이에 호응하여 나라의 구성원(국민)이 빠르게 적응하고 변화할 수 있는 능력과 의지 및 실천력을 가졌기 때문이다. 그런 요인 서로가 영향을 끼치며 상호작용을 했지만 그 중요한 바탕은 국민 개개인의 의지와 경쟁력, 특히 속도감 있는 능력에 있다고 보아야 한다. 이 유례없는 급속한 성장을 가능하게 한 요인은 또 다른 여러 가지가 있을 수도 있다. 다시 강조하는 것은 그런 경쟁력들이 목표를 향해 제대로 움직이게 만들어 성과를 거두게 만든 결과로써 나타난 또는 드러나지 않은 지도자의 안목과 능력이다.

경이적인 경제성장이 단기간에 실현되자 그 영향이 사회, 문화, 예술, 스포츠 등 모든 분야로 확산되면서 꽃을 피우기 시작하였고 그 속도도 산업과 경제에서 나타난 바에 못지않은 빠름을 나타내고 있다. 그래서 'K속도'라는 접두어를 붙여도 어색하지 않은 경우이다. 위에서 열거한 사례들에서 명백히 증명되는 대로 지나온 반세기 동안 한국의 변화 속도는 세계의 어느 나라, 어느 사회의 과거나 현재에서 또 추측컨데 미래에서도 유례를 찾을 수 없다. 이것을 제대로 인식하면서 그 장점은 살려 나가고 단점이나 부작용은 고치거나 최소화시키는 것이 앞으로의 바른 방향과 과제이다.

빠른 속도를 낼 수 있는 선천적 능력에 더하여 속도감을 더하게 하는 한국인의 여러 가지 성격적 특성 중 두 가지만 별도로 뽑으면 남다른 성취동기와 신분 상승 욕구이다. 한국인의 자녀 교육열은 세계가 인정하고 때로는 감탄하는 분야인데 객관적으로 보면 항상 과열 상태에 있는 것으로 정의할 수 있다. 2020년 전후 한국 경제 정책 중에서 가장 어렵고 실패한 부문이 부동산 특히 서울

아파트 가격 문제인데 그 근본적인 원인 중 하나는 교육 문제임은 주지의 사실이다. 그런 남다른 교육열은 급격한 자녀수의 감소로 그 열기가 더 뜨거워질 수밖에 없다.

　신분 상승에 대한 욕구도 같은 차원으로 설명될 수 있다. "아마 한국 사회만큼 계층 상승 욕구가 강한 곳도 달리 없을 것이다. 웬만한 성취에는 만족할 줄 모르고, 더 위로 더 위로 올라가려 한다. 그러니 경쟁은 세계 최고로 치열하고 사회는 몹시 유동적(역동적)이다. 이게 점차 막히려 하니 당장 '헬조선!'의 절규가 터져 나온다."[59] "우리처럼 어디에 한번 미치면 열정적인 국민이 없지요. 환경만 만들어주면 성과가 나올 겁니다."[60] 좀처럼 참지 못하기 때문이다.

　동시에 유의해야 하는 점은 남다른 평등 지향성이다. '사촌이 논을 사면 배가 아프다'라는 전래의 말이 전형적인 예이다. '이웃사촌'이라는 말이 마을 공동체를 표현하는 한국인의 특성을 나타냄과 동시에 같이 지내며 고생하던 주변의 성장이나 변화를 제대로 인정할 수 없다는 경쟁심리가 작용하는 측면도 있다. 그래서 '체제는 자본주의이지만 의식은 공산주의'[61]라는 한 귀화 중국인의 평가에도 귀를 기울일 필요가 있다.

　취미와 여가생활의 변화도 속도가 빠른데 그 하나의 예가 골프 운동이다. 그림 2-13과 2-14에서 보듯이 한국의 골프인구는 빠른 속도로 늘어서 2020년에 이미 5백만 명에 육박하고 있고 더 놀라운 것은 여성 골퍼의 폭발적 증가이다. 2000년대 초반까지 골프는 사실상 나이가 있는 남성 위주의 사치(?)스러운 운동으로 취급되었다. 회원제 골프장은 지금도 이용 시마다 이용요금

59 박훈, '노비에서 양반으로, 그 머나먼 여정(권내현저), 서평, 조선일보, 2019. 1. 19, A17, Books 152
60 신희섭 박사 인터뷰, 조선일보, Why?, 2009. 2. 14-15 B2153
61 조선일보, 김태훈의 뉴스 저격, '첸란, 살벌한 한국, 엉뚱한 한국인, 책에서 인용' 조선일보, 2019. 2. 15

(그린 피)외에도 특별소비세가 상당 액수로 부과되고 있다. 현재의 골프장 이용객의 구성을 보면 전 연령대의 여성- 특히 젊은 여성까지-들로 성황을 이룬다.[62] 2000년대 초반까지 골프장에서 여성 골퍼를 찾아보기가 쉽지 않았다. 이런 변화도 외국에서는 비슷한 초단기간의 변화와 특히 유례를 찾을 수 없는 한국의 속도이다. 그림2-14는 2017년 통계로 현재는 그때보다 더 달라졌을 것이다.

그런 현상을 선도하고 부추긴 가장 큰 유인은 LPGA에서의 한국 여자 선수들의 활약이다. 2000년대 이후 공식 대회 성적으로 보는 세계 여자골프계의 확실한 제2위는 한국이다. 한국 골프 운동의 일천한 역사, 특히 여성 골퍼의 진출 역사 등으로 보면 경이적인 현상이다. 한국의 속도 외의 어떤 이유로도 설명이 안 된다.

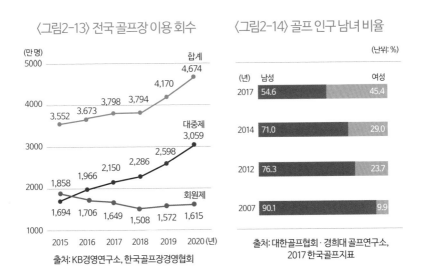

〈그림2-13〉 전국 골프장 이용 회수

(만 명)
합계
5000
4,674
4,170
4000   3,798 3,794
3.552 3.673
대중제
3,059
2,598
3000   2,150 2,286
1,858 1,966
2000   회원제
1,694 1,706 1,649 1,508 1,572 1,615
1000
2015 2016 2017 2018 2019 2020 (년)
출처: KB경영연구소, 한국골프장경영협회

〈그림2-14〉 골프 인구 남녀 비율

(난위: %)

(년)	남성	여성
2017	54.6	45.4
2014	71.0	29.0
2012	76.3	23.7
2007	90.1	9.9

출처: 대한골프협회 · 경희대 골프연구소,
2017 한국골프지표

---

62 2021년 12월의 어느 날 본인이 이용한 부산의 한 회원제 골프장 식당의 점심시간에 이용객의 3분의 2이상이 여성 고객이었다.

세계 골프 브랜드들은 한국 골프채 시장을 미국 일본에 이어 3대 시장으로 평가한다고 한다. 오랜 역사를 가진 운동인 골프가 한국에서 대중화하고 본격적으로 유행한 것은 2000년대 이후부터여서 아직 한 세대(30년)가 채 지나지 않았다. 그럼에도 한국 골퍼들의 드라이브 교체가 평균 6개월에 한 번씩이고 페어웨이 우드는 1년, 아이언은 1.5년, 퍼터는 2년 주기로 바꾼다고 한다. 골프채는 상대적으로 비싼 내구소비재이다. 이유는 여러 가지 있겠지만 이왕이면 더 잘해보고 남보다 앞서고자 하는 욕구가 반영된 결과이다. 지금까지 기술한 한국인의 특성으로 보면 그리 놀랄 일도 아니다.

모든 일에는 명암이 있기 마련이므로 너무 빠른 것도 문제가 될 수 있고 여러 가지 부작용을 일으킬 수 있다. 우리의 옛말에 과유불급(過猶不及)이라는 표현이 있듯이 너무 지나치거나 빨라서 오히려 문제가 되는 수도 많다. 빠른 성장 후의 상황을 제대로 통제하거나 조절하지 못해서 오히려 손해가 되거나 바람직하지 않은 결과로 나타나는 수도 있다. 최근의 우리의 경우가 이에 해당되는 것으로도 볼 수 있다. 또 초기에는 과속도 묻혀서 지나갈 수 있지만 뒤에는 그것이 좋지 않은 결과로 나타나는 수도 있다. 불이 빨리 붙고 타면 꺼지는 속도도 빠를 수 있다.

K 3

경영과 산업, 생활에서의 K속도

한 국가의 거시경제 성과는 구체적으로 모든 종류의 경영 성과에 의해 크게 좌우된다. 경쟁력은 경영에서 성패를 가르는 첫 번째 요소이다. 경쟁은 본질적으로 속도를 수반함을 앞에서 설명하였다. 그러므로 경영의 성패는 속도에 사실상 좌우될 수밖에 없다. 이 속도는 의사결정, 경영기획, 조직운영과 개선, 제품기획, 제품의 생산, 각종 서비스, 판매, 경영 관리 등 전 분야에서의 혁신과 개선의 핵심 요소이다. 이 경우 남보다 더 빨리, 더 싸게, 더 좋게 만들거나 처리하는 것이 속도의 의미이다. 이 책에서 여러 형태로 고찰하고 있는 바대로 이 경제적 경쟁의 과정은 근세에 이르기 전까지는 별로 두드러지지 않거나 매우 느리게 진행되어 오랜 기간 동안 감지하기도 쉽지 않은 정도이었다가 산업혁명을 계기로 점차 빨라지고 적용 대상과 지역이 넓어지게 되었다. 현시점에서는 그 가속의 정도가 너무 빨라져서 변화 자체를 모든 경제 주체들이 때맞춰 제대로 인식이나 인지하기도 벅찰 정도가 되었다.

물론 이 경우의 속도는 변신과 변화의 속도도 의미한다. 업종, 제품, 산업을 가리지 않는 변신이나 운영 방식의 변경 등은 과거의 표준이나 관행 또는 교훈을 뒤집거나 거스르는 경우가 빈번해 지고 있다. 예를 들면 하드웨어 업체가 소프트웨어 업체로 바뀌거나 그 반대의 경우 또는 융합 등 산업분류의 경계선이 사라지고 있는 상태가 확대되고 있다. 다른 요인보다 기술이 변신을 가능하게 만들기 때문이다.

과거 기준으로는 대마불사(大馬不死)라는 바둑 용어가 경제, 경영에도 상당히 설득력이 있었다. 즉 기업의 규모가 매우 크면 경영이나 경제 또는 사회 상황에 어려움이나 돌발 상황이 발생해도 덩치 때문에 쉽사리 무너지지 않고 또 정부나 사회적으로도 큰 기업이 무너지면 생산, 유통, 고용 등 전반적으로 나라 경제에 너무 큰 영향이나 부작용이 발생하므로 되도록 도와주려고 한 것이 현실이었다. 과거 한국이나 선진 외국에서도 이런 예가 종종 발생하였다. 물론 경제학 이론에 나오는 규모의 경제와는 좀 다른 의미이지만 결과적으로 큰 규모의 기업이 생존에 더 유리하다는 측면에서는 통하는 차원도 있었다.

변화에 대응하는 측면에서도 일정 이상의 규모가 되어야 융통성 있게 시장 변화에 적응할 수 있으므로 상대적으로 큰 규모가 더 유리한 점이 있었다. 그런데 이제는 경제가 글로벌화 되어 경쟁의 차원이 국내뿐 아니라 전 세계적으로 확대되었기 때문에 설사 국내적으로 어려움을 해결해 주더라도 세계적으로는 그 뒷감당이 불가능해져서 이전과는 차원이 다른 상태가 되었다. 말할 것도 없이 경쟁의 속도 때문이다. 더욱이 인터넷이나 스마트폰 같은 정보통신 네트워크가 급속히 확산함에 따라 거리·시간, 위치가 사실상 소멸되고 규모의 경제보다는 속도의 경제[63]가 더 중요해진다.

---

63 속도의 경제라는 용어가 경제학 교과서에 공식적으로 실리지는 않았다. 이 개념은 건축에서 콘크리트 표면마감재 사용의 효용성에 관한 표현으로 쓰인 적이 있다(이상현 외, 콘크리트 표면마감재의 탄산화 억제성능 평가를 위한 FEM 해석연구, 대한건축학회 논문집 구조계 제 23권 제9호 2007. 9151~158). 기업경영에서 덩치를 키우는 것보다 재빨리 변신하는 것이 더 효과적이라는 의미에서 속도의 경제 개념이 쓰이기 시작하고 있다.('규모의 경제' 가고 '속도의 경제 뜬다.', 주간동아, 제 267호, 2001. 01. 11). 그 예로 세계 최대의 통신회사이던 꿈의 통신이라고 불리는 IMT-2000 시장을 선점하기 위해 미국의 AT&T가 1000억 달러를 들여 케이블 TV를 사들이기로 한 결정은 막대한 비용 충당을 위한 규모의 경제에

3-1 경영에서의 의사결정 속도-글로벌 트렌드

어떤 사업의 새로운 시작이나 현재 위치에서의 변신, 무에서의 창업을 막론하고 현대 경제 상황에서의 성패는 의사결정의 방향과 속도에 달려있다. 물론 여건과 상황, 자신의 능력, 준비 등 고려사항이 수없이 많지만 그중 결과를 좌우하는 제일 중요한 요인은 속도라는 것은 경험적, 학술적으로 광범위하게 나타난다. 글로벌 무한 경쟁시장의 여건에서 잠재적 경쟁자까지 포함한 누구보다 빠르게 진입, 진출하거나 변신하는 속도가 경쟁의 가장 중요한 요인임은 명백하다. 기업을 포함하는 생태계를 표현하는 말로 적자생존이라는 개념이 있는데 그 중요한 요인이 빠른 변화이다.

바둑에서 선착의 효(效)가 그 판의 결과를 크게 좌우하듯이 먼저 시작하고 먼저 내놓고 먼저 변하는 기업이 결국 이기는 경우는 20세기 중반 이후 세계 산업계의 법칙과도 같은 현상이다. 지금 세계에서 가장 잘하고 있는 기업이나 해당 기업 내의 한 부문의 경우에도 전혀 예외가 없다. 물론 먼저 시작하거나 선섬하고도 빠르게 속도를 내지 못한다면 결국은 성공하지는 못한다. 다른 요인도 있지만 속도에 속도를 더하면서 모든 경쟁자를 따돌리는 가속도의 원리는 적용되기 때문이다.

베인&컴퍼니의 글로벌 조직 부문 대표 폴 로저스는 기업의 의사결정 과정에서 "'빨리'는 경쟁사보다 의사결정 속도가 빠르다, '제대로'는 시간이 지나고 되돌아봤을 때 과거의 의사결정이 우수했다, '효율적으로'는 의사결정에 필요 이상으로 비용과 노력을 들이지 않는다는 뜻이다."라고 표현했다.[64] "속도가 생

의한 선점을 위한 것이었다. 이 잘못된 결정으로 AT&T는 4개로 분사할 수밖에 없었다. 이는 통신기술과 소비행태에 대한 오판이며 속도의 경제를 무시한 결과이다. 송재용, '스마트 경영', 21세기북스.도 속도의 경제를 강조하고 있다.
64 조선일보 2011. 07. 02-3 인터뷰기사에서 인용. 그 이하도 같은 인터뷰 내용

명이다. 경쟁사보다 의사결정 속도가 느린 기업은 기회 자체를 잃는다. 의사결정이 빠른 기업의 매출이 5%P 더 오른다."고 그는 주장한다. "구글·이베이 같은 기업은 결정의 절반만 옳고 나머지는 나중에 수정해야 할지라도 사전분석만 길게 하느라 기회 자체를 놓치는 잘못을 저지르지 않는다."라고 강조한다.

"26년간 GE의 핵심 임원으로 의사결정을 주도한 빌 그레이버(Bill Graber)는 'GE가 다른 조직보다 더 나은 의사결정을 한 것이 아니라 더 빠른 의사결정을 했을 뿐'이라고 속도의 중요성과 의미를 강조했다."[65] 물론 GE사의 경우와 같이 빠른 속도가 언제나 더 좋은 결과를 최종적으로 보장해 주지는 않는 것을 스스로 증명해 보이고 있다. 그러나 추측컨대 변하지 않고 그대로 있었더라면 이 회사는 이미 사라져 버렸을 것이다. 경쟁체제에서 신속한 의사결정은 기업의 흥망이나 성쇠를 좌우하는 요소이다.

좋은 아이디어나 새로운 제품을 개발하고도 먼저 움직이지 않아서 성공하지 못하거나 실패한 경우와 실패나 자신의 기득권 손실을 각오하고 먼저 내거나 움직여서 크게 성공한 경우가 근래의 세계와 한국의 기업의 흥망사인데 핵심 요체는 속도이다. 그런데 위의 속도를 결정하는 것은 의사결정 과정과 최종 의사결정자의 역할이다. 의사결정이 시스템적으로 이루어지는 경우라도 최종 결정자는 있을 수밖에 없다. 모든 의사결정에는 실패의 가능성과 그 대가가 따른다. 그것은 돌이킬 수 없는 실패이기도 하고 일부 또는 전부를 잃는 손실일 수도 있다. 대신 성공은 기대 이상의 보상과 새로운 기회를 제공하기도 한다. 이 시대의 의사결정 주체에게는 고통스럽지만 속도가 절대적으로 필요하다.

대부분 20세기 말이나 21세기에 조그마한 혜성처럼 등장해서 순식간에

---

65 조선일보 2011. 02. 19-20

성장한 마이크로소프트, 애플, 구글, 페이스북, 아마존, 알리바바 등 세계의 초거대 기업들의 공통점은 창업자의 탁월한 아이디어 및 기업가정신과 함께 먼저 선점하는 빠른 움직임이다. 이 의미는 그들이 그때 시작하지 않았다면 아마도 다른 누구가 나타났을 것이고 그 선점자가 오늘날의 번성과 이익을 향유하고 있을 것이다.

전 세계에서 성공하는 속도경영의 또 다른 예는 매우 짧은 기간 동안에 세계 굴지의 기업으로 성장한 베조스의 아마존이다. 도서 우편 판매에서 출발해 이제는 우주개발 사업의 선두까지 이르고 있는 아마존의 특징 중 가장 두드러지는 점은 거침없는 변화와 변신이고 그 핵심 경쟁력은 속도이다. "아마존의 대표 서비스들은 모두 '초(超)스피드' 철학 아래 만들어졌고 지금도 진화하고 있다… 인터넷 화면이 뜨는 속도가 0.1초 느려지면 1%씩 고객 반응이 나빠진다."[66] 베조스의 경영 철학은 '속도 중심 조직론'이다. 혁신에 가장 알맞은 팀 크기는 라지 사이즈 피자 2판으로 식사를 해결할 수 있는 6~10명이라고 보고 그에 맞추어 조직을 운용한다.

또 강조할 점은 위의 세계적 초거대 기업들이 계속해서 여러 측면에서 혁신과 변신 및 다양화를 끊임없이 진행하고 있는 것이다. 즉 성공한 해당 분야에만 머물지 않고 자체적인 변신과 다각화, 매각, 인수·합병 등을 통한 구조조정을 계속하고 있는 점이다. 그 과정에서 의사결정의 속도가 가장 중요한 요소일 것이다.

사진은 사진기가 발명된 이후 인류 생활과 떼어 놓을 수 없는 동반자였다. 카메라의 필름 제조에서 굴지의 세계 1위와 2위를 차지하던 코닥과 후지의 경우에서 대비되는 예가 존재한다. 코닥은 필름이 필요 없는 디지털 카메라를 먼

---

66 이인욱 기자, 조선일보 위클리 비즈 C3, 2012. 8. 25-26

저 개발해 놓고도 기존의 필름 판매를 포기할 수 없어서 상품화를 미루다가 카메라 시장에서 사라지게 된 반면 후지는 주력 업종을 포기하는 대신 화장품, 의료장비, 의약품 제조 등으로 변신하여 다른 모습으로 살아남았다. 의사결정 속도의 중요성이다. 그 변신을 실행한 고모리 시게타가 후지필름 회장은 "시장을 독점하는 것을 신이 부여한 권리로 여겨선 안 된다."고 말했다.[67] 시스코의 경우도 '줌'을 개발만 해놓고 머뭇거리다가 결정적인 기회를 놓쳤다. 이들 경우의 공통적인 점은 자신들의 새로운 제품이 자기 기존 제품을 죽이거나 자기 기존 시장을 잠식할 것이라는 지극히 합리적인 염려와 두려움 때문이었다.

경영에서 의사결정 속도의 중요성을 강조하고 실감하게 하는 스피드 경영의 압축적인 표현으로 다음의 신문 기사 제목을 소개한다. "누구나 따라 하는 모방의 시대, 한발 앞서서 신제품 내놔라, 그게 자사 제품 죽일지라도…"[68] 선도기업의 딜레마는 끊임없는 혁신이 자기 시장을 파괴하는 결과를 초래하는 위험을 어느 정도 감수하느냐이다. 그 구체적인 예로 휴대폰이 나온 이래 노키아가 세계 제1위의 제조사이었다. 그런데 스마트폰이 휴대폰 시장의 판도를 바꿔 놓는 동안 노키아는 중·저가폰에 대한 미련을 버리지 못해서 새로운 제품을 내놓지 못하고 휴대폰 시장에서 아예 밀려나게 되었다. 초기 10여 년 동안에 수조 원을 들여 투자한 운영체제에 대한 미련 때문이었다. 노키아 자신이 목제품 중심의 산업에서 휴대폰 제조로 탈바꿈한 경험을 바로 인식하지 못했기 때문이다. 또한 휴대폰 바로 이전에 등장해서 이동통신의 효시를 자랑하던 MP3의 전철을 기억하지 못한 것이다. 그러나 노키아가 경쟁에 뒤처져 무대에서 사라지지 않은 것은 핵심인 휴대폰 사업 매각 이후 통신 인프라의 강자로 거듭나는 변신의 속도가 있었음도 기억해야 한다.

---

67 매일경제 2019.1.24. CEO 인사이트
68 매일경제 2018. 12. 7 C3

3-2 한국 기업 경영에서의 속도-스피드 경영

위의 설명과 논리는 세계 공통적으로 통하는 현상이고 어디에서나 예외가 없다. 그렇다면 후발주자가 모든 면에서 불리하지만 겁 없이 도전할 수 있는 기회는 주어진다는 논리가 성립하고 이에 적합한 설명모델이 되는 것이 지금까지의 한국 산업과 기업 발전 스토리이다. 잘 아는 대로 한국의 대부분 주요 산업들이 자본, 기술력이 전혀 없는 여건에서 철강, 조선, 자동차, 반도체 제조에 뛰어든 것은 합리적인 사고에서는 무모한 결정이었을 수 있다. 그런 의사결정을 하고 실제로 결행한 것은 기업가정신, 의사결정 속도와 당시의 산업정책의 뒷받침 때문이다. 즉 어느 나라, 누구나 따라 한다고 해서 성공할 수 있는 경우는 결코 아니다.

현재 한국의 제1위 기업일 뿐만 아니라 세계에서도 반도체 매출 제1위를 차지하고 있는 삼성전자가 반도체를 시작하게 된 신화와 같은 스토리의 핵심은 창업자의 빠른 의사결정이고 그 의사결정에 발맞춘 한국의 속도가 예상을 깨고 성공 신화를 만들어 낸 것이다. 한국 산업화 초기인 1980년대 삼성의 이병철 회장이 반도체 사업을 시작하기로 한 결단과 후계자가 그 이후 산업의 변곡점마다 적극적으로 대응하여 지금에 이른 것은 대표적인 사례로 기록된다. 또 현대 정주영 회장의 자동차와 조선업 진출이다. 자동차는 물론 조선과 아무런 관련이나 기반이 없던 현대가 자동차 제조와 조선업에 뛰어든 것도 오너의 의사결정 속도의 결과이다. 한국 산업화는 정부 정책과 더불어 무모하게 보일 수도 있는 오너의 빠른 결단에 의해 이루어진 것으로 평가할 수 있다. 물론 실패의 속도도 더 빠를 것은 말할 것도 없다. 빠른 결정에 따르는 리스크가 더 커질 수 있는 가능성 때문이다. 그런 만큼 실패에 대한 책임도 질 수밖에 없는 지배구조의 장점도 인정해 주어야 한다.

삼성전자의 성공 요인을 분석한 서울대 송재용 교수는 삼성이 '대규모 조직이면서도 해외 경쟁자에 비해 의사 결정과 실행의 스피드가 매우 빠르고, 다각화되어 있으면서도 단위 사업의 전문성을 극대화시켰으며, 미국식 전략 경영과 일본식 현장 경영의 장점을 조화시킨 삼성식 패러독스 경영 시스템'이 세계 경제 위기를 극복하고 오히려 더 성장하게 된 이유로 설명한다.[69] 빠른 의사결정과 실행의 스피드가 강조된다.

반도체는 생산 과정뿐만 아니라 제품 자체가 스피드를 위한 첨단 기술이며 거액의 공격적인 선제 투자가 필요한 산업이므로 투자 의사결정과 실행의 스피드가 성패를 좌우할 수밖에 없다. 대조적으로 초기 반도체 최강국이었던 일본이 특유의 '전사적인 합의' 절차로 투자 타이밍을 놓친 것은 당연한 결과이다. 물론 이 경우 무모한 투자는 아니더라도 실패의 가능성은 항상 존재한다.

기업에서의 의사결정 속도와 기업 지배구조와의 관계에 대해서 연구와 주장이 여러 가지 있지만 의사결정 구조가 단순할수록 빠른 결정과 보다 강력한 추진력이 발휘된다고 본다. 한국의 재벌 시스템에 대한 논란이 많고 공과에 대한 평가가 같이 존재하지만 빠르고 과감한 의사결정의 장점은 분명히 존재한다. 현재 한국경제를 떠받치고 있는 반도체, 자동차, 조선, 통신 산업 등은 창업자에 의한 과감하고 빠른 의사결정의 산물이고 앞으로의 변신과 변화도 마찬가지이다. 한국 산업화 초기의 기업지배구조는 빠른 산업화를 위한 필요조건이었다. 물론 의사결정 속도와 투자 등의 실행력과 기업 소유구조의 관계에 대한 부분은 별도로 논의되어야 하는 주제이다.

또 이런 현상은 기업 경영의 패러다임 체인지를 의미하기도 한다. 참고로

69 송재용, 송재용의 스마트 경영, 21세기북스, 2021

오늘날과 같은 속도시대 이전까지 인생의 목표관리, 기업 경영 원칙 등에서 강력한 교훈을 주는 말은 '곁눈 팔지 말고 한 우물을 파라'는 것이었고 그 원칙은 바둑의 정석과 같이 실제로 큰 위력과 결과를 보여 주었다. 잘하는 일에 집중하여 경쟁력을 키우라는 의미이고 오랫동안 그 방법이 지켜지고 얼마 전까지도 여러 분야에서 성공적으로 통용되었다. 그런데 이제는 다양한 연결과 변화 속에서 남보다 빠르게 변화하고 기회를 찾으라고 조언한다. 그렇기 때문에 한 우물 방식의 장점을 버릴 것인가는 어려운 숙제임에 틀림없다.

아직까지 기대해볼 수 있는 흐름은 속도의 장점과 경쟁력이 전통적 제조업 쪽에서 첨단 디지털 관련 산업이나 문화·예술, 엔터테인먼트 등 한국으로서는 비교적 새로운 분야로 옮겨져서 이어지는 현상이다. 그런 빠름이 한국 특유의 창의력이나 '끼'와 연결되어 해당 분야의 산업적 성취를 나타내는 것에 주목하고 길을 터주고 뒷받침해 주어야 할 것이다. 이 논의와 관련된 부분은 제4장에서 다루어진다.

이 책에서 자주 쓰는 분석 틀의 하나로 설명해 보면 기업 경영 특히 모든 의사결정에서 속도 또는 민첩성(Agility)은 창업, 성장, 변신 등에서 절대적 필요조건임에 틀림없다. 세계와 한국의 경우에서 수많은 연구와 사례들이 이를 입증한다. 급속한 한국 경제성장의 여러 성공 요인 중에서 가장 성공적인 것 중의 하나가 의사결정의 속도이고 실행과정과 상황변화에 따른 대응의 민첩성이 실증적으로 지적된다. 현재의 한국과 세계 경제에서도 속도 조건은 예외 없이 적용된다.

물론 속도가 성공 경영의 필요조건임은 확실하지만 충분조건은 되지 못한다. 즉 빨리 결정하고, 실행하고, 변화하지 못하면 살아남거나 경쟁에서 이기지 못하지만 그 빠름이 성공을 보장하지는 않는다. 충분조건은 앞을 내다보는 경영자의 능력 및 안목과 경영조직의 뒷받침이다. 그런 능력과 판단력은 집단지성에 의해 뒷받침되는 것도 당연히 필요하겠지만 궁극적으로 조직을 만들고 관리하는 최고경영자의 몫이다. 그래서 성공도 실패도 의사결정자에 달려있다.

3-3 경쟁의 의미- 살아남기

바람직한 가의 여부를 떠나 자본주의 경제의 시장에서 경쟁하는 기업의 평균 수명은 계속 짧아지고 있다. 경쟁의 속도 때문이다. 개인기업, 중소기업은 말할 것도 없고 탄탄한 브랜드 기반과 기술력, 자금력을 가진 대기업이나 세계적인 기업 또는 기업집단조차도 짧은 시간 안에 순위가 바뀌거나 흡수, 합병당하거나 아예 사라지는 경우도 허다하다. 따라서 치열한 경쟁시장에서 살아남는 기업이 이기는 자가 된다는 논리가 성립할 수도 있다.

또한 과거와는 근본적으로 다르게 살아남거나 계속 성장하는 기업이라도 끊임없이 변화한다. 업종, 생산품, 다양화 등 변신의 귀재로 불러도 좋은 경우가 대부분이다. 한 자리에 머물러 계속 성장하겠다는 발상은 지난 시대의 발상이고 유효기간이 지난 교훈이 되고 있다. 변화와 변신이 늦은 기업은 몰락한다는 것이 지금까지의 확실한 교훈이다. 경영 패러다임의 변화이다.

오랫동안 세계 경제를 지배한 기업의 역사가 있는 미국의 경우 20세기 후반에서 21세기 초까지의 50년 동안에 500대 기업 중에서 80개만 생존하였다.[70] 그런 변화의 내용과 속도는 시간이 지날수록 더 빨라지고 있다. 세계적으로도 그 추세의 변화는 매우 뚜렷하다. 아래에 나오는 표들은 미국 잡지 포춘이 매년 집계하는 세계 500대 기업 중 상위 10위의 변동을 이용하여 세계와 미국, 한국의 기업 순위를 정리해 본 것이다.

---

70 조선일보 2007. 12. 22-23

기업명(업종)

순위	2000년	2010년	2021년
1	GM(자동차)	월마트(유통)	월마트(유통)
2	월마트(유통)	엑손모빌(에너지)	아마존(온라인유통)
3	엑손모빌(에너지)	쉐브론(석유)	애플(인터넷, IT)
4	포드(자동차)	GE(전기·가전)	CVS Health(헬스케어)
5	GE(전기·가전)	BOA(금융)	유나이티드헬스(헬스케어)
6	IBM(컴퓨터)	코노코필립스(에너지)	버크셔해서웨이(투자)
7	씨티그룹(금융)	AT&T(통신)	맥케슨(의약품)
8	AT&T(통신)	포드(자동차)	아메리소스버겐(의약품)
9	필립모리스(담배)	JP모건체이스(금융)	알파벳(구글 모기업)
10	보잉(항공)	HP(컴퓨터)	엑손모빌(에너지)

출처: Fortune Global 500(매출액 기준)

위의 표에서 읽을 수 있는 변화의 내용을 요약해 보면 최근 20년 동안의 길지 않은 시간에 1) 산업 또는 업종별로는 전통적인 제조업 중심에서 인터넷·IT관련, 금융, 에너지, 서비스업 중심으로 변하다가, 최근에는 온·오프라인 유통, 건강, 의약 관련업이 성장산업으로 빠르게 부상하고 있다. 세계 전체에서 변화가 가장 뚜렷한데 경제와 시장 규모가 가장 큰 미국의 경우를 보고 교훈을 얻을 필요가 있다.

2) 국가별 분포로는 미국과 일본, 유럽 기업 중심에서 중국의 부상이 뚜렷한 점이다. 표3-2의 2021년 현재 종합적인 매출액 측정에서 상위 10위 이내의 기업 중 중국 기업이 3개를 차지하고 순위에서도 상위 5위 이내를 차지하였다. 중국 경제의 발전에 따른 규모의 효과와 매출액으로 표시되는 성장 속도가 중국의 빠른 부상에 대한 이유로 설명된다. 반면 표3-2에서 보는 바와 같이 20세기 말까지 제조업을 중심으로 세계적으로 부상한 일본 기업의 선도적인 위상은 상대적으로 위축되었는데 변화 정도와 그 속도를 미국의 경우와 비교해

보면 확연하게 다름을 알 수 있다.

3) 세계적인 규모의 기업들이기 때문에 위상이나 순위가 쉽게 바뀌기는 어렵겠지만 상대적인 변신, 변화의 속도가 가장 두드러진 미국의 경우를 보면 미국뿐만 아닌 세계 전체의 앞으로의 변화추이를 짐작해볼 수 있게 한다. 그런 맥락에서 지난 20년간 한국의 변화를 보면 K속도의 상대적인 빠름이나 장점이 눈에 띄지 않고 있음을 지적할 수 있다.

한 가지 오해하지 않아야 할 것은 이 표들에서 사라진 기업들은 기업이 망하거나 사라진 것은 아니고 대부분 여전히 세계 또는 자국의 100위 또는 500위 등 상위 그룹에 남아 있다는 사실이다. 성장 속도가 상대적으로 떨어져서 순위가 바뀌고 있기 때문이다. 물론 기간을 조금 길게 잡으면 아예 그런 순위에서 탈락하여 몰락하거나 없어진 경우도 적지 않고 그 변화 속도가 더욱 가속되고 있음은 확실하다.

〈표3-2〉 세계 10대 기업 순위 변화 (매출액기준)

기업명(국가, 업종)

순위	2000년	2010년	2021년
1	GM(미국, 자동차)	월마트(미국, 유통)	월마트(유통)
2	월마트(미국, 유통)	로열더치쉘(네덜란드, 에너지)	SGCC(중국, 에너지)
3	엑손모빌(미국, 에너지)	엑손모빌(미국, 에너지)	아마존(미국, 유통)
4	포드(미국, 자동차)	BP(영국, 에너지)	CNPC(중국, 에너지)
5	크라이슬러(독일·자동차)	도요타(일본, 자동차)	시노팩(중국, 에너지)
6	미쓰이(일본, 종합)	일본우정(일본, 금융 물류)	애플(미국, 인터넷)
7	미쓰비시(일본, 종합)	시노팩(중국, 에너지)	CVSHealth(미국, 헬스케어)
8	도요타(일본, 자동차)	SGCC(중국, 에너지)	유나이티드헬스(미국, 헬스케어)
9	GE(미국, 전기·가전)	AXA(미국, 보험)	도요타(일본, 자동차)
10	이토추상사(일본, 종합)	CNPC(중국, 에너지)	폭스바겐(독일, 자동차)

출처: Fortune Global 500(매출액 기준)

다른 측면에서 현재까지의 기업 실적은 물론 앞으로의 성장 가능성까지 반영하는 시가총액을 기준으로 비교해 보면 산업구조의 변화와 기업의 생멸 현상은 더 확연하고 속도가 빠르다. 그 판단은 앞의 표에서 보인 현재의 성적 (매출실적)과는 전혀 다른 모습을 나타낸다. 지면 절약을 위해 표는 생략했지만 2000년대 초까지는 소위 전통적으로 강한 분야인 제조, 금융, 에너지와 같은 산업들이 유망산업으로 인식되어 투자자들에게 선호되었는데 얼마 지나지 않아 그 얼굴들이 대부분 바뀌어 버렸다.

즉 기업의 장래 가치와 성장성을 표시하는 시가총액 기준으로 2020년의 세계 10대 기업을 보면 상위 2위에서 7위까지에 미국의 인터넷이나 그 관련 기업 5개가 있다. 6위 알리바바와 8위인 중국의 텐센트도 IT기술을 이용하는 기업이다. 마이크로소프트를 제외한 인터넷 관련 기업들은 최근 10여 년 동안에 부상한 신생 기업들이다. 오랜 역사의 인류 생활에서 20세기까지는 한 번도 상상하거나 경험해 보지 못한 변화의 속도이다. 2021년에는 테슬라와 같은 전기차가 부상하여 다시 판도를 바꾸고 있다. 산업구조와 산업 자체의 패러다임 체인지이다.

이 변화를 한국의 경우와 비교할 수 있다. 표3-3에서 보는 2010년 시가총액 10대 기업은 제조업 관련 7개사와 금융 관련 3개 사였다. 다음 10년 후인 2021년에는 제조업 관련이 여전히 7개 사이나 그 구성은 변하여 그중 2개는 전통적 산업이 아닌 바이오 관련 제약기업이다. 금융·보험 관련사들은 뒤로 밀려나고 IT 관련인 신생 네이버와 카카오가 진입하였다. 미국과 비교하면 변화 속도는 빠르지 않으나 방향은 비슷한 것으로 평가할 수 있다. 벤처기업이 많이 포함된 코스닥의 경우에는 이런 변화의 속도와 내용이 훨씬 뚜렷하게 나타난다.

〈표3-3〉 한국 10대 기업 순위 변화 (매출액 기준)

(기업명)

순위	2000년	2010년	2021년
1	SK	삼성전자	삼성전자
2	현대	LG	현대자동차
3	삼성	현대자동차	SK
4	삼성전자	SK	LG
5	현대자동차	포스코	기아자동차
6	대우	GS	한국전력공사
7	삼성생명	한국전력공사	포스코
8	LG상사	삼성생명	한화
9	LG전자	한화	KB금융
10	한국전력공사	현대중공업	현대모비스

출처: Fortune Global 500(매출액 기준)

〈표3-4〉 한국 10대 기업 순위 변화(시가총액 기준)

(기업명)

순위	2000년	2010년	2021년
1	삼성전자	삼성전자	삼성전자
2	SK텔레콤	POSCO	SK하이닉스
3	한국통신공사	현대자동차	LG화학
4	한국전력	한국조선해양	삼성바이오로직스
5	포항제철	현대모비스	셀트리온
6	한통프리텔	LG화학	NAVER
7	국민은행	신한금융지주	삼성SDI
8	담배인삼공사	KB금융지주	현대자동차
9	기아자동차	삼성생명	카카오
10	주택은행	기아자동차	현대모비스

출처: 한국거래소

그러나 매출액 기준의 경우 지난 20년의 거대기업 중심으로 보는 한국 산업 구조 변화 모습은 미국과는 다른 모습의 모양새이다. 속도가 빠른 사람이나 조직은 장래의 변화도 빨리 감지하고 대비하는 능력을 갖추어야 장기적인 성공이 보장된다.

살아남기, 변화와 변신에서 한국과 외국, 특히 미국의 경우를 비교해 보면 흥미 있는 결과가 발견된다. '속도의 한국'이 기업의 변화나 시장 내에서의 상대적 위상에서 속도가 느린 점이다. 매출액, 시가총액 등의 순위에서 10년 단위로 보면 미국은 상위 10대 기업이 빠르게 변하고 계속 물갈이를 하는데 한국은 그 정도가 상대적으로 약하고 안정적이다. 당사자들에게는 반가운 소리가 아니겠지만 세계 산업과 기업의 변화 모습과 속도와 비교해서 한국의 산업구조 변화나 기업의 변신 속도는 뜻밖에 상당히 느리고 보수적이다. 물론 한국의 상대적 경제 및 시장 규모를 고려하면 외국의 경우와 반드시 비슷할 필요가 없는 점도 있지만 한국은 이미 개방경제 체제이고 기업 활동도 글로벌화 되어 있는 것을 고려하면 생각할 점이 있다. 자유 시장에서의 경쟁은 치열하고 냉정하다.

삼성전자는 초기의 중요한 사업인 HDD 사업을 매각, 재매입, 재매각을 통해 변신뿐만 아니라 세계 굴지의 반도체 제조기업으로 거듭나는 필요한 자금을 조달하였다. 그 핵심 요인에 속도와 타이밍이 있다. 바람직한가의 여부를 떠나 세계의 기업과 산업의 모습과 내용, 특히 각종 순위는 계속 빠르게 변화하고 있다. 그 원인의 가장 첫 번째는 기술 변화이다. 아무리 크고 강한 자라도 기술 변화에서 앞서거나 따라잡지 못하면 밀리거나 궁극적으로 도태되는 과정을 보여 왔다.

포춘 500대 기업의 1990년에서 2010까지의 20년 동안의 잔존율(殘存率)은 24%에 불과하다. 같은 기간 한국 100대 기업의 매출기준 잔존율은 30%이다. 기간을 연장해서 1965년부터 45년간을 보면 잔존율은 12%로 낮아진다.[71] 비슷한 무렵 미국의 포춘 500대 기업의 50년 잔존율은 16%이다.[72] 여기에서의 메시지도 변화의 속도가 점점 빨라지고 있다는 점이다.

2015년에 존 체임버스 시스코 회장은 "지금 있는 기업의 40%가 10년 내 사라질 것이다…. 순식간에 일어나는 시장변화를 포착해서 빠르게 혁신하고 사업을 재발견해야 생존한다."고 주장했다.[73] 다시 말해 '생존을 위한 변화'를 강조하면서 '파괴할 것인가, 파괴당할 것인가'의 두 가지 길뿐임을 제시한 것이다. 여기서도 키워드는 변화의 속도가 된다.

같은 시스코 CEO의 인터뷰 기사[74]를 살펴보면 시사 하는 바가 많다. "경쟁 우위는 크기가 아니라 속도에 달렸다는 것이다. 시스코는 빠른 물고기처럼 시장변화를 앞서 예측했고 선제적으로 대응했다." 이의 실행을 위한 방법으로 샤크테일(Shark tail) 경영이 있다. 제품개발은 더 빨리, 조직 크기는 더 작게, 아이디어는 더 많이 하는 경영 방법이다.[75] 그 구체적인 예로 IBM은 시장조사를 없애고 디자이너를 현장 배치하는 변화를 시행했다.

경영학자 클레이턴 크리스텐슨은 기업은 항상 2가지의 도전에 직면한다고 주장한다; 1) 제품의 질 향상을 위한 존속적 혁신; 2) 기존의 제품이나 방법을 탈피하기 위한 파괴적(disruptive) 혁신이다.[76] 이 두 가지의 목적은 경쟁에서

71 한국경제신문 2013. 5. 22
72 조선일보 2007.12. 22-23, 조선비즈
73 중앙일보 2015. 06. 10
74 조선일보 2014. 12. 20-21
75 매일경제 2016. 01. 05
76 조선일보 제 26717호에서 재인용

이기기 위한 것이고 살아남기 위한 것이다. 그런데 이런 경우의 핵심도 속도이다. 경쟁자보다 늦거나 타이밍을 맞추지 못하면 모든 노력과 시도가 물거품이 된다. 위의 예에서 기업이 살아남기 위한 의사결정에서 속도가 얼마나 중요한 요소인가를 들어보았는데 통계적으로도 그 변화의 속도가 점차 가속화되고 있음을 확인하였다.

종래의 기업이 순위에서 밀리거나 사라지는 것은 새로운 기업이나 산업이 나타나기 때문이다. 대표적인 현상이 기업가치가 1조 원 이상인 유니콘이나 10조 원 이상인 데카콘의 부상 때문이다. 한 해외 통계 자료에 의하면 세계 유니콘 기업 보유 순위에서 한국은 11개로 10위를 기록하였다. 중국(2위)과 인도(3위)가 앞서고 일본은 13위이다.[77] 한국 중소벤처기업부 집계로는 18개라고 한다. 빠르게 변화하는 시장을 선도하는 역할이 더 필요할 것이다.

---

77 매일경제 2022.2.16. A1, A4

3-4 생산성의 의미 - 속도의 다른 표현

얼마 전까지 한국에서 생산성은 주로 제조업과 관련된 개념으로 좁게 인식되는 경우가 많았다. 예를 들면 단위 시간당 제조업 종사자의 생산량 또는 생산 단위당 비용 등으로 비교되는데 생산성이 유용하게 사용되었다. 두 방법이 결국 속도와 관련된 개념이다. 물론 국가의 산업구조와 수출 등에서 제조업 비중이 상대적으로 높고 고용 비중도 상대적으로 높아 어색하지 않았다. 그러나 지금은 산업구조에서와 생산, 고용, 교역 등 모든 면에서 서비스업으로도 불리는 3차산업의 비중이 훨씬 높아졌을 뿐만 아니라 과거보다 금융을 비롯한 서비스 산업이 전면 개방되어 국제 경쟁 하에 놓이게 되어 서비스 산업의 생산성 향상이 더 시급한 일이 되었다.

1990년대 말 이후 게임이나 각종 소프트웨어를 개발하여 경영에 접목하거나 시중에 출시할 때 기술에서는 후진국이지만 속도를 중시하는 한국식 방식이 빛을 발하기 시작했다. 예를 들면 게임물의 경우 일본 방식은 치밀한 계획과 검토, 준비를 거쳐 최초 제품을 출시하는데 3~4개월 이상이 소요되는 반면 한국 방식은 약간 엉성해 보이더라도 일단 빠르게 한 달 만에 출시하고 그 이후 시장에서 나타나는 문제들을 계속 교정하여 서너 달 이후에는 거의 완전한 형태로 상품화하기 때문에 상대적으로 긴 준비를 거쳐 처음 나온 일본 제품을 앞설 수 있었다.

세계의 게임시장에서 성패를 좌우하는 요인 중 출시 속도가 때로는 게임의 내용 못지않게 보다 더 중요한 요인임은 널리 알려져 있다. 비슷한 수준과 내용의 게임이 먼저 출시되어 성공하면 다른 유사한 게임은 개발비용과 기간에 관계없이 사실상 용도 폐기되는 과정을 밟는다. 즉 선점하지 못하면 후발 추격자의 신세가 될 수밖에 없다. 선점효과는 바로 속도 그 자체이다.

그런 맥락에서 이런 표현도 있다. "… 다이나믹 코리아로 불리는 우리 국민 특유의 역동성과 빨리빨리 문화는 일본의 매뉴얼 문화와 차별되는 경제 활력소이다…. 우리의 역동성과 빨리빨리 문화는 (일본의) 잃어버린 20년을 허락하지도 않겠지만 그 긴 시간을 참지 못할 것이다."[78] 물론 이 '빨리빨리'가 가속인가, 정속(定速) 아니면 감속인가에 대해서는 살펴볼 필요는 있다.

매뉴얼 방식이 오늘날 일본을 있게 한 큰 장점이었지만 이제는 반드시 유효한 것만은 아니다. "PwC 컨설턴트들은 '꼼꼼한 매뉴얼이 일본 기업의 강점이지만 임기응변이 약한 것이 단점'이라고 지적한다. 반면 삼성에 대해서는 '시장 트렌드를 빨리 읽고 시장 상황을 살펴 가며 연구개발(R&D) 속도를 조절한다'고 평가했다."[79]

이런 현상을 모든 부문에서 쉽게 일반화할 수는 없을 것이다. 예를 들어 정밀성을 가장 필요로 하는 제품생산에는 이 원리를 그대로 적용하기 어려운 대상이겠지만 적어도 ICT와 관련된 분야에는 속도가 절대적 경쟁력임을 나타내는 예가 될 수 있다.

중저가 스마트폰 제조사로 인식되던 중국의 샤오미가 단시간 안에 세계 굴지의 IT 기업으로 부상한 것도 속도 덕분이다. "샤오미 OS(운영체제)는 일주일마다 새롭게 업데이트된다. 이런 '말도 안되는' 속도전이 가능한 것은 '10만 명 개발팀'을 거느린 덕분이다."[80] 앞에서 예로 든 한국과 일본의 초창기 게임의 출시 속도와 유사한 경우가 될 수 있다. 약간 부족하거나 모자라더라도 경쟁력 있는 싼 가격으로 계속 개선하면서 속도를 내면 머지않아 앞선 자를 따라잡을 수도 있다.

---

78 하영구 은행협회장 인터뷰, 중앙일보 2016. 8. 11
79 매일경제 2012. 5. 19-20
80 조선일보 2015. 10. 22

물론 속도전에 부작용도 따른다. "'빨리빨리', '시키는 대로' 쪼아 대니 R&D 인재 한국 등진다."[81]라는 과거 신문 기사 제목과 같이 서두름에는 손실도 따른다. 또 서두름이 일 자체를 아예 망쳐 버릴 수도 있다. 속도의 부작용, 폐단 등은 뒤에서 별도로 다루게 된다.

한국의 제조업 여러 부문에서 생산성이 세계에서 뒤처지기 시작하고 있는 중이다. 이미 '속도의 경제'의 이점이 사라졌거나 사라지고 있다는 의미이다. 속도는 분명 상대적인 개념이므로 과거가 아닌 현재의 경쟁력인데 단위 시간 당 또는 단위 비용당 생산성이 상대적으로 뒤처진다는 것은 속도의 장점이 더 이상 없어진다는 경고이다. 그것은 개별 기업의 차원에서도 직접 확인할 수 있고 또 거시경제의 차원에서는 경제성장률이나 수출액 변화 등으로 살필 수 있는데 이미 경고등이 켜져 있음을 알 수 있다.

줄어든 시간의 기회비용은 계속 올라간다. 이것은 기술과 기능을 스스로 개발하거나 외국에서 수입해서 쓰던 간에 관계없이 시간이 절약되는 제품 사용이나 서비스 소요 시간과 비례해서 여가시간의 가치가 상승하기 때문이다. 그렇다면 여가활동과 관련한 가치가 올라가게 되고 기꺼이 더 비싼 가격으로 선호하는 여가활동을 위해 투자할 용의가 있음을 나타낸다. 좋은 문화, 예술 공연 같은 것의 관람 비용이 점점 더 값비싸지는 이유를 여기서도 찾을 수 있다.

---

81 조선일보 2016. 7. 28

3-5 유통 배달업, 소비생활의 변화와 K속도

속도는 물론 상대적 개념이다. 한국보다 더 빠른 나라가 생길 수 있고 기업이나 사회 시스템 등에서 더 빠른 경쟁자가 나타날 수 있다. 그러나 앞에서 또는 뒤에서 끊임없이 표현되는 대로 사람의 속도는 생활 환경적인 측면을 포함해서 일종의 타고난(intrinsic) 유전자적인 요인도 많다는 것을 부인할 수 없을 것이다. 특히 외국과 비교해 보면 '하지 않아서'가 아니라 '할 수 없어서'인 경우가 많다는 것을 여러 분야에서 발견할 수 있다. 이 특성은 다음 제4장에서 한국인의 유전적, 사회 문화적 관점에서 본 논의로 자세하게 다루게 된다.

지난 30여 년간 한국의 산업구조에서 가장 크게 가장 빠르게 변화한 부문이 서비스 산업이고 그중에서 특히 유통과 관련된 업종들이다.

<그림3-1> 국내 소매업태별 판매액지수(2015=100)

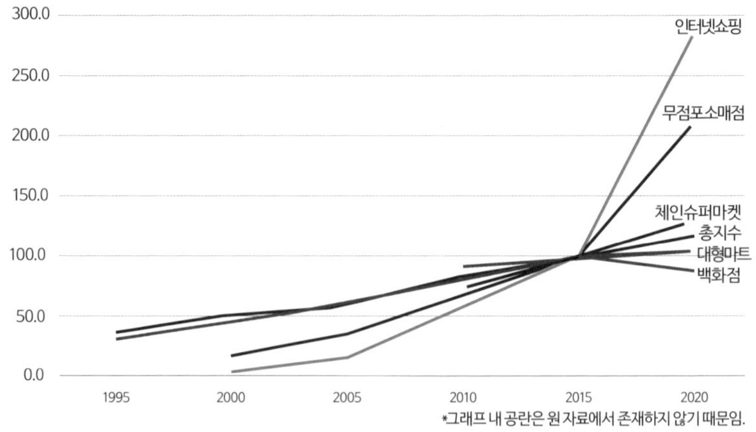

*그래프 내 공란은 원자료에서 존재하지 않기 때문임.

출처: KOSIS, 소매업태별 판매액지수, 2021.12.30.

변화의 양상과 그 속도는 그래프를 보면 확실히 느낄 수 있다. 소득 증가와 소비자 기호의 변화에 따라 각 업종의 부침이 큰 차이를 보이고 있다. 비교를 위해 통계작성 기관의 기준 년도인 2015년을 전후로 비교해 보면 전체적인 흐름에서 가장 크게 벗어나서 약진하는 업종이 인터넷 쇼핑과 무점포(비대면) 소매업이고 그보다는 정도가 약하지만 크게 신장하는 업종이 편의점, 그 가운데서도 체인편의점이며 특징적으로 고개를 들고 있는 것이 표에서는 나타나지 않는 승용차 소매업이다. 1995년부터 비교해 보면 인터넷 쇼핑은 아직 등장하지 않은 가운데서 편의점의 약진이 가장 두드러지며 이때까지는 무점포 소매업은 통계로 따로 분류되지 않을 정도로 미미하였다.

그와 반대로 점차 고개를 숙이는 것이 백화점과 대형마트, 전문소매점과 일반 수퍼마켓이다. 위의 배달 관련업과 편의점에 시장을 빼앗긴 결과이다. 모든 일이나 업종에 부침이 있으므로 당연할 수도 있으나 여기서도 주목해야 하는 점은 속도이다. 이런 추세가 계속되면 백화점의 절대적 및 상대적 위축은 필연적이다.

이런 결과에서 가장 특징적인 변화가 소비방식의 변화와 이에 대응하는 유통서비스업의 변화와 변화 속도이다. 물론 앞 두 가지의 인과관계가 바뀔 수도 있다. 소비의 첫 단계는 그 대상 물품이나 서비스를 주문하고 구매하는 것이다. 인류는 자기가 직접 만들지 않는 필요한 물건을 시장이나 상점(백화점이나 마켓)에 가서 둘러보고 골라서 사거나 교환(옛 시대의 시장 거래)해서 소비하는 방식으로 살아왔다. 인류 역사 이래 이런 방식이 기본이었다. 교통이 불편한 벽지나 오지에서는 동서양을 막론하고 방문판매가 있었지만 기본은 시장(주문포함)에서의 거래와 소비이었다.

역사적으로 보면 점차 시간이 상대적으로 귀해지고 교통수단과 우편제도 등이 발달하면서 배달제도가 개발되었으나 비용과 신뢰성, 소요 시간 등 고려할 사항이 많아서 소비생활의 일상적 방식으로 발전되지는 않았다. 예를 들면 20세기에 들어와서 미국 대학 캠퍼스를 중심으로 하는 피자 배달(도미노피자)이 개발되었으나 이런 방식이 다른 부문이나 업종으로 확산되지는 않았다. 기회비용과 거래비용으로 풀어보면 쉽게 이해할 수 있다.

빠른 소비행태의 변화나 온라인에 의한 배달방식 변화의 어느 것이 어느 것에 영향을 주는 가에 대한 인과관계나 선후 관계를 따질 것 없이 이 두 가지는 서로 영향을 주고받으며 중국을 비롯한 세계 여러 곳에서, 특히 한국에서 가장 빠르게 성장, 발전, 변화하고 있다. 그에 따라 2021년 현재 온라인에 비해 매출이 2배 수준이지만 오프라인 매장의 매출은 하락세를 이어가서 온라인에 3년 뒤에는 역전당할 것이라는 전망[82]도 있다. 한국에서만 있는 현재까지 상상할 수 없었던 빠른 속도이다.

2021 플랫폼 종사자 규모와 고용실태(고용정보원)의 보고에 따르면 한국 15세~69세 까지의 취업자의 8.5%인 220여만 명이 플랫폼 관련 종사자인 것으로 나타났다. 플랫폼을 하나의 광의의 산업으로 분류한다면 플랫폼 관련업이 한국 최대의 산업 중의 하나로 등장한 것이다. 한 나라의 산업구조는 속성상 급하게 변화하는 대상이 아니다. 그래서 다시 한국이 예외적인 경우로 분류될 수밖에 없다.

이런 변화를 선도, 유도하거나 뒷받침하는 것은 물론 IT기술과 디지털 기술이다. 신속성, 편의성, 시의성, 경제성을 모두 갖춘 이런 기술은 한국의 소비방식 및 행태의 변화와 유통산업의 기능과 역할을 바꾸면서 공진화(共進化)하고 있다. 그래서 '시간'이 구체적 상품 형태로 시장에서 거래되는 형태로 발전하고 있다.

---

82 리더스 경제 21. 5. 31. 5

(1) 배달서비스의 발전 과정과 속도

좀 더 구체적으로 살펴보면 소비와 물류는 거래비용과 기회비용을 수반하므로 아마도 원시시대부터 배달서비스는 존재했을 것으로 추측한다. 제도적으로 배달서비스가 시작된 것은 발에 의존하는 인력을 이용하는 것으로부터 시작하여 강과 바다를 운행하는 선박은 물론 말이나 소를 이용한 배달, 역마차, 우편제도 등의 확립에서 찾을 수 있고 사적, 개인적 배달서비스는 그 훨씬 이전부터 이용되었을 것이다. 비둘기 등의 동물이나 봉화를 이용한 통신수단도 정보의 전달이라는 면에서는 같은 범주로 분류할 수 있다.

지금과 같은 형태의 상업적 배달서비스는 일종의 퀵서비스 개념으로 뉴욕의 월스트리트를 도는 도보 서류배달부터 일본에서의 오토바이 택배로까지 발전하였고 최근 20여 년 전부터 급속하게 발전하고 전 세계적으로 급속하게 확산되었다. 20세기 이후 상당 기간 동안 미국의 국영 우편시스템으로 우편배달의 독보적 존재이었던 UPS(United Parcel Service)와 민간 배달 전문 기업인 DHL이 미국과 세계의 배달서비스의 강자로 군림했는데 항공수송의 강점과 자체 물류시스템이 큰 경쟁력을 발휘하였을 것이다.

그 이후 새로운 전자통신 시대를 맞아 지금은 세계 최대 온라인 종합 유통 기업으로 성장한 아마존이 서적 배송으로부터 시작하여 전자상거래의 최강자 중 하나로 군림한 것과 중국의 알리바바가 광군절 등을 이용해서 세계 전자상거래 업계의 새로운 중심으로 등장한 것은 여러 형태의 신생 업체와 많은 성공 사례들 가운데 하나이다.

역사적으로는 유통에서의 전통적인 물류 방법이 발전해서 오늘날의 배달 시스템으로 진화했음은 말할 것도 없다. 그러나 2021년 현재 세계를 강타하고 있는 배달서비스는 여러 면에서 과거로부터의 확대된 연장선이라기보다는 새로운 산업 분야로 자리매김 하고 있는 중이다. 이제는 전자상거래가 중심이 된 온라인 마켓이 종래의 오프라인 마켓을 빠르게 잠식하고 있고[83] AI, 3D나 VR을 이용한 기술이 종래의 온라인 시장의 약점을 보완하므로 예상보다 더 빠르게 위치가 역전되고 있다. 따라서 온라인 유통과 배달서비스는 동전의 앞, 뒷면과 같은 역할과 기능으로 밀접한 상호 보완관계로 변신 중이다.

온라인으로 판매되는 상품에서 제품의 질, 다양성, 가격경쟁력, 마케팅과 대금지불 방법 등의 차이가 경쟁력의 요소가 되지만 가장 강력한 경쟁 수단은 배달소요 시간이다. 초기의 주문 후 상당 시간에서, 획기적으로 2~3일 내의 배달 시간으로 단축되고 다시 24시간 이내로 앞당겨지는 소위 '로켓배송'이 새로운 경쟁력의 수단으로 등장하였다. 그보다 더 시간이 단축되는 현상이 국내외에서 진행되고 있다. 한국에서는 쿠팡이 선도적으로 시작하였는데 경쟁업체가 이를 따라 하지 않을 도리가 없을 것이다. 쿠팡은 2022년 현재도 대규모 적자를 기록하면서도 시장 점유율 확대로 경쟁력을 키워나가기 때문에 단순히 무모한 방식으로만 치부할 수는 없다. 미국 뉴욕 증시에 직접 상장한 것도 잠재력을 인정받기 때문일 것이다.

쿠팡이 취하는 다음 단계의 방식은 단순히 상거래를 중개하고 배달하는 방식에서 나아가 거래비용과 거래시간을 줄이기 위해 아예 상품을 직매입해 새벽이나 당일에 배송하는 것이다. 이런 방식을 위해서는 각 중심지역에 대규모 물류센터가 세워져야 하고 대규모 투자가 필수적이다. 유통산업의 구조적 변화를 불가피하게 선도하고 있다.

---

83 2017 연말연시 쇼핑시즌에 미국인들이 온라인에서만 1,000억 달러를 썼고 전체 소매 매출에서 온라인 매출비중이 10%를 넘어섰다는 통계도 있다. 조선경제 2018. 1. 17. B7

이렇게 보면 전국적인 배달시장도 몇 개의 공룡과 같은 기업에 의해 분할 지배되는 구조가 되는데 장기적인 관점에서 산업정책과 소비자 후생에 관련된 문제도 짚어야 할 과제가 된다. 그러나 경쟁이라는 관점에서 보면 살아남는 것이 곧 이기는 길이고 속도의 경제가 규모의 경제를 필연적으로 요구하는 측면이 있음도 간과할 수 없다. 현대 서비스 산업의 특징으로 간주할 수 있는 요소이고 다양한 분석과 검토가 필요한 부분이다.

쿠팡의 비즈니스 모델은 아마존 따라하기와 같은데 직매입 방식을 통한 소매시장 장악에서 뒤에서 설명하는 물류 서비스 대행업인 풀필먼트 서비스까지로 확장하고 있어 다음 단계로 어떤 변화가 일어날지 예측하기 어렵다. 한국 쿠팡은 미국 쿠팡LLC에 의해 소유된 기업인데 국내 온라인 유통업이 이미 세계와 연결되어 경쟁하고 있음을 인식할 필요가 있다.

앞에서 지적한 대로 주목해야 할 산업구조의 변화 양상과 추이를 유의할 필요가 있다. 과거에는 배달이나 배송 또는 물류는 유통의 파생기능 중의 하나이었다. 그런데 이제는 배달업이 역으로 유통업 자체를 잠식하여 지배하는 구조로까지 발전하였고 더 나아가면 그 이전 단계인 상품 생산이나 제조에도 관여할지도 모른다. 이것도 방향 자체를 바꾸는 속도가 관건이 될 것이다. 실제로 노조원 숫자로 치면 카카오 모빌리티와 티맵이 대리운전노조와 협상 대상으로 인정되면 한국 최대의 고용자가 된다.[84]

온라인 쇼핑과 배달서비스 또는 택배를 급속하게 확산시킨 가장 결정적인 요인은 무엇보다 통신수단의 급속한 발전이다. 앞서 소개한 용어를 사용하면 매장에 가거나 원하는 물건을 고르고 주문에 소요되는 시간과 노력, 즉 거래비

---

84 매일경제 2021. 11. 10. A20

용과 기회비용을 이제는 실시간으로 줄여 시간과 노력 비용이 거의 들지 않게 된 데 있다. 전화가 없던 시절에는 주문을 하더라도 판매처에 직접 가서 할 수밖에 없으므로 배달이 큰 의미가 없었다. 그 후 우편이나 신문광고 등으로 카탈로그나 신문, 전단지를 받은 후 우편이나 유선전화로 주문한 후 다시 배달을 기다리는 경우를 생각해보면 지금과는 비교가 되지 않는다. 따라서 통신수단의 발전이 유통과 소비방식을 결정적으로 바꾸는 도화선이 되었다고 볼 수 있다. 한국의 배달앱 시장이 최근 5년 새 10배 성장한 것이 그 증거의 하나이다.

(2) 거래와 소비행태의 변화

1) 직접, 대면 방식에서 간접, 비대면 방식으로의 빠른 속도의 변화이다. 물론 손으로 직접 접촉하는 것을 빼면 가상공간에서의 구경, 검토, 시험 등이 가능하므로 완전히 분리된 방법은 아니다. 그러나 과거의 인쇄된 카탈로그에 의한 우편 구매 방식 등과 비교하면 월등하게 진화한 방식이다.

2) 빅데이터와 인공지능이 '나 보다 나를 잘 아는' 시대를 만들어 내가 고심할 것도 없이 판매자가 나의 원하는 것과 취향을 알아서 고르고, 알아서 갖다 주는 방식으로도 진화하고 있다. 소위 구독경제(Subscription Economy)의 출현인데 이런 현상은 편리함과 거래비용의 차원을 떠나서 인공지능에 대한 인간의 자발적인 예속화의 길로 발전될지도 모른다. 패션 온라인 몰에서의 AI코디도 같은 차원이다. 믿고 맡겨버리면서 종국적으로는 예속되어 버리는 방식의 단초가 될 수도 있다. 일부 대형마트는 주문자 대신 식재료를 고르는 전문가(픽커picker)를 고용하여 서비스한다. 빅데이터와 AI에 의해 본인의 기호와 취향을 미리 알려주는 것과는 다른 차원에서 기회비용과 거래비용을 절감해 주는 방식이다.

3) 내가 갖거나 쓰고 싶은 물건이나 서비스 또는 정기적으로 필요한 것들을 직접 소유하지 않아도 또는 주문하거나 사러 가지 않아도 때에 맞추어서 미리 알려주거나 아예 주문하고 공급까지 해준다면 기막힌 서비스이자 생활의 도우미가 될 것이다. 경제학이 학문으로 발전하던 초기에 설득력 있게 나왔다가 그 후 별로 공감을 얻지 못하고 뒤로 밀려나 있던 '공급이 수요를 창출한다'는 '세이(Say)의 법칙'이 200년 넘게 지나 완벽하게 부활하는 경우이다. 맞춤형으로 알아서 선제적으로 공급하면 수요가 뒷받침하는 방식이다. 물론 대전제는 지불 능력 다시 말해 경제적 능력의 구비이다.

4) 아울러 직접 구매나 판매라 하더라도 과거의 대면 거래 방식이 점차 사라지거나 줄어들고 판매원이 없는 무인점포화 현상의 도입과 가속이다. 이것은 판매자에게는 비용 절감을 위한 불가피한 선택의 측면이 있고 결과적으로 구매자에게도 여러 가지 이득이 있으므로 필연적으로 더 진화할 것이다. 보안기술이 빠르게 발전하고 있으므로 더 확대가 가능하고 경제원리 상 불가피한 측면도 있으나 인간의 '제 살 깎아먹기'의 결과로 귀결될 수도 있다. 이런 현상은 소비자 또는 구매자보다는 판매자 또는 공급자에게 더 절실한 문제이다. 소비자는 개별 판단이나 선택의 문제이지만 공급자는 경쟁에서 이겨야 하고 결과적으로 자신이 살고 죽는 문제로 귀결되므로 경쟁자보다 더 빠르게 대응하고 변화 해야 되기 때문이다. 이런 변화와 혁신이 소비를 촉진하는 결과를 보이는 경우도 많다.

5) 각종 공유서비스도 당연히 구독 서비스의 한 형태가 되며 자동차의 경우도 차종별, 기간별 선택 임대와 같은 방식으로도 계속 진화하고 있다. 비싼 미술 작품을 기간별로 바꾸면서 임대 해주는 서비스도 같은 범주에 속한다고 볼 수 있다. 소유자의 영구 소유나 일정 기간 동안의 소유냐의 차이와 시간에 따른 가치상승 또는 하락에 대한 사회적 또는 개인적 평가가 이 서비스의 발전

속도를 결정할 것이다.

6) 이렇게 되면 전통적인 결혼생활의 방식과 배우자와의 역할 분담에서 과거 내외가 나누어 수행하던 기능 중 일부분이 다른 방식으로 대체되는 방향으로 변화가 진행되고 있는 것과 같은 결과를 초래할 수도 있다. 이런 변화가 결혼 연령의 상승, 독신가구 비율 증가, 이혼율 상승 등에 직접, 간접적 요인으로 이미 작용하고 있는지도 모른다.

7) 구독 서비스의 경우도 한국이 원조(元祖)는 아니다. 그러나 이런 방식은 지금도 개발과 응용단계이므로 다른 경우와 마찬가지로 관련 기술을 바탕으로 속도감 있게 또 혁신적으로 국내에서는 물론 세계와도 경쟁할 수 있는 것이다. 여기서 관심의 초점은 한국식(K) 온라인 쇼핑이나 구독 서비스 방식 등이 국내를 넘어 세계 전체를 대상으로 하면서 오히려 선도자 역할을 하는 단계로 발전할 것인가의 여부이다. 그 특징과 경쟁력의 원천이 속도임은 다시 말할 필요가 없다.

(3) 배달업의 급성장

한국에서 가장 빠르게 성장하고 있는 배달(산)업이 극명한 예를 제공한다.

1) 더 빨리 배송하기 위해 온갖 수단과 방법을 사용한다. 특히 주문과 배송 사이의 시간을 줄이기 위해 '한 번에 한 건만' 등 경쟁 수단을 다양화한다. 배달원은 구조상 시간과의 전쟁을 하고 있으므로 위험을 스스로 감수한다. 배달 시간은 경쟁적으로 짧아지고 있어서 주문 후 24시간 이내인 로켓배송, 전날 밤에 주문하면 새벽에 신선식품을 배달하는 새벽 배송, 근거리에서 주문 후 15분 내에 배송하는 등의 속도 경쟁이 치열하다. 이렇게 되면 소비자가 실제로

가게에 가서 물건을 사서 가져오는 경우보다 시간도 덜 드는 경우가 되므로 자신이 실제로 지불하는 비용이 거래비용을 더한 가격보다 오히려 싸게 되므로 앞으로의 성장 가능성도 크다.

2) 경쟁은 계속 발전되는 형태로 나타난다. 당초의 주문 음식 배달에 더하여 각종 물품을 같이 배달하는 것과 조리된 음식 배달을 넘어 자연스럽게 식재료 배달로 진화하고 있다. 신선 식재료 배달은 일반 상품과는 달리 재료의 신선도나 개별 소비자의 기호와도 직접 관련되는 민감한 면이 있는 까다로운 품목인데도 불구하고 서비스가 확대되고 있다.

3) 참고로 한국의 신선식품 새벽 배송은 앞서 미국 아마존이 성공하지 못한 미지의 영역이다. 아마존은 이미 지난 2007년 연회비 299달러를 내면 신선식품을 바로 집 앞까지 배송해 주는 사업(아마존 프레시)을 앞서 시작했지만 제대로 해보지도 못하고 접었다. 이후 2017년 10월 이번에는 집 안까지 물건을 배달하는 '인-홈 딜리버리(In-Home Delivery)'를 도입했지만 보안 문제 등으로 주목받지 못했다.[85] 어떤 아이디어와 실제 세상에서의 적용은 또 다른 차원이다. 이런 방식은 어쩌면 한국에서만 성공적으로 가능한 방법일지 모른다.

4) 식재료는 조리와 관계되므로 당연히 배달 속도와 도착시간의 타이밍이 중요한 경쟁 요소가 될 것이다. 누구에게나 아침 시간이 하루 중 가장 바쁜 때이므로 신선한 식재료가 새벽에 주문자의 문 앞으로 배달된다면 더 경쟁력이 생길 것이다. 그 상황에 맞추는 여러 요인 중에서 마지막 주문 가능 시간과 적기에 도착하는 배달 속도가 관건이 된다. 전날 자정까지 주문과 다음 날 새벽 배송으로 경쟁이 이루어짐은 한국에서는 당연하기도 하고 가능한 방법이다.

---

85 시사저널(http://www.sisajournal.com) 2019. 04. 04

5) 마켓컬리가 식재료 새벽 배송의 대표주자인데 예외 없이 가파른 성장곡선을 나타내고 있다. 다른 대형 업체들과 대형마트 들도 당연히 이 시장에 뛰어들고 있다. 유통과 소비의 변화를 극적으로 보여 주는 또 하나의 예가 된다. 마켓컬리를 비롯한 쓱닷컴 등도 주식시장에 상장을 준비하고 있다고 한다.

식재료를 주로 배달하는 새벽 배송에서 이제는 샌드위치 등 아침 식사 꺼리나 제품을 배달하는 단계로 발전하고 있는데 한국의 인구구조 변화, 특히 1인 가구의 증가 추세와 맞물려 모든 식사를 외식이나 배달로만 해결하는 경향으로 나타날 수 있고 또 그 속도에 주목할 필요가 있다. '한강에서 자장면 배달시켜 먹기'가 어떤 외국인들의 버킷 리스트에 오를 정도로 한국은 확실히 배달 강국임을 나타내는 예이다.

6) 온라인이 오프라인 방식과 결합하여 재고 처리를 하는 방식도 나왔다. 2021년 말 현재 마켓컬리, 쓱담컷, 오아시스의 3대 새벽 배송 업체 중 오아시스만 흑자를 기록했는데 새벽 배송에서 생기는 재고를 동네 생협 매장에서 할인 판매하는 방식으로 처리하기 때문이다. 이 방식을 '양손잡이 전략 (Ambidextrous Strategy)'라고 부르는데 속도의 경제 차원에서 생각하면 된다.[86] 기존 마트가 배달방식을 이용하는 것과 원리상으로 다를 바가 없다.

7) 더 빠른 배송 경쟁을 위한 물적 준비 중 가장 필요한 요소는 물류 장소와 시설 등의 인프라이다. 보통 생각되는 일반적 물류창고의 확보만으로는 배달 시간을 줄이는 경쟁력을 충족할 수 없어 기존의 마트를 사용하기도 하고, 경제적 원리상 한 업체만의 물류가 아닌 공동사용 등으로 일정 지역을 담당하는 풀필먼트(fullfilment) 서비스는 물론 곳곳에 입지한 주유소, 편의점까지 활

---

86 조선일보 2021. 12. 30. B4

용된다. 이런 방법은 빅데이터에 의해 정보가 쌓여서 사전에 수요에 대한 예측이 되기 때문에 현실적으로 활용 가능해진 것이다.

CJ대한통운의 e-풀필먼트 서비스는 경기도 광주 곤지암에 메가 허브 센터를 2018년에 개장했다. 2~4층 연 면적이 국제규격 축구장 16개와 맞먹는 규모의 대형센터이며 컨베이어벨트의 전체 길이는 43km에 달한다. 계약된 회사 전자상거래 주문품은 포장되어 센터 아래층의 터미널로 보내지고 소비자가 사는 지역의 서버 터미널로 옮겨 택배 배송한다. 이 시스템은 전날 밤 12시까지 주문해도 다음 날 배송된다. 속도와 비용 절감을 원하는 니즈 해결을 위한 비즈니스 모델이다.[87] 다른 유통 공룡들도 이 사업에 참여하기 시작하였다. 이런 방식도 한국이 처음 시작은 아니지만 재빨리 따라가며 더 나은 방법으로 발전시키는 예의 하나이다. 한국의 사회경제 여건이 뒷받침되어 있기 때문에 이런 발전이 가능함은 말할 것도 없다. 거대 플랫폼 기업은 자체 풀필먼트 시설을 가지기 시작했다.

8) 기존의 배달 라이더 외에도 편의점을 중심으로 하는 동네 도보 배달, 야쿠르트 아줌마의 활용 등 각가지 방법으로 시간과 비용을 절약한다. 로봇이나 드론을 이용하는 방법도 국내외에서 실제로 이용되고 있는데 경쟁력이 있다고 판단되면 한국의 속도가 빠르게 작용할 것이다.

---

87 매일경제 2020. 08. 05 . A18

음식 배달의 추억

영업적인 음식 배달은 사실상 한국이 원조(?)임을 주장할 수도 있다. 일제 강점기에 서울의 일류 요리점이 요리상 출장 배달서비스를 한 기록이 있고 중국식 음식점이 배달서비스(철가방)를 해온 것은 한국인 모두가 경험해 오고 있는 일이다.

옛날 중국 음식점은 지금과 달리 자장면 주문을 받으면 반죽부터 시작해서 면 가락을 뽑고 이어서 조리를 하는 방식이었으므로 기다리는 시간이 많이 소요되었다. 당시 데이트 장소로 마땅한 곳이 거의 없었으므로 중국집이 최적이라는 말이 자연스러웠다. 따라서 주문은 직접 가서 하더라도 완성 후 배달을 받는 것이 시간상 유리하였다. 생산자와 소비자에게 다 좋은 방법이었다.

물론 다른 한식 음식점도 때로 중국식과 마찬가지 배달서비스를 시도했으나 별로 성공한 경우는 아니다. 특이한 예로 자리를 뜨기 어려운 재래시장 상인의 점심 식사를 위해 음식을 머리에 이고 날랐던 배달서비스는 꽤 오래된 방식인데 이것도 빠트리지 않고 기록해 둘 일이다. 기회비용과 거래비용을 줄이는 방식이 오래전부터 개발된 것이다. 동시에 국이나 국물음식이 선호되는 한식 상차림도 당시에 도시락보다는 배달을 더 선호하는 데 영향을 끼쳤을 것이다. 물론 그보다 훨씬 오래전부터 농번기 일터에 집에서 배달하는 점심과 새참이 한국식 배달의 원조라고 주장할 수도 있다.

9) 한국의 온라인 쇼핑은 근래 엄청난 속도로 증가하고 있다. 디지털화의 영향이 촉진한 결과이기도 하지만 생활습성에 맞기 때문에 촉진된 측면도 있을 것이다. 품목별로는 음식료품이 으뜸이다. 통계청 자료로 본 2017년에서 2021년까지의 최근 4년간 음식료품 온라인 쇼핑은 그림3-2에서 보는 대로 10배 가까이 증가했다. K속도와 가속도이다.

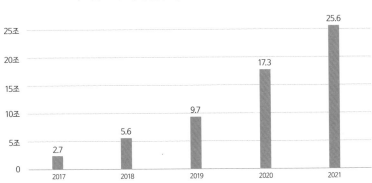

〈그림3-2〉 국내 음, 식료품 온라인쇼핑 거래액

출처: KOSIS, 소매업태별 판매액지수, 2022

한국인의 식사 습관도 속도와 관련이 있다. 통계청이 발표한 자료를 보면 2014년 한국인이 식사에 쓴 평균 시간은 1시간 20분으로 한 끼니에 30분이 채 되지 않는다. 또 식사를 준비하는 시간도 점차 줄어서[88] 준비하는 시간과 수고를 절약하고 동시에 식당을 오가는 시간을 줄이는 대표적인 방법이 배달 음식이다.[89] 한국의 온라인 음식 배달서비스 시장 규모는 2021년 25.6조 원에

---

88 2019년 국민건강영양조사 조사에서는 외식하는 비율이 전년 대비 6.5% 증가한 31.7%를 기록했다.
89 음식배달은 상당한 역사를 가진 비즈니스이다. 해방 후 중국 음식점들은 배달서비스를 일찍부터 도입해서 주문 음식을 소위 철가방에 넣어서 도보로 배달했다. 물론 식사가 끝났을 때 다시 가서 빈 그릇과 대금을 받아오는 왕복 서비스였다. 전화가 귀한 시대이므로 주문도 수요자가 음식점에 가서 직접 해야만 했다. 인력은 남아돌고 인건비는 낮으므로 가능한 방법이었다. 전화가 대중화되고 자전거 이용되면서 배달범위가 자연스럽게 확장되었고 1회용 그릇이 보급되면서 배달도 수금과 더불어 1회로 줄어들었다. 오토바이가 교통수단으로 널리 사용되면서 배달은 보다 광역화, 보편화되기 시작하였다. 국물이 있는 한식은 배달이 어려운 탓으로 중국음식과 같은 배달 서비스가 일찍 도입될 수 없었다. 그러나 시장과 같이 수요자가 밀집되어 있고 자리를 비울 수 없는 고객들을 위해 밥집이 식사(점심)배달을 하는 시스템은 일찍부터 있었다.

달한다. 스마트폰에 배달앱을 깔고 언제 어디서나 터치 한번으로 음식을 배달해 먹는 배달앱 시장은 독보적으로 급성장하고 있다.[90] 그에 더하여 코로나 전염병 사태 때문에 비대면 접촉이 일상화되면서 음식 배달은 더크게 늘어나게 되었다.

음식 배달시장에서도 속도가 가장 큰 경쟁력이다. 특히 배달은 처음에는 음식점 자체적으로 이루어졌으나 지금은 거의 모두가 배달 대행 시스템을 활용하고 있고 배달자의 소득은 배달 건수에 달려 있으므로 오토바이를 이용하는 배달자들은 자신의 안전과 도로 교통질서를 도외시한 채 도로 위를 질주하는 무법자가 되어간다는 우려도 있다. 배달 운전자에게는 명실공히 시간이 돈(속도가 경쟁력)이므로 위험을 스스로 감수해 가면서 주, 야의 시간 구별 없이 도로를 질주하고 있다.

이 속도는 비단 운행 소요 시간뿐만이 아니다. 경쟁적으로 먼저 배달 주문(콜)을 접수하기 위해서 2개 또는 그 이상의 휴대폰을 가지고 있는 경우도 많다. 경쟁의 우열은 속도에서 결정되므로 가능한 수단과 방법이 강구되는 것이다. 나아가서 배달 시간을 절약하고 경쟁력을 높이기 위해 배달앱 운영자가 실시간 교통상황을 파악하여 여러 건의 배달지까지의 최적 경로를 알려주고 지시하는 단계로도 발전한다. 배달 생산성을 높이기 위한 수단이다.

---

90 중앙일보 2015. 10. 06

(4) 산업 및 산업구조의 변화

배달이 포함된 유통업은 세계와 한국 산업구조에서 역사적으로는 가장 오래되었지만 사실상 새로운 모습으로 변신하는 분야이다.

1) 2021년 3월 뉴욕증시에 상장한 쿠팡의 시가총액은 신세계·이마트·현대백화점·롯데쇼핑의 7배에 달하는 100조4,000억 원이었다. 쿠팡 외에도 배달의 민족, 마켓컬리 등 여러 배달 전문 업체들을 포함한다면 한국 유통업의 모습과 산업 내외에서의 위상 변화를 실감할 수 있다. 시가총액은 국내외 투자자들의 예상과 기대를 반영하는 하나의 지표가 되므로 앞으로의 변화 속도를 짐작하게 한다.

2) 당연히 기존 백화점이나 마트도 변화에 민감하게 반응할 수밖에 없다. 유명 백화점들도 반찬가게의 설치는 물론 식음료 배달서비스를 시작했다. 정기적으로 주 1회 반찬을 골라서 배송하는 구독서비스까지 시작했다. 업종이 전혀 다른 한국의 통신3사도 이런 변화를 외면할 수 없어서 매달 일정한 구독료를 받고 여러 가지 서비스를 제공하는 구독 형태로 사업을 변화시키고 있다. 그래서 백화점이나 기존의 마트는 플랫폼에 의한 유통업의 변화에 고전하면서 변신을 모색할 수밖에 없을 것이다.

3) 기존 유통업에서의 변화와 변신의 대표적인 경우는 편의점의 기능과 역할이다. 편의점의 과거 모습은 동네마다 있던 소위 '구멍가게'이었다. 이제는 장보기와 가전 구매, 택배, 보험 신청 등 오프라인 유통의 중심으로 변신하고 있다. 앞서 소개한 대로 배달사업의 거점 역할, 네이버나 카카오와 제휴한 결제와 판매, 보험 가입, 통신업체 민원대행 등 위치와 입지의 편의성을 이용한 역할과 기능으로 영역이 확대되고 있다. 물론 지역 내의 개인이 가지고 있던

과거와 달리 대기업에 의한 소유구조 형태, 시스템적인 운영 방법에 의한 효율성의 이점 등도 고려해야 한다.

4) 기능상의 장점보다 더 먼저 지적되어야 할 점은 편의점 숫자이다. 2020년 말 기준 편의점 숫자는 47,884개로 인구 대비 1,082명당 한 개다. 도시의 경우는 집 밖으로 나서면 편의점이 있는 셈이다. 한국보다 편의점이 먼저 발달한 일본의 경우 편의점 숫자가 55,924개로 한국보다 많지만 인구 대비로는 2,253명당 하나이어서 한국이 2배나 촘촘하다.[91] 일본의 선례로 보아 공공기관 업무 대행 등 사회 인프라로서의 기능뿐만 아니라 생활 서비스 기능으로 영역이 확대될 가능성도 있다. 예상을 뛰어넘는 변신의 연속이다.

5) 온라인 유통이 오프라인을 넘어서는 현상은 미국에서도 일어나서 예상보다 빨리 2021년 상반기에 아마존이 미국 최대의 유통업체인 월마트의 매출을 넘어서는 기록을 보였다.[92] 매출 규모 면에서는 중국의 알리바바가 아마존의 2배가 되므로 알리바바가 세계에서 제일 큰 온라인 유통업체인 셈이다. 여기서도 변화의 추세와 속도가 관심의 대상이 된다.

---

91 조선일보 2021. 5. 17 A6
92 조선경제 2021. 8. 19. B2

(5) 일터의 변화, 속도가 가져오는 혁신

고용과 일자리 등 산업적인 측면에서도 당연히 배달 관련 업종의 비중이 증가하고 직접 또는 대면 유통 업종의 비중이 감소하고 있다.

1) 조선일보가 조사한 2020년 3월부터 2021년 3월까지의 사업장 국민연금 가입자 수 증가상황을 보면 증가 상위 20대 업체의 1위와 2위는 쿠팡 관련 회사이며 3위 삼성전자 뒤의 4위도 마켓컬리이다.[93] 이 배달 관련 3개 사의 비중이 50.8%로 과반이다. 상위 20개사 중 제조업은 3개이며 그 합계의 비중은 16.6%에 불과하다. 2020년 동안 국민연금 가입자 수가 5,000명 이상인 기업 103곳의 가입자 수는 거의 변동이 없었다. 고용 측면에서의 한국 산업구조 변화의 한 모습이며 속도를 더 주목해야 한다.

2) 한국노동연구원의 분석에 의하면 2020년 기준 플랫폼을 이용해 배달·운송업을 하는 근로자는 114,000여 명으로 추산되고 전업이 아닌 아르바이트 형태까지 포함하면 연 20만 명으로 추산한다. 시장 규모 증가에 따른 종사자 수의 증가 의미이다. 집계하는 방식에 따라 각 업체가 이용하는 배달원으로 단순 계산하면 훨씬 많은 숫자가 될 것이다.[94] 이런 변화는 연관산업에도 당연히 영향을 미쳐 일 차로 스쿠터, 전기 자전차 산업에 긍정적인 영향을 주고 있다.

3) 고용정보원의 2021년 조사에 의하면 한국 15세에서 69세까지의 취업자의 8.5%인 약 22만 명이 플랫폼 산업에 전업 또는 시간제 등으로 일하고 있다. 플랫폼을 산업으로 분류하면 한국 최대 산업의 하나임에 틀림없을 정도로 급속 성장했다.

---

93 조선일보 2020. 6. 1 A6
94 매일경제, 매경포커스21. 8. 27 A32

4) 근로형태의 변화도 맞물려서 유통·배달업이 원할 때 편리한 시간에만 일하는 방식인 긱 이코노미(Gig Economy)로의 변화를 선도하는 대표적 업종이 되었다. 이것은 전통적인 고용과 근로의 의미와 내용을 바꾸는 중요한 실험적 변화인데 한국이 앞서가는 경우로 볼 수 있다.

5) 빅데이터가 배송기업의 효율성을 높여 주는 것은 따로 설명할 필요가 없지만 배달업의 경우에는 개별 라이더에게도 도움이 된다. 배송 대행 스타트업 메쉬코리아의 '부릉' 서비스는 배달 노선의 중복 지정을 피하면서 개별 배달자의 동선에서 최적 경로를 지시하고 주차 방법까지 고려하면서 여러 건의 배달이 가능하도록 빅데이터가 처리하는 앱을 개발하여 오토바이 배송 기사의 소득을 평균 40% 증가시키는 경우이다.[95]

6) 한국 플랫폼 기업들이 한류 물결을 타고 점차 소비력이 커지는 동남아시장으로 영역을 넓히고 있다. 예를 들면 태국에 진출한 라인맨은 현지 1위 배달 플랫폼이다.[96] 각종 한류의 영향 외에도 편의성, 계산대 통과 속도 등 한국식 경쟁력이 작용해서 성과를 거두고 있다.

한 가지 더 주목해야 할 현상으로 한국의 밀레니얼 세대나 Z세대 외에 그보다 더 나이 든 세대들이 새벽 배달시장에 참여하는 점이다. 오팔(OPAL) 세대, Old People with Active Lives, 로 명명되는 50~60대 들도 이런 디지털 플랫폼을 이용하는 생활 방식에 적응하고 있다. 코로나 사태가 이를 촉진하는 요인이지만 비대면 구매와 소비방식이 광범위하게 보급되면서 일상 생활화하고 있다는 점은 속도의 한국임을 확실히 말할 수 있다.

---

95 매일경제 2019. 11. 6 A4 세상을 바꾸는 빅데이터
96 매일경제 2020. 4. 28 A4 K플랫폼 동남아공략

기술, 사회 구조와 변화 속도, 적응력 등 많은 요인과 더불어 넓지 않은 국 토에 인구가 밀집되어있는 여건으로 인해 한국이 위의 배달, 유통 분야에서도 다른 나라에 뒤지지 않고 오히려 앞서갈 것임을 단언할 수 있다. 여러 번 반복 해서 말하는 것이지만 한국이 좀 뒤늦었거나 비슷한 상태나 여건에서 시작하 는 경쟁이라면 특유의 경쟁력으로 얼마든지 따라가고 앞설 수 있는 또 하나의 분야가 온라인 배달 관련업이며 그것이 바로 K속도이다.

다시 강조하자면 물류 배달업과 음식배달업에서 한국은 분명히 퍼스트무버 (first-mover)에 속한다. 가장 앞선 최초의 개척자가 아니라 하더라도 비슷한 여건과 상황이라면 더 빨리, 더 혁신적으로 움직이는 경우로 볼 수 있다. 비슷 한 조건에서의 시작이라면 더 경쟁력을 가지는 분명한 경우이다.

3-6 유통과 서비스 산업에서의 한국(인)의 경쟁력 분석

이 단계에서 생각해 볼 문제가 있다. 유통업과 소비생활에서 왜 한국 산업과 한국인의 경쟁력이 더 돋보이는가? 지금까지 한국보다 더 경제, 문화적으로 앞선 나라들이나 한국과 여러 면에서 경쟁 관계에 있는 나라들보다 한국이 어째서 더 빠르게 나갈 수 있는가? 나아가 많은 발전도상국들은 왜 한국과 같이 할 수 없는가를 논의해 보는 것이 필요하다.

먼저 여건이다. 여건이 갖추어지지 않으면 의향과 바람이 있어도 실행이 어렵다. 그 구체적인 항목으로 첫째는 경제력의 뒷받침이다. 구매력이 있어야 살 수 있고 팔 수 있다. 수요가 충분하고 시장이 있어야 유통과 소비시장이 발전할 수 있다. 또 디지털 시대의 주요 소비시장은 당초 전문가들의 예측과는 상당히 다르게 '규모의 경제'가 경쟁력의 필수요건화 되고 있다. 더 싸게, 더 빠르게 생산, 조달하고 공급하는 시스템화는 대규모의 투자가 필요하다. 나아가 대량구매, 소량판매를 위한 필요조건은 규모의 경제에 의한 단위비용 절감이다.

빠른 시간 내에 성장한 한국은 중국, 미국 등 다른 여러 나라와 비교해서 자체 시장 규모가 크다고 할 수는 없지만 온라인 관련 유통에서 규모의 경제를 실현할 수 있는 시장 규모는 갖추었다고 볼 수 있다. 또한 지금과 같은 열린 세계 경제에서는 작은 한 나라 안에서의 경쟁력으로는 버티기와 성장하기가 쉽지 않다.

둘째는 인프라의 뒷받침이다. 인터넷망 등 통신 인프라의 구비, PC, 휴대폰의 보편적 보급, 도로, 철도, 항공망에 의한 교통 인프라의 확충, 각종 자동차, 오토바이, 자전거, 1인 교통수단 등 운송 인프라의 여건에서 상대적으로 유리한 여건을 가지고 있어야 한다. 동시에 상대적으로 작은 면적의 국토와 높은 도시화율도 거래비용을 줄이는 이점이 된다.

셋째는 시장과 소비자의 반응 속도이다. 계속 강조하는 대로 속도는 상대적으로 측정될 수밖에 없다. 그래서 국제비교[97]를 통해서 신발·의류의 서비스·유통과 관련된 한국과 한국 시장에서의 환율 변동에 대한 반응속도와 실제 소비자가격에 대한 조정 속도의 비교가 다른 참고가 될 수 있다. 즉 한국은 환율 변동에 대한 반영속도에서 독보적으로 빠르면서도 그것을 실제 판매가격에 조정하는 정도는 상대적으로 가장 느린 그룹에 속한다. 이 의미는 변동(쇼크)은 가장 빠르게 나타나면서도 그에 따른 조정 속도는 상대적으로 느리다는 뜻이다. 이 개방된 서비스 시장에서의 경쟁이 매우 치열하기 때문일 것이고 경쟁은 속도 그 자체이다.

한국이 세계의 여러 신제품 테스트배드(Test bed) 역할을 하는 것은 잘 알려져 있는데 국민소득이 상대적으로 높고 국토 면적에 비해 인구수가 많아서 실험을 위한 시장 여건이 갖추어져 있고 나아가 세계 최고 수준의 IT인프라를 바탕으로 의사소통 속도가 빨라 신제품에 대한 시장 반응을 살피는데 최적의 조건을 갖추었기 때문이다.

넷째는 라이프 스타일의 변화이다. 상대적으로 시간이 많았던 옛날의 한가한 시대에는 장에 가거나 장 보는 것이 즐거움이자 사회활동의 주요한 일부이었고 얼마 전까지도 아이 쇼핑이라는 말이 있듯이 사지는 않아도 구경하는 것만으로도 만족(경제학 용어로는 효용)을 주는 경우도 있었다.

---

97 'OECD, Measuring Competition in Service Market with Pass-Through Speed of Adjustment, OECD Trade Policy Paper vol 258. 2021.12'

각종의 편리하고 시간을 절약해주는 기계와 도구들이 넘쳐나는 현대에는 역설적으로 모든 사람이 더 바빠지고 시간이 더 귀하게 되었다. 앞서 설명한 대로 소득이 올라가면서 시간의 기회비용이 비교할 수 없을 정도로 올라갔고 장 보러 가고 돌아오기, 물건보고 고르는데 드는 시간과 노력이 거래비용으로 간주되기 때문에 본인의 인지 여부와 관계없이 소비자(행위자)는 선택을 하게 된다. 장 보는 대신 더 즐거움과 만족을 주는 것이 설사 한가하게 빈둥거리는 행위일지라도 본인에게는 더 가치 있는 선택일 수 있다. 밥 먹으러 식당에 가는 것도 같은 차원에서 설명된다.

코로나 사태와 같이 대면 접촉이 불가능하거나 꺼려지는 국면에서는 언택드(비대면) 거래나 생활이 필요하므로 배달이나 구독 서비스와 같은 방식이 더 적합하게 된다. 시간을 사고파는 행위가 자연스럽게 경제와 생활에 정착되는 과정이 일어나고 있다. 이런 라이프 스타일의 변화를 전염병의 대유행이 촉진시키고 있다.

위의 조건들이 한국이 디지털 경제 환경과 또 그와 관련된 소비생활에서 경쟁력을 가지는 필요조건이 된다. 그래서 한국이 갖춘 것과 비슷한 여건을 가지면 어느 나라라도 경쟁력이 생기는 바탕은 될 수 있다. 그러나 충분조건도 필요하다. 그것은 한국인의 특성에서 나타나는 '빠름'이다.

배달을 예로 들면 배달업의 상업적 시작은 유럽, 미국, 일본 등에서 일찍이 시작되었고 지금도 여전하다. 그러나 발전과 확산 속도는 한국이 단연 으뜸이다. 일본에서는 규타꾸빈(急宅便)이라는 택배 시스템이 오래전에 시작되고 지금도 영업 중이지만 한국은 단시간에 규모와 범위에서 훨씬 빨리 성장한 것이 그 증거이다. 다른 나라에로의 확장성에서도 한국(인)의 속도는 확실한 경쟁력을 가진다.

3-7 배달서비스업 발전의 명암과 속도

소비자는 상대적으로 편리하니까, 비용 대비 만족감이 크니까, 달리 말해 주로 거래비용 차원에서 이점이 있으므로 자기의 행동을 합리적으로 결정하거나 바꾸는 것이고 공급자는 달라지는 소비자의 선택을 오히려 앞서 유도하거나 경쟁에서 이기기 위해 스스로 변화하는 결과로 변화의 속도도 빨라지는 것이다. 이런 현상은 세계 어느 나라에서도 일어나며 거부가 불가능한 추세적 현상이다.

이 세상에는 일방적으로 다 좋은 것만 존재하지는 않는다. 이 업종의 급속한 성장은 부작용도 물론 초래한다. 자전거나 오토바이(이륜자동차)의 증가는 사고의 빠른 증가도 초래하고 있다. 플랫폼들이 시장을 장악한 후 독점시장과 같이 사실상 소비자의 선택권이 제한되거나 광고비·배달·예약수수료 때문에 소비자는 같은 상품을 더 비싸게 구매하는 결과를 당하는 역설적인 경우도 실제로 나타나고 있다. 독과점 시장에서 나타나는 공통적 현상이다.

배달업이 빠르게 발전할수록 환경과 관련되는 문제도 빠르게 증가한다. 한국인 한 명이 일년 동안 배출하는 플라스틱 쓰레기가 년 88kg으로 미국과 영국에 이어 3위라는 보고서가 있다.[98] 한국보다 훨씬 인구가 많은 나라는 그 규모도 더 클 것이다. 2017년에 중국의 택배건수는 207억 건으로 보도되었는데 그 보도에서 계산한 바로는 택배용 종이상자를 펼치면 약 900만km^{2}으로 중국 전역을 덮을 수 있는 면적이 된다. 택배 포장에 쓰인 테이프 길이는 2015년에 170억m로 지구를 425바퀴 돌 수 있는 길이다. 하루 1,000만 건을 주문받는 음식 배달앱 업체의 하루 비닐봉지 소비량은 60만m^{2}로 축구장 84개 면적

---

98 미국국립과학공학의학원NASEM, 조선일보 2021. 12. 3A1

에 달한다.[99] 규모만 다를 뿐 한국도 중국에 못지않을 것이다. 이것도 속도의
차원에서 볼 필요가 있다.

중국이 한국보다 늦게 본격적인 경제발전을 이룬 경우이어서 그 과정이
한국의 과거를 다시 돌아보게 하는 측면도 있고 상대적으로 보다 최근의 경험
이므로 여러 측면에서 변화 속도도 한국보다 더 빨랐다고 할 수 있다. 1990년
부터 2010년 동안의 약 20여 년간 필자가 중국을 방문하면서 보고 느낀 점들
중 기억나는 몇 가지를 기록하고자 한다.

99 조선경제 2017. 11. 1 B7

개방 초기 중국 여행 때의 속도 경험

변화의 속도에서는 중국의 변화 모습이 한국보다 더 빨랐다고 할 수도 있다. 1978년 개혁 개방 정책의 채택 이후의 변화는 한국과 비교하면 출발이 20년 가까이 늦었기 때문에 어떤 면에서는 더 가파른 가속이 이루어졌다고 본다.

개방 이전의 중국은 소련의 철의 장막과 더불어 죽(竹)의 장막으로 불린 사회주의 폐쇄사회였다. 그때는 미국과 소련의 냉전체제이었으므로 미국 측에 속한 나라 들에게는 더 닫힌 곳이었다. 한국이 1992년 중국과 수교함으로써 양국 간 교류가 이루어져 비로소 현지에서의 체험이 가능해졌다.

나는 수교 전인 1990년 여름에 하와이에 있으면서 그곳에 있는 연구 기관 동서센터(East-West Center)가 주최하는 두만강 개발에 관한 세미나에 참가할 기회가 있어서 북경을 거쳐서 장춘에서 행사 후 백두산(중국에서는 장백산으로 부름)까지 가 보게 되었다. 수교 전이므로 여권 속이 아닌 백지에 별도로 비자를 받아서 입국하였다.

출입국 수속 시의 절차는 비교적 까다로웠고 수하물 검사도 느리고 철저하였다. 그 후 빠르게 개선되더니 20여 년 뒤에는 완전히 바뀌어 있었고 상대적으로 더 빨리 디지털화, 자동화되었다. 한국의 속도를 넘어서는 수준이었다.

1990년 베이징 거리는 한마디로 자전거 물결이었다. 주된 교통수단이 자전거였으므로 주행하거나 신호를 기다리는 자전거 행렬은 엄청난 광경이었다. 많은 주민이 인민복 스타일의 의복을 착용하였고 여성들도 거의 예외가 아니었다. 아침에 호텔 주변을 산책하면서 발견한 것은 아침 식사를 거리의 행상들에게서 사 먹거나 아니면 집으로 사 가는 것을 보았고 특히 음식값이 10지아(角, 위안의 100분의 1단위) 짜리가 있는 것도 흥미롭게 보았다.

모든 면에서 사회주의 체제가 유지되던 시절이므로 뜻밖의 일들이 발생하곤 하였다. 예를 들면 예약해 두었던 비행기 좌석이 일방적으로 취소되어 탈 수가 없다든지 비행편이 일방적으로 변경되는 경우도 많다고 들었다. 당시 직항편이 없기 때문에 도쿄를 경유해서 서울로 돌아가려던 한국서 출장 온 다른 일행의 예약이 일방적으로 취소되어 상해로 가서 도쿄행으로 갈아타고 갈 수밖에 없는 일도 있었다.

체제가 완전히 변하기 전이므로 호텔 종업원이 팁을 받는 일이 거의 없어서 좋은 호텔에 숙박 후 여행 시 서구 관행대로 팁을 주었더니 어색해하며 얼굴이 빨개졌던 종업원의 모습을 기억한다. 중국식 뷔페로 호텔에서 아침에 제공하는 커피가 너무 맛이 없어서 마시기가 거북했던 기억도 있다. 당시 내국인은 초대소로 불리는 여관에서 주로 투숙하였다. 초대소 내부를 본 적은 없으나 겉모습은 한국의 여인숙을 연상시키는 경우이었다.

많은 관광지가 내외국인에게 차별 입장 요금을 물게 했는데 외국인은 약 10배쯤 더 물렸다. 다만 당시 환율에 비교한 물가가 상대적으로 저렴한 편이어서 더 내어도 그리 비싼 편은 아니었다. 공중화장실이 열악해서 옛날 한국의 1950년경의 수준이어서 어려움이 많았다. 외국인 전용 화장실을 만들기 시작했다는 말은 들었다. 다음 해(1991년) 학교 출장으로 천진에 있는 자매대학인 남개대를 방문했는데 시내의 유명한 상가 거리를 돌아보던 중 갑자기 배가 아파서 공중화장실을 이용한 적이 있다. 변기 구멍 옆으로와 맞은편 통로 앞으로 앞과 옆이 완전 개방된 곳에서 곤혹스러운 경험을 했다. 갑작스러운 일이어서 안내하던 대학교 직원이 화장지를 사러 가고 나는 일단 들어갔는데 이 직원이 화장지를 살 수 있는 곳을 발견하지 못해서 장시간 고통스럽게 기다려야만 했다.

장춘의 공식 행사 후 백두산을 가 보게 되었다. 연길에서 가는 백두산은 당시 관광객이 늘어나기 시작해서 본격적인 도로 확장공사를 진행 중이었다. 길이 험했고 공사 현장에서 현대식 장비는 많이 눈에 띄지 않았다. 작업 노동자들은 주로 산동성에서 왔으며 전원 현장에서 합숙한다고 들었다.

1990년에 하와이 동서센터에 객원연구원으로 있었는데 당시 센터에 왔던 중국 농무성 대표단 일행과 같이 교유할 기회가 여러 차례 있었다. 정부 국장을 수반으로 한 대표단 방문은 중국 센서스 결과를 전산 처리하는데 도움을 받기 위함이었는데 일행이 겸손하고 진지하였다. 이들을 통해 우리나라의 선배들이 한국전쟁 후 어려운 시기에 외국 출장을 할 때의 모습을 유추할 수 있었다. 당시 학교 식당의 아침 식사 가격이 3~4불 미만이었는데 대표단 일행은 아무도 식사하러 오지 않았다. 아마도 방에서 자체적으로 간단히 해결했을 것이다.

미국 정부가 초청한 대표단이어서 점심과 저녁도 초대가 많았기 때문에 출장비에서 식사비를 되도록 아끼면 상당한 돈이 모아지고 당시 중국 수준으로는 유용한 금액이었을 것으로 추측한다. 회상하기로는 그보다 더 옛날 우리 선배들이 외국 출장 시 경비를 아껴서 손목시계, 라디오나 카메라를 사 들고 오면 큰 도움이 되던 때가 있었고 부러움의 대상이었다.

한 가지 더 기억하는 것은 이듬해 북경에 들렀을 때 하와이에 왔던 대표단의 영어 통역이던 인사에게 시내 안내를 부탁하였는데 안내를 마치고 돌아갈 때 쇼핑 시 사용하였던 비닐백을 알뜰하게 챙겨가는 모습이다. 그때까지는 귀한 물건이었기 때문일 것이다. 중국의 엄청난 변화, 발전 속도의 한 모습을 상상해 볼 수 있는 자료이다.

약 10년 뒤 방문한 중국은 전혀 다른 모습으로 변하는 중이었다. 한국이 해당 기간 동안 변한 속도보다 더 빠르게 변하고 있었고 거리, 복장, 건물, 자동차, 사람들의 행동과 사고방식, 사람을 대하는 태도, 물가수준 등 거의 모든 것이 빠르게 변했거나 변하고 있었다. 부산발전연구원장으로서 관계를 맺었던 공산당 간부를 겸했던 상해시 인민정부 발전연구원장은 당시 중국의 WTO 가입을 자신과 기관의 당면목표로 삼고 있었고 열심히 추진하는 모습을 보였다. WTO 가입 후 중국은 더 빠르게 성장하고 변화하였다.

수교가 이루어진 이후 지금까지는 너무나 많은 사람들이 왕래하고 경험을 하고 있으므로 최근 20여 년의 변화와 모습은 따로 설명할 필요가 없을 것이다. 다만 중국 속도의 변화를 한국의 경우와 비교해 보는 것은 흥미로운 주제일 것이다. 나는 이런 변화의 속도에 있어서는 중국이 한국 못지않게 빠르다고 개인적으로 느낀다. 어떤 부문이나 부분에 있어서는 중국의 속도가 더 빠른 것도 많다. 예를 들면 중국 최초의 경제특구 선전(深圳)은 지정 후 한가한 어촌에서 인구는 460배, GDP는 4,660배, 면적은 4.9배 늘어났다.

배달 업종은 최신에 크게 개발되고 성격상 자유업에 속하므로 각 이코노미와 같이 경쟁적이 될 수밖에 없는데 따라서 종사자들이 법이나 제도상 보호를 받기 힘든 측면이 있는 것도 지적할 수 있다. 새로운 산업이나 업종이 나올 때는 항상 이런 문제도 같이 발생하는데 그 속도가 빠르므로 법이나 제도가 보조를 맞추기는 지극히 힘들다. 시간과 속도가 가장 직접적으로 배달 종사자의 소득에 직결되므로 교통사고 발생 확률이 높고 사회 안전 전반에 문제를 야기하는 문제도 있다.

한편으로 배달 체계 및 수단과 배달 속도의 역할도 그에 못지않다. 주문을 지역별로 나누고 열차, 선박, 트럭 등 대량수송 수단으로 배송 거점(물류창고)까지 나누어 수송한 뒤 다시 해당 거점에서 지역별로 배송지를 나누면 거래비용, 즉 처리 시간과 배송 및 배달의 거래단계와 소요 시간이 결정적으로 줄어든다. 다만 이 경우 규모의 경제가 결정적 역할을 하게 되고 일정 규모가 되지 않으면 경쟁력을 가질 수 없다. 소규모 창업으로 일단 시작하더라도 초거대 기업으로 급속 변화, 성장해야 확실한 경쟁력이 생기는 배달 유통업의 구조와 속성 및 성장 과정을 이렇게 이해할 수 있다.

지난 세기 정보화 초기에는 관련 기술 발전이 시장을 보다 경쟁적으로 만들고 소비자 후생이나 산업 생태계를 건강하게 할 것이라는 분석과 전망이 많았다. 그런 낙관적 생각과는 다르게 디지털 기술과 산업의 발전이 경쟁력 측면에서는 빠르게 선두 기업의 시장지배력을 집중시키는 결과를 초래하는 것은 일종의 아이러니이다. 국내뿐만 아니라 세계적으로도 통신, 디지털, 온라인 유통산업은 법이나 제도, 국가 정책이 특정 기업을 따로 보호해 주거나 경쟁자의 시장 진입을 막지 않는데도 거의 예외 없이 사실상 과점시장 상태이다.

속도의 가속화가 경쟁력임은 국내외에서 동일하다. 2020 세계지식포럼에서 허우이 알리바바 부총재는 "코로나19가 모든 것을 바꿔 놨다. 30분 이내에 대응 체계를 갖추지 못하면 유통업계에서는 이제 생존을 걱정해야 하는 상황이다."라고 선언했다.[100] 이 30분은 소비자에게 도달하는 배달도 의미한다. 과장 같기도 하지만 경쟁의 현실을 나타낸 한 표현이다.

배달과 수송 방법 측면에서 과거에는 열차나 선박으로 운송하던 무게와 부피가 큰 제(부)품 등도 신속 배달을 요구하는 사례가 늘어난다고 한다.[101] 따라서 항공화물 운송도 속도의 영향 때문에 증가할 수밖에 없음을 알 수 있다. 속도의 경제적 가치가 증가하는 또 하나의 증거이다. 아마존은 년 회비 99달러에 미국 전역에 2일 안에 무료 배송하는 '아마존 프라임' 서비스를 실시하여

---

100 매일경제 2020. 9. 18 1면
101 조선경제 2018. 1. 17 B7

회원이 급속도로 증가하고 있는데 그 넓은 미국 대륙을 이틀 안에 커버하는 방법은 먼저 항공수송이 주가 될 수밖에 없다. 위에서 얘기한 규모의 경제와 범위의 경제가 속도의 경제를 실현시키는 주 무기가 되며 산업의 패러다임 체인지를 이루어 가고 있는 또 다른 증거가 된다. 물론 더 이전의 조건은 통신 혁명이다.

음식물 배달이나 편의점 배달, 우편 서비스와 전통적 퀵서비스에서의 주요 운송 수단은 오토바이다. 도시교통 사정, 운행비용 등을 고려하면 오토바이 없이 배달서비스를 생각하기 어렵다. 그런데 지금 한국에서 새로이 시도되고 있는 방법은 전국 방방 곳곳에 산재한 편의점을 근거리 배송거점으로 활용하고 일정 거리 이내는 사람이 도보로 배달하는 것이다. 특히 편의점 사업이 몇 개의 대기업에 의해 소유되고 있기 때문이다. 이렇게 되면 편의점이 소형 물류 센터의 기능을 겸하는 것이다. 이 방식은 동네 주민의 주문을 동네 주민이 배달하는 것이므로 '친환경, 건강 배달서비스'로 명명되고 있다. 배달 속도를 높이고 비용을 최소화하는 방법은 계속 진화하고 있다. 물론 다음 단계로는 당연히 사람 대신에 로봇 배송이 빠르게 도입될 것이다.

이런 방법은 집 근처 편의점에 단품까지 주문해서 한 시간 이내로 물품을 받고 밀키트 같은 식재료까지 배송하는 형태로도 진화하고 있다. 생필품을 넘어 세탁물도 현관에서 해결하고 그림이나 기호품을 취향에 맞춰 정기 배송하는 구독서비스 방식으로도 진화하고 있다. 이런 변화는 1인 가구 수 증가라는 시대의 흐름과 함께 상승작용을 한다. 코로나 전염병으로 인한 비대면 거래 방식의 선호도 속도를 높이는 역할을 할 것이다. K속도의 특성은 끊임없는 혁신과 응용 그리고 변화에 대한 빠른 대응이다.

3-8 의료 서비스에서의 속도

한국이 성형 강국이 되어 외국 의료 관광객을 불러들였던 요인 중 가장 중요한 것이 물론 수술 기술이지만 그에 못지않은 것이 속도이다. "웬만한 한국 성형외과 의사들은 유방 확대술을 위해 실리콘 등 유방 보형물을 집어넣고 수술 마무리를 하는데 1시간이면 족하다. 같은 수술을 3시간씩 걸리며 하는 서양 의사들은 빠르고 정교한 한국 의사들의 절개와 봉합 기술에 혀를 내두른다… 몸 안으로 콜라겐 물질을 주사로 넣어 코도 세우고 움푹한 볼살도 채우는 '필러(Filler)' 성형, 이른바 '원 샷(One shot)' 성형기술이 발달한 것도 외국인 성형 고객을 유치하는데 큰 몫을 하고 있다."[102]

많은 경우의 의료행위, 특히 응급처치나 치료에서 속도는 생명을 구하는 결정적 역할을 한다. 특히 심장이나 뇌의 고장인 경우에는 빨리 처치하고 치료해야 하는 상황이 많이 있다. 한 대학병원의 예가 속도의 중요성을 증명한다. 한국 병원을 경험하고 간 프랑스인 의사의 경험담이 참고가 된다. "다양한 혈관질환자를 볼 수 있다고 해서 한국 대학병원에 왔는데 정말 많더라. 프랑스에선 오전에 환자 10명을 보는데 한국에서는 2시간에 50~60명을 보더라. 상상도 못했다. 지난 두 달 동안 본 환자가 내가 평생 본 환자보다 더 많았을 정도다. 어떻든 다양한 환자들을 접해 의사 입장에선 좋은 경험이었다… 한국서 가장 놀란 건 일의 양과 속도다. 한국 심장외과 팀에 있을 때 나도 하루 두 시간밖에 못 잤다. 매일 심장 수술을 2건 이상 하고 야간에 응급 수술을 또 한다. 심장이식하려고 경찰 오토바이를 타고 뇌사자의 심장을 가지러 가기도 했다. 한국 시스템은 뭐든지 '착착착'이다… 심장 수술, 암 수술, 고급 건강검진 등은 한국이 확실히 경쟁력 있다. 여기에 필요한 건 원스톱 진료 시스템. 검진과 간단한

102 조선일보 2011. 03. 07

치료는 1~2일 만에 끝내야 한다."[103] 다만 여기서도 제기하는 물음은 지금도 이런 관행이 현재까지 지속되고 있는가의 여부이다.

더 나아가 다른 의료에까지 속도가 위력을 발휘하여 패스트 트렉이 도입되는 모습을 보인다. 즉 암 진단으로부터 수술까지 7일에 완료하는 프로그램이 개발되었다.[104] 의학적 신뢰성, 오진의 위험성은 있겠지만 어느 나라나 시행할수 있는 프로그램은 아니다. 물론 초고속에 따르는 부작용과 비용은 이용자의몫이다.[105]

병원이나 관공서와 같은 곳에서 서비스를 기다리기 위해 길게 줄을 서 있는 현상은 흔한 모습이다. 처음 온 사람이 단순한 안내 사항을 위해 물어보기 위해서 서서 기다리면 당사자의 시간 낭비는 더욱 심해진다. 그러나 질서를 지키기 위해 번호표를 뽑거나 줄 서서 기다리는 것이 당연하다. 과거 한국에서는 이때 창구 옆으로 다가가서 다른 고객을 응대 중인 담당자에게 질문을 하면 일 처리 중인 담당자가 어렵지 않게 가르쳐 주기도 했다. 동시에 두 가지 이상의 일 처리가 한국인은 가능한 것이다. 어려서부터의 습관이나 훈련의 탓도 있겠지만 대부분의 외국인은 이런 것이 아예 불가능하거나 익숙하지 않다. 그리고 흔히 규칙에 스스로 얽매인다. 이제는 번호표 제도가 오히려 능력 발휘를 막아서 한국도 불편하고 비능률적인 외국을 빠르게 따라가고 있는 중이다.

---

105 의료 서비스와 관련해서 한국이 당면한 과제는 앞으로 더 심각해 질 것이다. 속도는 돈이다. 그런데 한국은 의료보험제도와 의료법 등에 의해 의료행위가 엄격히 제한되므로 소위 패스트 트랙을 제도화할 수는 없다. 즉 돈을 더 내고서라도 더 나은 서비스를 제공하거나 받는 것은 원칙적으로 불가능하기 때문이다. 돈 있는 사람은 아예 외국으로 가서 더 양질의 서비스를 선택한다. 평등을 강조하는 좌파적 정권에게는 더 곤란한 과제가 될 수밖에 없다.

3-9 디지털 기술과 디지털 정부

(1) 디지털 기술

제 4차산업혁명은 디지털 기술과 연관되어 있다. 디지털 기술의 이해와 이용 없이 오늘의 과학, 산업, 생활을 이해하거나 설명할 수 없다. 디지털 기술은 앞에서 여러 차례 강조한 바와 같이 경쟁력의 기초이자 경쟁력 그 자체이다. 디지털 기술을 직접 이용하는 여부와는 관계없이 산업이나 경제의 모든 분야, 생활과 제도, 문화와 의식구조까지 이 기술은 이미 접목되어 있고 빠르게 진화하고 있다. 디지털 전환(Digital Transformation)이라는 표현이 이 모든 개념을 함축한다. 현재의 조건으로 보면 비슷한 출발선상이므로 한국이 디지털 전환에 상대적으로 유리한 조건을 갖추었다고 할 수 있다.

그런데 디지털 기술은 제품이나 기능의 사용 속도를 높이거나, 시간을 줄이거나, 더 작고 간편하게 만드는 도구나 역할로 구체적으로 나타난다. 기술 발전의 방향은 인공지능이 종래의 인간이나 기계가 하던 일마저 이미 독자적으로 실행하는 단계까지 와 있다. 이 추세를 연장하면 언젠가는 인간이나 시스템에 명령하거나 지시하는 단계로 발전하는 것이 순서일 수밖에 없다. 디지털 기술을 외면하거나 따라가지 못하는 조직이나 집단은 경쟁력을 상실하므로 살아남기 위해서는 선택의 여지가 없는 기술이다. 디지털 기술의 핵심이라고 할 수 있는 통신의 속도 변화가 이 기술의 무서운 가속력을 보여 준다. 이런 상황이되면 디지털 선진국과 종속국의 새로운 관계가 나타날 수밖에 없다.

디지털 기술은 처음에는 통신 등의 분야에서 속도를 높이는 역할을 주로 하였으나 곧 디지털 기술이 기존의 기술과 결합하거나 융합하는 단계로 매우 짧은 시간에 진화하였고 이제는 산업이나 분야를 구분하는 것이 무의미할 정도로 진화하였다. 이런 변화는 21세기 초반부터 매우 짧은 시간 동안에 본격적으로 이루어져서 많은 인류가 당대에 체험하고 있는 중인데 놀랍게도 많은 당사자들이 거부감이나 이질감 없이 이 변화를 받아들이고 활용하고 있는 중이다. 원시시대와 현대가 공존하면서 상생하고 있는 모습이다. 그런데 이 논리를 확장하면 현재의 한국 노년 세대와 젊은 세대를 표현하는 방법으로 쓰일 수도 있다. 디지털 관련 기기나 수단을 제대로 쓰거나 활용하지 못하는 세대는 디지털 원시인이라고 표현해도 무방할 것이다.

디지털 기술로 인한 산업구조의 변화가 생생한 증거가 된다. 기업의 경우 2007년의 세계 시가총액 10대 기업 중에 디지털 관련 기업은 마이크로소프트 하나뿐이었다. 그러나 2022 현재는 애플, 마이크로소프트, 알파벳(구글), 아마존, 테슬라, 메타(페이스북), 엔비디아 7개 회사가 들어 있다. 2016년에는 애플, 알파벳(구글), 마이크로소프트, 아마존, 페이스북의 5개 회사가 들어 있었다[106] GE나 GM과 같은 기존의 제조업체나 거대 은행 등이 반드시 위축되어서가 아니라 디지털 기업들이 더 빨리 성장하기 때문이다. 아마존은 1995년 인터넷을 이용한 서점으로 출발한 기업이지만 디지털 기술과 결합하여 인공지능 기술의 강자가 되는 새로운 회사로 변신 중이다. 테슬라는 전기자동차를 자율주행하는 스마트폰으로 만드는 계기를 만들었고 민간 우주여행의 선도자로서 뻗어나가고 있다.

경쟁력과 관련해서 디지털 시대를 논의해 보면 한국이 세계 경제에서 더 앞서거나 아니면 현재까지 도달한 위상이나 위치를 유지하기 위해서라도 디지털 기술과 아울러 연관되는 모든 분야에서 더 빠르고 더 혁신적인 변화를 할 수밖에 없다. 그 과정에서 한국인의 경쟁력인 속도를 무엇으로 어떻게 발휘하느

---

106 이 회사들의 머리글자를 따서 FAANG이라는 용어가 만들어져 널리 사용되고 있다. N은 가장 최근에 부상하고 있는 Netflix이다.

냐가 관건이 된다. 구체적으로는 그 원천인 디지털 기술 자체에서 앞서거나 아니면 바짝 따라가서 디지털 기술을 응용하여 여러 측면에서 속도를 높이는 방법이 될 것이다.

산업화 시대의 상징인 내연기관에 의한 자동차가 아직도 대종을 이루는 시대에 비행 자동차는 아직도 요원한 먼 미래의 일이라고 생각할 수도 있다. 순서로는 지금 본격화되기 시작한 전기자동차, 수소자동차와 자율자동차 다음일 수도 있다. 하늘을 나는 자동차가 본격적으로 상용화되면 하늘을 지금의 도로와 같이 사용해야 하므로 교통 제도와 규칙도 지금과는 전혀 다르게 될 것이다. 하늘에도 차선 개념이 도입되고 신호체계가 생겨야 할 것이다. 입는 로봇이 발전하면 의자와 같은 개념을 이용한 자율 개인용 비행체가 등장할 수도 있을 것이다. 이미 실현되고 있는 대로 자동차가 소유개념에서 공유개념으로 점차 바뀌고 있는 것도 디지털 기술에 의한 변화 때문일 것이다.

그런데 이런 변화의 대부분에 앞서 언급한 거대 디지털 기업들이 직·간접적으로 간여되어 있다. 이런 기업들은 자체적으로 개발이나 응용을 시도하는 것보다는 엄청난 자금력을 이용하여 기술이나 아이디어를 사들이는 방법을 주로 이용하므로 빠른 시간에 확장과 변신이 가능한 것이다.[107] 디지털 시대의 기업과 산업의 성장 패러다임이 변하고 있는 또 하나의 예가 된다.

앞서 설명한 외국의 모델을 한국에 적용하자면 네이버나 카카오와 같은 인터넷 기업이 변화를 주도하거나 삼성전자나 SK 같은 거대기업이 변신과 변화를 시도하면서 이끌어 나가는 것 등을 상상해 볼 수 있으나 그런 구상이 얼마나 현실적으로 가능한지는 말하기 어렵다. 예를 들면 네이버나 카카오가 혁신

---

107 이런 공룡 인터넷 기업들의 부정적인 행태나 산업 생태계에 끼치는 영향에 대한 문제를 제기하는 보도도 있는데 유의할 필요가 있다.

적인 세계기업과 손잡고 무인 비행 자동차 사업을 시도하는 것과 같은 혁명적인 상상력이 필요한 것이다.

(2) 디지털 정부

우리가 제대로 잘 알지 못하고 있는 사실 중 하나가 정부의 행정서비스를 포함하는 한국의 디지털화 속도이다. 먼저 한국 정부의 디지털화 속도는 세계에서 단연 앞서 있다. 먼저 UN이 2020년 기준으로 발표한 소득 상위국 중 'e-정부' 순위는 한국이 덴마크에 버금가는 2위이다. 다른 기관이 다른 기준이나 방법으로 평가한 결과도 똑같거나 비슷한 수준이다. 다른 요인에 앞서 한국의 속도가 만든 성과이다. 비교 대상국 중 한국과 같이 최근에 고소득국이 된 나라는 싱가폴과 홍콩(이제는 독립 국가도 아니지만)의 동아시아 도시국가뿐이며 다른 대부분의 국가는 옛날부터의 선진 제국이다.

〈표3-5〉 복합 디지털정부지수 - 최근 소득상위국 기준

국가	UN E-정부 발전 지수 2020 (0-1 척도)	ITU 발전 지수 2017 (0-10 척도)	세계은행 디지털 채택 지수 2016 (0-1 척도)	시스코 디지털 준비지수 2019 (0-25 척도)	네트워크 준비지수 2020 (1-100 척도)
평균	0.82	7.58	0.73	16.33	67.92
대한민국	0.96	8.85	0.86	18.22	74.60
덴마크	0.98	8.71	0.79	18.98	82.19
독일	0.85	8.39	0.84	17.85	77.48
미국	0.93	8.18	0.75	19.03	78.91
싱가포르	0.92	8.05	0.87	20.26	81.39
영국	0.94	8.65	0.76	17.86	76.27
일본	0.90	8.43	0.83	17.69	73.54
캐나다	0.84	7.77	0.69	17.33	74.92
호주	0.82	8.24	0.71	17.89	75.09

출처: UNDESA(2020), ITU(2017), World Bank(2016b), Cisdo(2020), and Dutta and Lanvin(2020).

2021년 일본 정부가 18세 이하 아동에게 재난지원금을 하려고 했는데 집행을 위한 쿠폰 발행 비용이 1조원이 소요된다고 문제가 되었다.[108] 디지털 행정화를 제때 실행하지 못한 대가이자 속도가 느리면 선진국이라 하더라도 지불해야 하는 '속도의 비용'이다. 앞에서 예로 든 후발 이익 또는 선발의 불이익으로 표현할 수도 있지만 모두가 속도의 문제이다.

108 조선일보 2021. 12. 9. A16

3-10 혁신 주기와 경쟁력 속도

상상컨대 인류는 초기부터 끊임없이 혁신과 개선을 시도해 왔을 것이다. 예를 들어 널려 있는 돌을 도구로 사용하고 그 돌을 다듬어 더 유용하게 만들고 다른 소재와 결합한 도구를 만드는 등 인류 역사 자체가 혁신이나 개선의 연속 과정이었음을 짐작할 수 있다. 혁신이 이루어졌더라도 그 전파속도는 빠르지 않아서 모방이나 응용에 장구한 세월이 흐르거나 시간 차이가 크게 났을 것이다. 그래서 혁신 주기는 길었고 그 속도는 매우 느렸다.

저자가 겪은 지난 70여 년간의 변화는 '속도의 경험(1), (2)'라는 제목으로 앞에서 박스로 소개하였다. 그 가운데 가속도적인 한국의 변화 모습이 절실하게 나타나 있다. 자기가 경험하지 않았다고 무시하거나 경험했더라도 잊으면 개인이나 국가 어느 경우도 앞날의 성공과 더 나은 성취를 장담할 수 없다. 시간은 연속적으로 계속되며 차원을 달리해서 흐르지는 않는다.

위의 맥락에서 지금의 기술변화를 의미하는 혁신 속도와 주기는 비교할 수 없을 만큼 빨라지고 짧아졌다. 이 변화는 연속적인 변화라기보다는 이산적인 변화로 보아야 할 것이다. 즉 변화가 지속적으로 이어서 일어나는 것이 아니라 갑작스런 뜀(퀀텀점프)이 일어나서 새로운 변화를 연속적으로 시작하는 모습으로 표현하는 것이 더 적절하다.[109]

기업의 경우 짧아지는 혁신 주기에 적절하게 대응하지 못하면 생존 자체가 위협받을 수 있다. 이 혁신 주기는 해당 기업의 제품과 업종에만 해당되는 것이 아니라 기업의 변신 속도와도 같은 뜻을 가진다. 20세기까지는 어떤 기업이

---

109 크게 보면 제1차에서 2차, 3차 또는 4차 산업혁명이 건너뜀이 되나 지금 인류가 겪고 있는 기술 변화의 많은 경우가 퀀텀 점프에 해당할 것이다.

어떤 산업에 속하면 오랫동안 그 산업에 속한 것으로 분류하였는데 이제는 전통적인 산업분류 방식을 이용하면 부적절한 경우가 많이 있다.

예로써 온라인 서적 판매로 시작한 아마존을 도서 판매회사로 분류할 수는 없다. 이미 제 4차 산업혁명의 최첨단을 이끄는 세계 최대의 복합기업으로 분류할 수밖에 없다. 알리바바와 같은 중국의 온라인 유통기업은 막대한 자금력으로 4차산업의 선두주자로 변신을 시도하고 있다. 기술의 융합과 소프트화의 속도가 전통적인 개념의 산업분류 방식을 무의미하게 만들고 있다. 앞의 예에서 나온 아마존을 한국 산업분류방식으로는 어디에 속하게 할 것인가 물으면 답이 어려워진다.

이유는 간단하다. 변하지 않으면 살아남을 수 없기 때문이다. 구글, 알리바바, 우버, 에어 비엔비 등 단시간에 세계 굴지의 기업으로 성장한 기업들의 공통점은 막대한 자본력이 아닌 아이디어와 기술로 시작했다는 것이다. 따라서 이미 성장한 거대기업도 변하지 않으면 새로운 아이디어와 기술에 의해 따라 잡히거나 도태될 위험에 현실적으로나 잠재적으로 직면해 있기 때문이다. 융합은 기술에만 국한되는 것이 아니라 기업의 산업 융합(Industrial mix)으로도 나타난다. 즉 혁신기업은 모든 산업 분야에 걸친 사업영역을 가져야 변화에 적절하게 대응하고 살아남을 수 있는 것이다.

그 의미는 혁신 주기가 매우 짧아졌고 앞으로는 더 짧아질 것을 의미한다. 또 혁신은 한 산업 분야에만 적용되는 차원을 넘어 여러 산업 분야를 넘나드는 차원으로 변화하고 있다. 그런 측면에서 한국 산업과 기업의 변화 주기를 살펴보면 세계 추세에 크게 미치지 못함을 알 수 있다. 앞의 표3-1 등에서 보는 바와 같이 미국의 경우 지난 10여 년간 거의 모든 선두 기업이 순위가 바뀌었다. 그것은 산업이나 기술이 빠르게 변화했기 때문이다.

반대로 한국은 순위변동이 상대적으로 덜한데 그것은 좋은 점보다는 오히려 많은 우려를 낳게 한다. 특히 삼성전자가 세계에서 인정받는 굴지의 회사이고 지금도 끊임없이 혁신하고 다양화하여 더 좋은 회사가 되고 있지만 세계의 변화추이 관점에서 보면 결코 바람직한 현상만은 아니다. 만약 중국의 반도체 회사들이 조만간 삼성을 따라잡았을 때 삼성이 어떤 변화된 모습으로 변신해 있을지를 상상해 보면 우려하지 않을 수 없다.

산업화 이후 빠른 속도로 경쟁력을 키운 한국의 산업과 기업들이 이제는 달라진 속도 때문에 외국의 경쟁자들과 경쟁할 수 없다면 매우 아이러니컬한 현상이다. 기업의 자만심, 비대증에 의한 민첩성 결여, 규제 위주의 산업정책, 국내외 경제 여건의 불리점 등 여러 가지 이유를 들 수 있을 것이다. 다만 글로벌 경쟁 체제하에서의 확실한 결론으로는 그런 이유 때문에 해당 기업과 산업의 형편과 사정이 별도로 고려되는 일은 결코 없을 것이다.

K4

한류와 K속도 경쟁력

뒤의 제6장의 K속도의 실현조건과 일반화 가능성 모색에서 구체적으로 설명하지만 급속한 경제적 성장은 민주화라는 정치·사회적 변화와 아울러 뒤이어서 문화·예술·스포츠 부문에도 한류 또는 K-00로 명명되는 새로운 현상을 한국 사회에 가져다주었다. 이런 과정, 특히 변화와 발전의 속도는 앞선 외국의 경우에도 없었고 다른 후발국이나 경쟁국의 경우에도 아직 유례가 없는 특별한 사례이다. 팝송, 영화, 웹툰, 드라마, 게임 등은 물론 미용, 음식 등을 넘어 한국 내에서는 문제꺼리로 자주 거론되는 교육시장과 교육 서비스도 K에듀로 새로이 등장하였다. 여기서도 더 주목할 부분은 변화의 빠르기이다. 앞에서 여러 차례 언급한 대로 여러 분야에 걸친 K00 현상이 빠른 시간 안에 터져 나오게 되어 대부분의 변화와 전 세계로의 퍼짐이 반 세대도 되지 않는 아주 짧은 시간 이내에 이루어진 점이다. 이런 한류의 형성과 성장이 역으로 한국의 경제와 산업구조에도 의미 있는 뜻밖의 변화를 단시간에 가져온 점을 지적해야 한다.

4-1 한류와 한국경제 및 산업구조의 변화

한류는 이미 한국경제에 큰 영향을 미치고 있는 주요 산업이 되었다. 통계적으로 K콘텐츠 관련 산업의 매출은 2019년에 126.7조 원이었는데 석유화학은 107.6조 원, 반도체는 129.4조 원이었다. 종사자 수도 2015년의 62.0만 명에서 2019년에는 68.2만 명으로 증가하였다.[110] 경제적 효과 면에서도 제조업의 생산유발효과는 1.89이고 문화콘텐츠업은 1.97이며 부가가치유발효과에서는 제조업이 0.64이나 문화콘텐츠업은 0.83으로 월등하게 높아서 그 비중과 한국경제에 대한 기여 정도를 비교할 수 있다.

한 영국 잡지(모노클)가 한국의 소프트파워를 독일에 이은 세계 2위로 평가하였다.[111] 공식적인 평가는 아니지만 참고할 점이 되며 해당 당사국 국민으로서는 한국의 변화 속도를 새삼스럽게 실감하게 하는 사안이다. 산업화 초기부터 오랫동안 성장을 이끌었던 제조업이 아닌 문화·서비스업이기 때문에 더욱 그렇다. 한국 산업구조의 변화 모습을 바깥에서 바라보는 모습의 한 예이다.

세계적으로 유명한 첼리스트인 요요마는 "현재 한국 문화는 단지 한국뿐 아니라 아시아와 세계 전체 세대가 품고 있는 꿈을 표현하는 능력을 지니고 있어서 언제나 감탄한다."라고 말했다.[112] 요요마가 미국 무대에 등장하던 무렵의 한국은 경제적으로나 문화적으로 아직 어렵고 고단한 시대였다.

한류의 시작과 발전은 여러 조건과 상황 특히 디지털 시대가 맞물린 점이 강조되어야 하지만 그것은 부차적인 요인이고 본질은 한국(인)의 속도에 의한 변화 때문이다. 그 현상과 내용을 부문별 몇 가지로 나누어 간략하게 살펴보고자 한다.

---

110 매일경제 2021. 6. 23 1면
111 매일경제 2020. 11. 28 A22
112 조선일보 2021. 10. 21. A18

4-2 한류 형성의 속도와 전파 과정

해방과 전쟁 후 모든 것이 부족하고 어려운 시기에 모두가 먹고사는 것이 바빠서 문화나 예술 등은 선진국의 것을 수입하거나 모방 또는 복제하는 것이 최선이었다. 주로 경제력에 기반한 외국으로부터의 새로운 문물에 비해 한국의 전통이나 한국적인 문화는 대체로 지루하거나 고리타분한 것으로 인식되고 그 동안의 국가의 실패와 식민지화 같은 역사적 경험까지 더해져서 경원시되면서 뒷자리로 밀려났다. 해방 후 상당기간 동안 경제에 더하여 외국, 특히 미국 문화의 영향력이 사회와 생활 전반에 작용하였다.

다른 한편으로는 강압적인 정부 하에서 새로이 도입되거나 새로 시도되는 유행 중 일부는 퇴폐문화로 낙인찍혀 정부의 규제나 단속 대상이 되기도 하였다. 그 예로써 남자가 머리를 기르는 장발이 단속되어 거리에서 강제로 삭발 당하기도 하고 여성들이 선호하는 짧은 치마 길이를 무릎 위 몇 cm까지로 정하여 당시의 최 번화가이던 서울 명동에서 경찰이 자를 가지고 재기도 하였다. 지금 세대로서는 이해가 어려운 역사적 사실이다. 대학가에서는 미국의 팝송이 인기를 얻고 한국 대중가요는 뒷전으로 밀리는 형편이었다. 당시 상당한 경쟁력을 가질 수밖에 없던 일본 문화는 정책적으로 철저히 금지 당하였다. 지금은 상상하기도 어려운 불가능한 일이지만 1980년대 초반까지 실제로 일어난 일들이다. 창의적인 생각이나 마인드가 없어서가 아니라 경제와 사회 형편이 그대로 가져오거나 베끼는 것이 싸고, 쉽고, 편하고, 잘 팔리고 그래서 먹고살 수 있는 방법이었기 때문이다.

경제가 성장하고 먹고사는 것이 일단 해결되면서부터 문화·예술적인 욕구는 더 크게, 더 빠르게, 더 다양하게 나타나고 국내 시장도 제대로 형성되었다. 한국인 특유의 '흥'과 '끼'를 발휘할 여건이 마련된 것이다. 이때부터 앞서의 수입, 모방, 복제보다는 창의, 혁신, 수출이 더 큰 위력을 발휘할 수 있고 자본력이 합세하여 기업적인 형태와 경영개념이 점차 자리 잡게 되었다. 때맞춘 모바일로 대표되는 디지털 시대의 실시간 소통과 교류방식이 국내를 넘어 세계와 직접 소통하는 길을 열어 주었다.

문화, 예술, 예능, 스포츠에서도 이전과 정반대로 자녀가 어릴 때부터 소질을 키우고 재능을 발휘할 수 있는 환경을 오히려 부모들이 적극 마련하고 장려하는 분위기가 형성되었다. 자녀의 장래를 고려하여 끝까지 반대하던 생각을 정반대로 바꾼 경우이다. 이런 변화를 한국 여자골프의 새로운 시작을 연 박세리를 연결시켜 '박세리 현상'으로 표현하기도 한다. 바뀌는 세상과 가치관에 따른 합리적인 전망과 빠른 판단의 결과이다. 물론 그 당사자가 해당 부문에 '소질'이나 '끼'가 있기 때문에 가능한 일이었다. 그러나 그런 구조가 달라지는 속도는 어느 나라나 경우보다 빠르다. 적응력이란 표현으로 묘사할 수도 있겠다.

이런 변화도 당연히 한 세대 이내에 일어났다. 한국은 당초부터 문화·서비스 교역에서 만성 적자국이었다. 그러나 서비스 무역 통계에서 2014년부터는

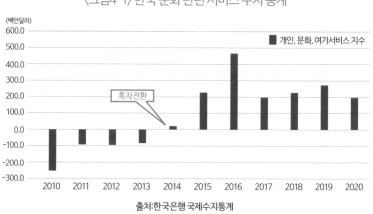

〈그림4-1〉 한국 문화 관련 서비스 수지 통계

출처:한국은행 국제수지통계

개인·문화서비스 지급 부문이 흑자로 돌아선 이후 지속적으로 흑자를 기록하고 있는 것이 다른 하나의 증거가 된다. 즉 문화나 여가 서비스에서도 외국에서 들여올 것보다 팔 것이 더 많아졌다는 의미이다.

한류를 시기별로 구분하여 한류 1.0은 1990년대 말부터 한국 드라마가 개방으로 경제가 본격적으로 성장하던 중국에서 인기를 얻고 한류(韓流)라는 이름을 얻은 것을 의미한다.[113] 한류 2.0의 시작은 K팝 아이돌 그룹이 2000년대 초반 일본에서 인기를 얻기 시작한 때부터로 정의한다. 왜색 문화의 한국 침투(?)가 아닌 한류의 일본 상륙으로 역전이 된 것이다. 당시에는 일본의 자체 음반시장이 침체기라는 여건도 있었다고 한다. 이때까지는 한류가 주로 중국과 일본 등 동아시아권에 머문 시기였다. 그 뒤를 이어 동남아 즉 아세안에서도 한류가 밀레니얼 세대와 결합하면서 새로운 시장이 형성되기 시작했다.[114]

2012년 싸이의 강남스타일 춤과 노래가 전 세계에 퍼지면서 본격적인 K팝 시대가 열린 것으로 본다. 한류 3.0 시대의 진입이라고 할 수 있다. 이 무렵에 등장한 아이돌 그룹 특히 방탄소년단(BTS)이 전 세계의 유튜브와 미국의 빌보드차트 등에서 폭발적인 인기와 실적을 보이면서 당초의 우려와는 달리 영향력이 오래 유지되고 있다. 그와 맞물려서 한국의 많은 다른 부문 예를 들면 영화나 '오징어게임'과 같은 드라마 등도 K00로 등장하면서 서로 긍정적인 영향을 주고받고 있다. 이제는 한류가 라틴팝처럼 세계적인 문화 현상의 한 장르(섹터)로 자리 잡아갈 것이라는 견해도 있다.[115] 다른 표현으로 한국이 그동안 외국 문화의 수신자에서 중요한 발신자가 되었다는 뜻도 된다.[116] 2020년부터는 신한류의 시대로 분류할 수도 있을 것이다. 한류의 세계화, 연관 산업과의

113 통계청, 통계의 창 19거울호
114 매일경제 2019. 7. 30 한류의 진화
115 K팝의 무한진화—이장우·이규탁 교수의 솔직 토크, 매일경제21.1.18 A32
116 이어령 인터뷰, 조선일보 2020. 2. 12

융합, 새로운 세계 수요의 창출 등에 의한 새로운 시장의 형성 등의 특성을 얘기할 수 있을 것이다.

여기서 그동안은 전자제품을 비롯한 각종 한국산 제품이 휩쓸고 간 세계 곳곳을 뒤이어 한류가 퍼져나가는 점을 주목해야 한다. 다시 말하면 한류가 단순히 우연한 현상은 아니라는 점이다. 그래서 이제는 역으로 한류 때문에 한국산 제품이나 기술이 득을 보는 융합 현상이 나타나고 있다. 이 시점에서 모두가 고민하고 개발해야 하는 것은 한류의 지속가능성을 위한 방안이다.

다른 하나의 요인은 '가장 한국적인 것이 가장 세계적이다'라는 말의 실현이다. 경쟁력은 자기가 제일 잘 할 수 있는 것에 집중하는 것이다. 그렇다면 한국 고유의 특성을 살린 맛과 멋이 더 확실한 세계적 경쟁력이 될 수 있다. 한국 전통 의상과 소리를 현대 무용과 버무린 '범 내려온다' 공연이 세계에서 인기를 얻은 것이 하나의 예이다. 논자에 따라서는 앞의 개념에 반론을 제기하기도 하는데 그렇다면 2021년 하반기의 한국 드라마 '오징어 게임'이 넷플릭스 플랫폼을 통해 전 세계 시청률 세계 1위가 된 현상을 설명하기가 어렵다. 다만 이 명제를 일반화하는 것은 위험하거나 부적절할 수도 있다.

미국 뉴욕타임스가 'LA 문화의 여왕'으로 부른 한국계 미국인 에바 차우(한국명 전희경)는 인터뷰에서 현재 미국의 K문화 전성의 이유에 대해 "화산이 부글부글 끓다가 문화적 폭발이 일어난 기분"으로 표현했다.[117] 앞에서 설명한 논리대로 한, 두 분야가 아닌 모든 분야가 시차는 있지만 꽃을 피우고 열매를 맺거나 따기 시작하고 있다. 이하에서는 한류 또는 K00로 불릴 수 있는 여러 분야 중 몇 부문만 따로 정리해 보고자 한다.

---

117 조선일보 인터뷰기사 2021. 12. 27. A30

4-3 K-Pop

방탄소년단으로 대표되는 K팝은 대중 문화적으로 뿐만 아니라 산업적으로도 큰 비중을 차지하는 분야가 되었다. 전 세계 한류 팬이 1억 명을 넘고 소위 팬드스트리(Fan+Industry) 라는 새로운 용어까지 생길 정도로 산업화되어 있다. 전 세계적으로 조직되어 있는 BTS의 팬클럽(Army)은 공연, SNS 등에서의 열성적인 지지와 응원뿐만 아니라 관련 제품 구매력으로도 매우 큰 세력과 시장이 된다. 팬슈머(Fan+Consumer)라는 용어의 의미이다. 이름 그대로 군대와 같은 힘과 영향력을 행사한다.

계량적으로 몇 가지 예를 들어보면 K팝 관련 트위트량은 2010년 500만 회에서 2020년에는 61억 건으로 늘어났다. 10년 동안 1,000배 이상 성장한 폭발적인 속도이다. BTS를 소유하고 있는 하이브(빅히트에서 개명)사는 2021년에 증시에 상장해서 시가총액이 11.7조 원이 되었는데 2012년에는 기업가치가 불과 200억 원 정도이었다. 그 속도에 놀라지 않을 수 없다. 증시에 상장되어있는 다른 3개 기획사(JYP, SM, YG)를 포함하면 약 16조 원 이상이다. 하바드대 경영대학원 엘버스는 BTS의 연간 경제 효과 규모를 49억 달러(약 6조원)로 추정했다.[118] 엄청난 규모의 기업이 된 셈이다. 2021년 말 LA에서의 BTS공연에 20만 명이 몰렸다. 보도를 일부 인용하면 "이날 빈자리 없이 꽉 들어찬 스타디움에는 인종과 국적, 성별과 나이에 무관하게 아미라는 이름으로 묶인 팬들의 떼창이 울려 퍼졌다."[119]

맥도널드가 BTS 메뉴를 개발해서 50개국에서 판매하고 큰 인기를 얻은 것

---

118 Anita Elberse and L Woodham, 'Big Hit Entertainment and Blockbuster Band BTS: K-Pop Goes Global', Case Study, Havard Business Review, June 08, 2020
119 김효혜 매경 2021. 11. 30. A33)

도 획기적인 사건이다. 좋아하니까 팔리고 팔리니까 개발하는 것이다. 한류의 다른 종류의 품목도 서로 영향을 주고받으며 상품화되는 시발점이 된 셈이다. '방탄이코노미'라는 신조어의 적용사례가 된다.

한류의 지속성과 관련해서 한류의 중심에 있는 BTS나 다른 아이돌 그룹이 예상 밖으로 인기를 오래 유지하는 요인은 자체의 내부 혁신성이다. BTS의 경우 멤버들이 직접 작사, 랩 메이킹, 안무나 사운드 트랙도 만든다고 하는데 만들어진 물건을 열심히 파는 것이 아니라 스스로 만들어 파는 방식이므로 더 혁신적인 발상도 가능하다.[120] 인재 양성 시스템의 효과도 있다. 처음부터 SNS를 통해 팬과 소통한 방식도 혁신의 한 종류로 보아야 한다. 이렇게 되면 팬과 스타가 공감대를 이루면서 같이 성장하며 커지는 효과를 거둘 수 있다. 스타 육성체계를 수출하는 점도 인기의 지속성과 사업화를 위한 바른 방향이다.

---

120 Monde diplomaqtique news letter, 2020. 11. 10. 이혜진 세명대 교수

4-4 K드라마

　한류 1.0의 길을 개척한 한국 드라마는 속도의 속성이 여러 방면으로 나타난 경우이다. 영화와 드라마를 오가는 출연 배우의 활동, K팝 스타들의 출연, 인간성에 호소하는 드라마의 내용 등이 성공의 요인으로 꼽힌다. 그보다는 수년 동안 시리즈물로 지속되는 이전에 성공한 외국 드라마와는 달리 12회 내외에서 24회의 짧은 포맷으로 다음 회를 기다리게 하는 중독성을 유발한 기획이 한국의 속도를 보여주는 경쟁력으로 나타났다.[121] 전략적 민첩성을 발휘한 경우이다. 뒤에서 소개하는 촬영 직전까지 대본 수정은 어느 나라 사람도 시도할 수 없는 한국인만의 속도 요인이다.

　앞에서 소개한 '오징어 게임'도 이런 범주를 충족하면서 세계인의 공감을 유발하는 경우인데 영화 기생충, BTS와의 상호작용을 유추하거나 예상해볼 수도 있다. 과거 못살던 한국에서 '미제'에 대한 호감과 신뢰감을 떠올리게 하는 경우와 비교된다. 한국산 작품이나 제품에 대한 신뢰감이 자연스럽게 형성되는 과정이다. 우연히 히트 치는 경우가 아닌 과정으로서의 한 부분으로 설명할 수도 있다.

　한 분야의 성공은 다른 분야의 성공도 이끄는 역할도 한다. 2020부터 다시 불기 시작한 한국 드라마에 빠진 일본의 MZ세대에게 K뷰티 열풍이 분다는 보도[122]는 격세지감을 불러일으킨다. 지난 세기까지 한국 여성에게 일제 화장품은 유럽(프랑스)제, 미제와 아울러 선망의 대상이었기 때문이다. 일본으로의 한국 화장품 수출액은 2017년 2억2,900만 달러에서 2020년 6억4,545만 달러로 급증하였다. 놀라운 반전과 그 속도이다.

---

121 조선일보 2021. 1. 30 A4
122 부산제일경제 2021. 6. 23

시대의 변화를 선도하는 디지털산업 특히 넷플릭스와 같은 플랫폼이 시청과 소비를 촉진하는 매체가 된 점도 주목해야 한다. 콘텐츠, 소비자의 취향과 소비 방식 변화, 시대정신의 반영 등에 대한 빠른 대응 등이 K속도로 나타난 것으로 볼 수 있다.

다시 사소한 것 같아 보이지만 의미 있는 변화의 예 하나로 일본서 한국 기내식 먹는 행사에 참가경쟁률이 20:1이 되었다고 한다.[123] 일본 MZ세대의 변화는 한류와 맞물린 정치적 이유로 긴장 관계를 지속하는 한일관계 변화의 장래 전망에 대한 단서가 될 수도 있다.

---

123 조선일보 2021. 11. 16. A1

4-5 K영화

한국 영화가 세계무대에 본격적으로 진출하고 인정받은 것은 극히 최근의 일이다. 그전에도 세계 유수의 영화제 수상 등의 업적이 가끔 있었지만 본격적인 세계무대의 등장과 인정은 아니었다. 2020년 봉준호 감독의 '기생충'이 아카데미 영화상에서 작품상, 감독상을 비롯한 4개 부문을 석권한 것과 2021년에는 정이삭 감독의 '미나리'에서 윤여정이 여우조연상을 수상한 것 등이 본격적인 시작으로 볼 수 있다. 미나리가 한국 영화인가에 대한 논쟁도 있지만 K영화에 속하는 것으로 분류하는데 아무 문제가 없을 것이다. 봉준호의 작품에 대해서는 시대성, 대중성, 고유성, 혁신성을 갖춘 것으로 평가하는 경우가 많다. 영화 부문에서 일단 본격적인 물꼬가 튀었으므로 계속 여러 형태의 단독 또는 연대 효과가 나올 것으로 예상한다.

한국 영화인들과 영화계 전체가 2007년의 스크린쿼트 축소조치에 결사적으로 반대한 이유는 한국 영화가 헐리우드 영화에 대한 경쟁력이 떨어진다고 스스로 인정한 것이다.[124] 그런데 불과 10여 년 만에 한류의 한 중심축이 되어 세계를 누비게 되었다. 한국의 속도와 각 부문 간의 연관효과 덕분이다. 만약 스크린 쿼터를 축소하지 않고 그대로 두었는데도 오늘날과 같은 성과가 나올 수 있을까를 묻고자 한다. 다른 측면에서 다시 한번 강조하는 것은 영화 '만'이 아니라 문화, 예술, 엔터테인먼트 등 전반의 상호 상승작용이 경제적인 여건에 이끌리며 뒷받침되는 효과와 속도이다.

예를 들면 드라마, 팝, 게임 등 모든 문화, 예술, 예능 서비스 부문이 세계적으로 또 시대적으로 첨단의 길을 가고 시청자, 관객, 소비자들의 눈과 수준이

---

124 스크린쿼트 축소 조치에 영화계가 극력 반대하는 행동을 했는데 봉준호 감독도 매우 적극적이었다고 한다.

이미 업그레이드 된 상태가 되었는데 어느 한 부문만 구태를 벗지 못하고 옛 수준에 머물러 있다면 국내에서도 경쟁력을 잃고 도태되는 원리이다. 그 원리에서 영화도 예외가 아니다.

4-6 K웹툰, 웹소설

한국 웹툰의 경쟁력은 스피드다. 한국 웹툰 작가들의 작업속도가 빠른 것은 치열한 환경에서 경쟁하기 때문이다. 게임이나 다른 분야와 마찬가지로 웹툰의 제작 속도는 K웹툰 경쟁력의 필요조건이다. 그 바탕에서 다른 요인들이 동시에 작용해서 성공을 이끌어내는 것이다.

웹툰이나 웹소설은 자체적인 장르일 뿐만 아니라 웹툰, 웹소설 등으로부터 나온 다양한 원작이 소재와 내용을 풍성하게 만들고 작품의 완성도를 높여주는 역할도 한다. 그 반대의 경로도 당연히 있다. 소비자와의 소통이 사전적으로 이루어진 셈이다. 예능이나 드라마의 기본 콘셉트, 구성, 제작 방식 등의 기본 포맷을 수출하여 현지에서 리메이크하는 포맷 산업에서도 한국이 가장 활발하다는 지적도 있다.[125] 작품성, 상업성의 경쟁력을 단기간에 인정받은 예이다.

웹툰이나 웹소설도 자체적인 시장이 급속하게 성장하고 있을 뿐만 아니라 세계시장으로의 확산도 빠른 속도로 이루어지고 있다. 국내 웹툰 시장은 2013년 1,500억 원에서 2020년 1조 원을 달성한 또 하나의 전형적인 성장 부문이다. 웹소설은 속도가 더 빨라서 2013년 100억 원에서 2021년에 1조 원에 달하리라는 전망이다.[126] 이들 분야는 소재가 드라마, 영화, 게임 등으로 확산되는 지적 재산권도 창출하는 분야이어서 연관효과도 더 크다. 국내 양대 기업인 네이버, 카카오가 이 분야의 국·내 외의 플랫폼을 확보하고 확장하는 작업을 하고 있는데 이 시장도 생각 이상으로 크고 확장성이 있음을 보여 준다. 그 예로 2021년 9월 네이버가 웹소설 플랫폼 문피아를 인수했는데 문피아는 2002

---

125 조선일보 2021. 6. 25 '일사일언'에서 재인용
126 조선일보 2021. 10. 2. A17

년 온라인 커뮤니티로 시작해서 등록 작가가 47천여 명에 이른다. 두 회사가 모두 해외 사이트 인수작업도 활발히 진행하고 있다. 이미 자체 만으로서도 산업의 한 분야가 되는 조건이 된다. 웹툰이나 웹소설로 만든 드라마와 영화들이 OTT 상에서 크게 성공을 거두면서 가격(판권)도 상승한다. 범위의 경제에 대한 또 다른 예이다.

연관해서 생각할 부분은 이 분야도 원작을 만들거나 다른 작품을 각색하는 일종의 창작 분야이므로 상상력과 창의력이 전제되어야 하고 동시에 창작자나 제작자의 빠름의 역할이 더 중요해지게 된다.

4-7 K게임

　K00를 비롯한 본격적 한류 시대의 선도자 중 하나는 게임 산업이다. 한국 게임이 세계시장의 강호로 군림하게 된 것은 한마디로 속도의 경쟁력 때문이다. 한국이 여러 형태와 방법의 게임을 세계에서 먼저 개발하지는 않았지만 따라가고 앞지르는 속도가 빨랐기 때문에 한국 게임 산업의 오늘을 이룬 것이다. 구체적으로 한국의 IT와 인터넷 보급이 상대적으로 빨랐고 PC방 문화가 일찍부터 발달해서 여건이 빨리 갖추어졌다. 한국인의 집중력, 승부욕이 게임을 즐기거나 개발하는데 좋은 여건임은 말할 것도 없고 한국적 상상력도 더해졌다.

　게임의 성공 요인 중 중요한 것은 아이디어 및 콘텐츠와 더불어 개발 속도이다. 게임도 선점효과와 후속 효과가 성공의 필수 조건인데 개발 및 출시 속도에서 외국의 경쟁자들을 압도한다. 정상원 넥슨 부사장은 "해외 개발자들을 만나면… 자기네들이 한 편의 게임을 5~6년에 걸려서 완성하는 동안 한국에선 이미 후속 시리즈까지 여러 개 출시하는 수준이라고 경탄한다."[127]고 표현한다. 게임 자체의 고유 속성 중 중요한 것이 속도이므로 그 제작과 보급에서도 당연히 속도가 경쟁 요소이다.

　하나의 부문에서 여러 부문으로의 확장(One Source-Multiuse)으로 응용하는 방면에서도 게임이 중요한 자리를 차지한다. 범위의 경제와 규모의 경제, 속도의 경제가 동시에 작용하는 경우이다.

　위기를 기회로 만드는 속도도 뛰어나다. 2010년대 초 한국 정부가 청소년의

---

127 매일경제 2018. 1. 25.

심야 게임 금지 조취를 취한 것이나 중국 정부가 사드 보복으로 중국 내 한국 게임 허가를 의도적으로 불허하자 보다더 세계시장 개척에 주력해서 위기를 돌파한 것이다. 3대 게임업체인 넥슨, 엔씨소프트, 넷마블과 신 삼총사로 불리는 크래프톤, 스마일게이트, 펄어비스 등에 의한 게임업체의 수출은 2020년 기준 5조원에 달하며 특히 신 삼총사는 매출의 87%를 해외에서 달성한다.[128]

콘솔이나 PC게임은 한국이 개발하거나 시작한 것이 아니고 해외에서 먼저 개발되었지만 시차가 크게 나지는 않는다. 모바일 게임은 시작은 일본보다 10년 뒤졌지만 짧은 시간에 뛰어 넘었다. 게임 산업의 경우에서 다시 발견하고 재확인하는 사실은 비슷한 조건이나 시기에 시작하는 경쟁에서는 한국의 속도와 상상력이 확실히 이길 수 있는 바탕이 된다는 관찰과 실험적 결과이다.

e스포츠도 같은 차원에서 설명된다. 한국이 개발하거나 시작한 것이 아니지만 그동안 미국이 장악하고 있던 시장에 한국이 진입해서 한국산 게임들의 존재감이 계속 높아지고 있을 뿐만 아니라 선수층의 숫자나 상금 수입 규모도 세계적 수준에 도달해 있다. 즉 글로벌 e스포츠계에서 상금 랭킹이나 수상자에서 한국의 비중이 빠르게 커지고 있다. 한국의 크래프톤이 개발한 배틀 그라운드 게임의 2021년 3월의 '2021 펍지 글로벌 인비테이셔널' 결승전은 세계 수십 국에서 1,000만 명이 동시 접속했다.[129]

PC게임 리그는 미국이 장악하고 있으나 모바일 e스포츠는 혼전 양상이지만 한국이 상대적으로 유리하다고 평가한다. 응용 면에서도 탁월하다. 한국의 스마일게이트가 2007년에 개발한 게임 크로스파이어는 자체로서도 성공했지

---

128 매일경제 2020. 10. 6. A5
129 조선일보 2021.6. 8 조선경제B3

만 2013년 e스포츠로 개발되고 글로벌 프로리그로 발족되고 그것이 2020년 중국에서 36부작 드라마 '천월화선'으로 만들어져 대성공을 거두었다고 한다. 국산 게임 최초로 영화화할 계약이 이루어지고 오프라인 사업으로 상하이·쑤저우에 테마파크를 건설할 계획이다.[130] 변화는 당연하지만 그 속도는 누구나 같을 수 없다.

  같은 차원에서 최신 기술인 5G로 만든 K팝·드라마·게임 등 K콘텐츠의 세계 진출은 당연히 빠른 속도일 수밖에 없다. 한국이 강점을 가지는 신기술에 경쟁력 있는 콘텐츠를 얹는 경우이므로 상승(相乘) 작용이 나타나게 된다. 최근 통신 3사의 해외 5G 콘텐츠 진출이 활발한 것도 그 예이다

---

130 매일경제 2021. 6. 25 A5

4-8 K속도의 확산과 확장

이외에도 에니메이션, 콘텐츠, OTT 산업, 음식(K-Food) 등 규모, 영향력 측면 등에서 위에서 개별적으로 논의한 분야 못지않게 보다 활발하게 외국으로 또는 전 세계에서 뻗어나가는 부문이 더 존재한다. 현재는 문화 특히 엔터테인먼트 서비스나 산업의 많은 부문에서 상위 또는 두각을 나타내거나 돌진하고 있다. 모두가 가까운 과거까지 없거나 경쟁에서 약하다가 빠른 속도로 확산되는 현상이다. 또 다른 분야도 새로이 더 생길 가능성이 충분히 있다. 여러 번 언급한 대로 이런 현상은 갑자기 이루어진 것이 아니라 제조업을 위주로 한 하드웨어와 경제력이 선도하고 경제력으로 뒷받침되는 때를 만난 문화적인 소프트웨어와 분위기가 호응해서 흐름을 이어가고 있는 현상으로 보아야 한다. 또 돌출적이고 개별적이 아닌 상호 영향을 주고받는 과정과 결과라고 보아야 한다. 앞에서 여러 가지로 설명한 대로 K00 확산은 시간적으로 비슷하게 각가지 모양으로 나타나고 진행된다. 어느 한 분야가 앞서거나 끌어가는 모습도 있으나 말 그대로 '현상'으로 볼 수 있다.

당연히 이런 현상은 클래식 음악, 무용, 문학, 미술 등의 정통 및 응용 문화예술 분야에서도 같이 나타나고 있음도 유의해야 한다. 과거에는 이들 중 전통적 분야가 오히려 훨씬 앞서 개별적으로 두각을 나타내면서 한류의 선구자 역할을 했음을 인정해야 한다. 과거부터 한국인 피아노나 현악, 성악 등 한국 음악이나 연주자들이 세계 각지의 일류 콩쿠르 등에서 세계를 놀라게 한 일이 많았고 그런 추세는 지금도 계속 확산되고 있다. 크로스오버로 전통과 유행을 넘나드는 응용 분야도 빠른 속도로 확장되고 있음도 눈여겨보아야 할 현상이다.[131]

---

131 조선일보 2021. 9. 16. A16

스포츠 분야도 같은 맥락으로 보아야 하는데 야구나 축구 등에서 한국 스포츠시장도 빠르게 크고 자리 잡았지만 재능 있는 개별 선수들의 해외 진출이 최근 더 활발하다, 바뀐 분위기를 반영하는 증거이다. 앞서도 예를 들고 설명한 바가 있지만 그 가운데 가장 대표적인 것이 KLPGA이다. 과거 골프는 하나가 성공하면 뒤따라 여럿이 성공하는 때를 의미하는 '박세리 모멘트'라는 용어가 생기면서 어릴 때부터 어린 여자 골프 선수를 양성하는 붐이 일어났고 그것이 성공하여 지금은 골프 종주국 영국은 물론 최강국 미국을 자주 앞서는, 세계가 인정하는 명실공히 여자골프 강국이 되었다. 박세리 현상 후 불과 20여 년 이내의 일들이다.

프로골프와 맞물려서 아마골프가 더 빠른 속도로 성장하고 있는데 앞서 그림2-13에서 본대로 한국 골프 인구가 500만을 넘어섰다. 비용과 여건을 고려하지 않더라도 20세 이상 70세 미만 인구의 약 13%가 이 운동을 하고 있는 셈이다. 과거에는 주로 경제적으로 여유가 있는 중년 이상의 남성 위주이었는데 놀라운 속도로 여성과 젊은 세대가 증가하고 있다. 경제적 여건 등 여러 가지 여건과 이유를 찾을 수 있지만 K속도 외의 다른 결정적 이유를 찾기가 어렵다.

세계 각 곳에서 환영받고 인기를 끄는 한국 음식과 재료의 경우도 마찬가지다. 필자가 미국 유학 생활을 하던 때인 1970년대는 일본이 세계에서 두각을 드러내고 있을 시기이었다. 그때 대도시에서 가장 비싸면서 인기 있던 메뉴는 일식 스시였다. 상당수 미국인들이 일본을 경이로운 눈으로 바라볼 때의 일이다. 일본 전통극인 가부키 공연도 꽤 관심을 끌었던 것으로 기억한다. 이제는 런던 한복판에서 영국인이 만들어 파는 한국식 길거리 토스트가 큰 인기를 끌어 긴 줄이 만들어 진다고 한다.[132] 토스트는 영국이 원조인 음식이다.

---

132 김성윤의 맛 세상, 조선일보 2022. 2. 24. A33

한류의 확산은 커뮤니케이션 수단인 한국말이나 한글 수요 증대로 이어질 수밖에 없다. 전 세계 한류 팬이 1억 명을 돌파하며 교육부가 해외 초·중등학교 생을 대상으로 한 한국어 교재를 2021년 말까지 개발한다. 단계별로 총 8종을 개발하는데 방탄소년단의 노래 가사와 뮤직비디오가 주로 활용된다. 세계적으로 한글 학습과 보급이 빠르게 또 본격적으로 진행되고 있다. 이미 세계에 한글을 배우고자 하는 수요가 있기 때문이다. BTS를 비롯한 K팝이나 한류의 영향이 큰 요인일 것이다.

또한 한글을 보급하는 세종학당의 숫자가 첫 시작인 2007년 3개국에서 2021년 82개국으로 27배 증가해서 한글학당이 235곳이 설치되어 있다. 학습자는 76천명에서 740만 명으로 103배 증가했다. 글로벌 외국어 학습 앱인 듀오링고의 한국어 학습자가 800만 명에 이른다고 한다. 베트남 지상파 방송의 황금시간대에 한글 강좌가 등장하고 미국, 영국 같은 나라 유명 대학의 한국어 강좌 수와 수강생이 크게 늘어난다고 한다.[133] 대학에서의 강좌 개설은 일시적 수요 증가만으로 대응하는 정책은 아니다. 과거 일본이 경제적으로 크게 두각을 나타내면서 일본 문화가 세계에 상당히 퍼진 적이 있지만 그 범위, 속도나 정도는 한류와 비교가 되지 않는다. 한류의 속도와 콘텐츠의 힘이다.

책의 여러 부분에서 언급한대로 오랫동안 일본은 식민지로 한국을 지배했던 역사는 물론 한국보다 여러 면에서 앞서 있어서 따라가기조차 쉽지 않은 존재이었다. 그러나 매우 짧은 기간에 한국은 경제적으로 일본을 거의 따라잡아가고 있고 거시경제 지표(예를 들면 1인당 소득)로는 조만간 한국이 앞설 것이라는 전망을 스스로 내놓고 있다.[134] 지금까지 오래 살고 있는 세대에게는 믿기 힘든 역전극과 같다.

133 조선일보 2021. 12. 6. A1, A14
134 니혼게이자이 2021. 12. 16 인당 GDP 2027에 한국이 추월−조선21. 12. 17 보도 인용

여기서 강조하고자 하는 점은 한국이 경제력에서의 일본과의 격차는 옛날과 같은데, 즉 하드파워의 차이는 전과 같은데, 소프트파워에서 갑자기 일본을 넘어선 것은 아니라는 점이다. 일반화하지 않은 아직은 가설의 단계이지만 하드파워와 소프트파워는 선·후의 순서나 강·약의 차이는 있겠지만 동행하는 대상이고 특히 일시적이 아닌 지속가능성 측면에서는 더욱 그렇다.

다른 측면으로 한류 확산은 '며느리가 예쁘면 뒤 꼭지도 예뻐 보이는' 현상으로도 설명할 수 있다. 한류의 범위와 종류가 계속 확대되는 현상도 같은 맥락으로 예상할 수 있다. 한국에서도 과거 극도의 궁핍과 열악한 생활 여건에서 '외(미)제는 다 월등하고 좋다'는 인식은 보편적이었다. 좋은 이미지를 가진 대상을 믿을 수 있으며 많은 것을 따라 하고 싶은 마음이 생기는 것은 자연적인 흐름이다. 단 변화와 혁신이 없으면 이들 분야도 빨리 식상해질 수 있다. 그것은 경제와 다른 산업의 경우도 마찬가지다.

소통과 교류 및 거래 등에서 메타버스가 새로운 방법으로 빠르게 떠오르고 있다. 거의 같은 여건에서 출발하는 경우이므로 한국(인)이 경쟁력을 가질 수 있는 대상이고 또 디지털 관련 상대적인 준비도 되어 있는 경우이다. 다른 무엇보다도 도와주지는 않더라도 방해가 되지 않는 제도적 환경과 분위기 조성이 성공의 요인이 될 것이다. 한국의 속도가 나아갈 새로운 돌파구가 되는 계기이다.

K5

K속도의 문화, 사회, 인류학적 고찰

'K속도는 확실히 있는가?' 이 물음은 역사학, 지리학, 사회학, 민속학, 인류학, 생물학, 의학 등을 통해 고찰되고 입증되어야 하는 거창한 명제이다. 각 분야에 따른 학술적 구명을 떠나서도 지나온 20세기, 더 짧게는 해방 이후의 한국은 위의 물음에 대해 그렇다고 대답할 수 있을 것이다. 다만 21세기와 그 이후의 기간에도 확실히 그럴 것이라고 하기는 불확실하다.

한국인은 어떤 특성을 가진 민족인가? 어떤 잠재력과 결점을 가지고 있는가? 등의 물음에 관한 연구나 논의도 상당히 나와 있다. 물론 속도는 한국인이라는 민족적 정체성과 상대적 위상에 따라 나타나는 현상일수도 있으므로 이런 연구들이 바탕이 되어야 한다. 다만 여기서는 기존의 접근과는 좀 다른 방식으로 한국인이 가지는 빠름의 속성을 논의하고자 한다. 즉 나타나 있는 몇 가지의 특성으로 위의 질문에 대한 답을 찾아보고자 한다.

5-1 신체조건 측면

(1) 체형

먼저 체형의 특성이다. 체형의 분류에서 두상(頭相)을 남방형과 북방형으로 나눌 수 있고 이 경우 한국인은 타원형에 뒷머리가 납작하고 이마가 세로로 높은 북방형 얼굴에 속하고 재능에서는 북방형에 남방형이 약간 섞인 '중간형 재능'에 속하기 때문에 순발력이 절대적으로 필요한 빙상경기에 특히 경쟁력이 있다고 한다. 한국 사람들이 인화가 잘 되고 고난을 이겨내는 근성이 있고 '빨리빨리' 문화에 익숙한 것도 그 때문이라고 한다. 이 관찰은 체형과 빠름 간의 있을 수 있는 연관성을 찾아보기 위한 하나의 시도이다.

그 재미있는 예로 명지대 최창석 교수는 2013 세계 피겨스케이팅 대회 싱글 부문에서 우승한 김연아 선수가 3위에 그친 일본의 아사다 마오를 이긴 이유를 얼굴 형태의 차이로 설명한다. 즉 등·다리 근육을 많이 쓰고 강한 정신력이 필요한 피겨스케이팅은 '북방형 얼굴'에 맞는 스포츠로 김연아의 얼굴은 이마, 광대뼈, 턱의 모습이 모두 북방형의 전형이고 아사다 마오는 남방형에 가까운 얼굴이라고 분석한다. 주로 사냥을 하며 살았던 '북방형 인간' 유전자를 김연아가 더 많이 가지고 있다는 주장이다.[135] 일반화하기에는 무리가 있어 보이는 논지이지만 재미있는 주장이다.

즉 우리가 신체적으로 빠른 것은 한국 민족이 이런 DNA와 체형을 가지고 있기 때문이라는 생각은 가능하다. 그렇다고 모든 북방형 두상을 가진 인종은 다 한국인과 비슷한 체질이나 성격을 가질 것이라고 주장할 수는 없다. 다만

---

135 조선일보,People & News, 2013. 3. 18

빙상경기의 경우 얼음이 어는 북방에 사는 사람이 얼음이 없거나 귀한 남방에 사는 민족보다 더 뛰어날 것임은 말할 필요가 없다.

다른 측면으로 평균적으로 체격이 크고 비대하다면 대체로 힘은 세고 강하나 민첩성은 상대적으로 떨어질 것이다. 나아가 행동의 민첩성이 생각이나 판단의 빠름과 직결된다는 주장은 할 수 없지만 그 반대의 경우도 마찬가지로 주장하기 어렵다.

(2) 손놀림과 민첩성

신체적 빠름은 발, 손이나 동작이 빠름을 의미한다. 그런 맥락에서 지난 세기에 한국이 이룩한 급속한 경제성장은 세계에 유례가 없는 기적과 같은 일이었는데 그 원인을 분석하면 한국인의 체질적, 문화적 속성도 뒷받침되어 있음을 입증할 수 있다. 예를 들어 한국 산업화 초기인 1960년대에 주력 수출상품은 가발과 봉제, 신발과 같은 제품이었는데 해당 산업이 국제경쟁력을 가지기 위해서는 모두 저렴한 임금뿐만 아니라 여자 직공(여공)의 민첩하고 정교한 손놀림을 필요로 하는 업종이었다. 체형적으로도 한국인의 손은 서양인에 비해 평균적으로 작고, 두텁지 않아서 재빠르게 그리고 정확하게 생산품을 만지면서 처리하는 신체적 조건이다. 자동화가 진척되지 않았던 시기에 높은 정밀성이 필요한 전자 부품 등의 조립도 같은 차원에서 한국이 비교우위가 있었음은 말할 필요가 없다.

빠른 손놀림을 보여 주는 또 다른 예로 돈 세기를 들 수 있다. 화폐 계수기가 없던 과거에는 돈을 셀 때 왼손의 엄지와 검지 사이에 돈다발이나 묶음을 끼우고 오른손 엄지와 검지로 돈을 한 장씩 빠르게 넘기며 세었는데 지금 은행 등에서 사용하는 돈 세는 기계의 속도에 버금가는 속도이었다. 지금도 여러 외국의 은행 직원이나 개인이 돈을 한 장씩 놓으면서 세는 모습을 보면 우리의 손놀림이 얼마나 빠르고 정확한가를 유추할 수 있다. 같은 차원에서 지금은 쓰지 않는 주판의 속도는 전자계산기에 뒤떨어지지 않는 수준이었다. 은행에서나 상거래에는 항상 주판이 사용되었는데 숙달된 전문가에게는 지금의 계산기보다 결코 느리지 않았고 정확성도 뒤지지 않았다. 주산을 가르치면서 암산도 같이 가르쳤는데 그 또한 속도나 능률면에서 지금의 계산기에 못지않았다.('속도의 경험: 한국(1)' 참조) 체질적이나 체형적으로 손놀림이 빠르지 않으면 할 수 없는 일이다.

이런 속도와 정교성은 결코 과거의 일 만이 아니다. 영덕 축산항의 수산물가공센터에서 오징어를 손질하는 일은 주로 60~80대 할머니들이 하는 일인데 오징어 한 마리 할복에 3초밖에 걸리지 않아 손이 기계보다 빠르게 작업한다. 한 시간에 600마리를 처리한다.[136] 이것이 바로 타고난 한국인의 선천적 능력이다. 아마도 숙달된 한국인이라면 대부분 수행할 수 있는 능력일 것이다.

2021년 초 세계 영화계에서 화제를 모은 작품 '미나리'에서 한국에서 미국으로 이민 간 주인공의 직업이 병아리 감별사인데 이 직업도 섬세한 손놀림이 경쟁력이고 1960년대 이후 한동안 미국 이민자의 진출 직업 중 하나가 되었다.

또 하나의 예로 다른 종류의 작업에도 비슷한 결과가 나온다. 선인장을 접목하는데 섬세한 손놀림은 필수적인데 보통 하루에 모종 1,500~1,600개 정도를 만들면서 접목 성공률은 70~90%에 달한다. 이 정도 성공률은 같은 동양 문화권인 중국이나 다른 경쟁국에 비해 두 배가 넘는다.[137] 한국인이니까 가능한 일이다.

---

136 조선일보 Why B3, Why가 간다, 2015. 12. 19-20
137 조선경제 2011. 01. 01

한국이 21세기에 자랑하게 된 의료 기술 중에는 정확하고 세련된 외과적 수술이 있다. 선진 외국의 의사들이 감탄하는 것은 한국 의료진의 정교한 손놀림과 상대적 속도이다.[138] 기계를 사용하는 로봇 수술의 경우에도 정교한 손놀림은 여전히 필요하다. 로봇수술기 '다빈치'를 제조하여 세계에 가장 많이 판매하는 미국 인튜이티브사의 수석부사장은 언론 인터뷰에서 자기 회사 개발 엔지니어들이 손놀림이 좋은 한국 외과 의사들의 수술기법을 보면서 자기들 수술 장비를 어떻게 개선해갈지 연구한다고 말했다.[139]

"복강경 기술, 로봇 수술 한국 의사들 세계 최고-한국서 2시간이면 끝낼 수술 미국 의사들은 4시간 걸려" 의료 전문가들은 한국인 특유의 손재주와 한국 문화의 특징인 '빨리빨리' 정신이 한국 병원의 해외 진출에도 큰 장점으로 통한다고 말한다. 환자 부담을 최소화하기 위해 가능한 한 적게 째고 칼을 안대고 대신 내시경으로 해결하는 것이 현대의학의 트렌드인데 손기술이 뛰어난 한국 의사들은 이 분야에 체질적으로 국제경쟁력을 갖고 있다는 것이다.[140]

또 하나의 의료 시술의 예이다. "뇌졸증 발병 3시간 내 혈전용해제 써야 후유증 없어-지난 2007년 10월부터 2008년 12월까지 이 병원 응급실에 온 뇌졸중 환자 400여 명은 영상 검사를 평균 15분, 혈전용해제 투여는 평균 45분 이내에 마쳤다. 미국 뇌졸중학회는 영상 검사까지 대기시간 25분 이내, 혈전용해제 투여까지 60분 이내를 권고했다. 한림대 성심병원은 보건복지부와 건강보험심사평가원이 지난 2008년 실시한 뇌졸중 진료 적정성 평가에서 9가지 항목에서 A등급을 받았다⋯. 혈전용해제를 투여하는 시간이 단축될수록 뇌졸중 환자의 치료 결과가 좋아지므로 환자 이송 및 응급실 도착 후 치료과정

---

138 이런 것은 굳이 증거를 보여 주며 입증할 필요가 없을 정도로 한국의 의사들이 공통적으로 말하고 자랑하는 부문이다. 소득 상승에 따른 성형수술이 한국인 뿐 만 아니라 많은 외국인을 불러 모으는 것도 증거가 된다.
139 매일경제 2019. ? A20
140 조선일보 2010. 11. 29

을 더욱 효율화하는 노력을 계속 해야 한다."[141] 미국이 한국보다 의료선진국임은 주지의 사실이다. 미국 병원이나 학회에서 정한 처치 시간은 자신들의 환경과 경험에서 최선을 다한 측정치를 기준으로 한 것일 것이다. 그 기준보다 빠른 시간 단축은 문제없이 빨리할 수 있는 한국에서만 가능한 일이다.

지금은 세계의 공항들이 상당히 자동화되어 가기 때문에 차이가 점차 줄어들고 있지만 외국 여행 시 공항의 입국 수속에 소요되는 시간의 빠름은 한국이 으뜸이었다. 즉 사람이 여권과 비자를 직접 검사하는 절차에서 어느 다른 외국 공항보다 한국 공항의 소요 시간이 월등하게 짧았다. 저자가 과거 오랜기간 동안 세계 각국을 다니면서 외국의 입국심사 과정을 경험하고 관찰해본결과는 모든 나라의 출입국 수속 담당자가 일부러 시간을 끄는 경우는 거의보지 못했는데 일 처리 속도에서 한국 공항과는 확실한 차이가 있었다.

더 놀라운 예도 있다. "서울 면허시험장에서 운전면허증을 만드는 동안 주변 식당에서 점심을 먹을 생각이었다… '얼마나 걸려요?' 창구직원의 대답은 '앉아 계세요'였다. 정확히 3분 뒤 내 이름을 부르는 소리가 들렸다… 서울 면허시험장은 전광석화와 같은 행정서비스로 줄을 설 필요성을 확 줄였다. 도착시간을 생중계하는 버스 정류장은 승객이 줄 서는 대신 의자에 앉아 신문을 읽을 수 있도록 했다. 국격까지 거론될 정도로 비판받는 한국인의 유전적 결함을 시스템으로 덮어 버린 것이다."[142] 앞의 예들은 다른 어느 나라에서도 가능하거나 할 수 있는 일이 아니다. 다시 말하면 한국에서는 되는데 외국에서는되지 않는 일이다. 시스템과 빠른 일 처리 속도 능력의 합작품이라고 볼 수밖에 없다.

---

141 조선일보 2010. 08. 25
142 선우 정, 조선일보 2011. 2. 16

즉 이런 빠른 일 처리 속도가 시스템과 결합되면 상승작용을 한다. 한국보다 선진사회였던 어느 외국도 한국의 서비스 속도를 따라갈 수 없었던 예가 가정용 전화 가설이나 인터넷 연결이다. 과거 미국, 영국 등에서 살아 본 사람은 이사 후 전화 연결이나 인터넷 연결을 신청하면 보통 2~3주가 걸리는 경험을 했을 것이다. 얼마 전까지도 한국은 당일 또는 다음 날까지 연결 서비스가 가능하였다. 한국보다 선진국이 사회나 기업의 시스템이 뒤떨어지거나 비효율적이어서 더 시간이 걸리는 것은 아니다. 개인의 일 처리 능력과 경쟁시스템이 그것을 가능하게 한 것으로 보아야 한다. 달리 말하면 외국에서는 안 되는 일이 한국에서는 가능한 것인데 빨리하는 성격, 빠른 손놀림과 동작 능력, 조직의 시스템과 사회 문화적 특성 등이 복합적으로 작용한 결과이다. 이것이 바로 우리가 놓치지 않고 살려야 하는 경쟁력이다.

(3) 젓가락 사용 문화

식사할 때 젓가락을 주로 사용하는 인종은 한·중·일 3국과 동남아 일부 국가밖에 없다. 그런데 젓가락을 가장 정교하게 사용하는 민족은 한국인뿐이다. 중국은 젓가락이 굵고 길어서 반찬이나 물건을 짚는 역할보다는 음식을 퍼 올려 넣거나 미는 기능이 중시된다. 일본은 중국보다는 더 정교한 젓가락질이 가능하나 나무젓가락(와리바시) 같이 젓가락 자체가 굵고 끝이 가늘지 않은 것은 작고 미세한 대상을 집거나 들어 올리는 것은 쉽지 않다. 한국은 대체로 젓가락이 얇고 끝이 뾰족하기 때문에 쌀알 같은 아주 작은 것도 들어 올릴 수 있다. 한국인이 밥 먹을 때 일본인이나 중국인과 같이 밥그릇을 들고 먹지 않는 것도 흘리지 않고 반찬이나 밥을 퍼 올릴 수 있기 때문일 것이다. 그것을 지금까지는 역설적으로 식사 예의가 부족한 것으로 스스로 치부하기도 했다.

1980년대에 한국을 비롯한 싱가포르, 대만, 홍콩 등 급속한 경제발전을 이룩한 아시아의 몇 나라(아시아의 4소룡(龍)이나 ASIAN NICs 또는 ASIAN NIEs라고도 불렀다)에 대해 급속 성장의 이유를 찾기 위한 경제발전론 차원의 연구가 유행일 때 그 나라들의 공통점이 무엇인가를 찾는 작업이 활발하게 이루어진 적이 있다. 그때 제기된 몇몇 가설 중에 그 나라들이 유교 문화권 또는 젓가락 문화권임이 지적된 바도 있다. 뒤늦게라도 다시 살펴볼 가치가 있다고 생각한다.

정교하고 빠른 손놀림은 손의 체격, 체질적 또는 구조적 특성과도 관계가 있겠지만 훈련에 의해 형성되는 부분도 클 것이다. 조상 대대로 계속 사용하는 젓가락질은 정교함, 정확함을 향상시키고 그런 손가락이나 손이 다른 작업도 빠르게 수행할 수 있는 능력을 키워왔을 것이다. 이것은 한민족이 물려받은 축복의 하나이다.

5-2 성격과 능력 측면

(1) 빨리할 수 있는 능력(1)

한국 민족이 예로부터 다른 민족이나 집단에 비해 상대적으로 빠른 속성과 체질을 가지고 있었는가에 대한 연구나 자료는 거의 없다. 다음의 몇 가지 예를 들어 빠름의 문화나 기질을 유추해 볼 수는 있다.

1) 먼저 오래전부터 한국 사람이 중국 사람의 기질을 표현하는 대표적 말이 '만만디(漫漫的)'이었는데 그것을 해석하면 우리는 그렇지 않다는 것을 비교해서 나타내는 것으로 볼 수도 있다. 즉 오래전 한국에서 중국인을 떠올리는 모습은 두 손을 마주 잡고 느릿느릿 걷는 걸음걸이나 말하기 등 여러 일에서 천천히 반응하는 것이었다. 물론 우리가 지금 대하거나 상상하는 중국인의 모습과는 판이하게 다르다. 미루어 보면 어쨌든 한국인이 중국인보다 예부터 상대적으로 민첩했음은 틀림없을 것으로 짐작할 수 있다.

2) 한국인과 한국 기업의 특징을 표현하는 한 예로 한국에 진출한 한 독일 기업인은 한국의 빨리빨리 장점을 살려서 아시아의 기술 중심지로 키울 것을 제안하고 있다. "한국은 유럽은 물론 인근 아시아 국가들과도 다른 '그 무엇'을 지닌 참 독특한 시장입니다…. 유럽에서는 보통 2~3개월 걸리는 일이 한국에서는 10일 뒤면 완벽히 결론이 나 있는 것을 보고 엄청 놀랐습니다. 유럽인들보다도 꼼꼼한 일본인들이나 아직까지 전략적 사고가 부족한 중국인들보다 더 빨리 일을 처리할 수 있다는 것이 한국인의 강점입니다."[143] 좀 오래전에 한 언급이지만 경험에 의한 외부인의 예리한 관찰로 보인다.

---

143 가우제 바이엘 코리아 사장 인터뷰기사. 조선경제 제27584호

3) 문화나 DNA 차원에서 과거에도 그랬는가를 살펴볼 필요가 있다. 그 예의 하나를 그대로 인용하면 다음과 같다. "'스피드' 또한 우리의 위대한 유산이다. '조선 정조 때 화성(華城)은 완성에 10년을 예상하고 설계한 신도시였다. 그걸 2년 9개월 만에 끝냈다'. 인터넷 강국의 소질은 하늘에서 떨어진 게 아니었다. 일등주의 강박관념과 투쟁적 투자, 젓가락에서 보이는 정교한 '손끝 문화', 드라마를 잘 만들 수 있게 하는 '인간 삶에 대한 끈질긴 애정'도 빼놓을 수 없다."[144] 일의 속도와 그것을 뒷받침하는 기술과 능력이 보여 준 놀라운 결과이다. 동서고금에 각종 건설의 속도가 빨랐던 예는 물론 외국에도 많이 있다. 그러나 2백 년도 넘은 과거에 조선에서 이런 속도를 낸 것은 인정받을 수 있는 기록이다.

4) "한양도성은… 약 18.2km로 평지는 토성, 산지는 산성으로 계획되었다. 이 방대하고 시급한 사업을 농한기에 완성하기 위하여 1396년 (음력) 1, 2월 49일 동안 전국에서 11만 8천명을 동원하여 성곽의 대부분을 완공하였고, 가을 농한기인 (음력) 8, 9월의 49일 동안 다시 79,400명을 동원하여 봄철에 못다 쌓은 동대문 구역을 완공하고 4대문과 4소문을 준공하였다…. 당시 서울의 인구가 약 10만 명인 것을 감안하면 엄청난 공사였고 사망자만 872명에 달했다."[145] 아무리 많은 인원을 동원하는 강제 노역이어도 또 아무리 치밀한 작업 계획을 세웠어도 별다른 공사 장비도 없는 먼 과거에 불과 3달 만에 18km가 넘는 성곽을 쌓을 수 있었다면 작업자의 속도 능력을 먼저 생각할 수밖에 없다.

5) 지금의 한국 모습에서 한 예를 들어본다. 한류의 중심에 있는 한국 드라마의 제작 특징의 첫 번째는 쪽 대본이다. 방법의 선악이나 장단점을 떠나 당일 촬영분의 드라마 대본이 촬영 직전에 배부되고 촬영은 그 방영 전날이나

---

144 조선일보, "한민족, 무슨 일을 해도 '배움과 빠름' 있었다." 조선일보 2007. 04. 03
145 www.chf.or.kr

방영 직전까지 계속되는 것은 어떤 외국에서도 상상하기가 어렵고 또 실제 실행이 불가능하다. 외국의 경우는 단순히 '안 되는' 일인데 한국에서는 가능하다. 또 가능하기 때문에 하는 것이다.

최후의 순간까지 내용 변경이 가능한 작(제)품이 더 높은 경쟁력을 가지게 됨은 물론이다. "'별에서 온 그대', '응답하라 1994'의 중국 내 폭발적 인기 비결 중 하나가 쪽 대본이다. 한국 드라마는 대본을 써 가면서 촬영해 시청자의 반응을 반영하기 때문이다.—한 중국 영화감독의 말이다."[146] 성공하는 한국 드라마의 특징 중 두 가지는 전략적 민첩성과 소비자와의 소통이다.[147] 그것도 한국인의 능력이다. 일본과 같이 사전 기획과 제작에 따른 정해진 길을 고집하는 대신에 소비자의 반응도 고려하면서 대본과 촬영을 고쳐서 대응하는 것은 뜻도 있어야 하고 동시에 현실적으로 가능해야 하기 때문이다.

6) 공항의 경쟁력을 다시 보면 디지털 공항으로 전환하는 인천공항의 경우 출국에 걸리는 시간은 현재의 51분에서 2030에는 16분으로 줄어든다. 입국 소요시간은 11분으로 국제민간항공기구의 권고 기준(각각 60분, 45분)의 25~30% 수준이다. 수하물 분실 건수도 수하물 10만 개당 0.7개로 세계 평균(14.6개)의 21분의 1밖에 안 된다."[148] 출입국 수속 시 소요 시간은 빠른 손놀림과 민첩한 판단력이 관건이고 수화물의 정확한 처리도 순간적인 판단력과 손놀림이 뛰어나지 않으면 불가능하다. 해외여행을 자주 하는 사람이라면 비록 선진국이라 하더라도 수화물이 탑승객과 같이 도착하지 않았거나 아예 분실된 경험을 해본 사람이 있을 것이다.

그러나 공항 출입국과 화물처리 등의 속도에 대한 경쟁력은 인적 요소뿐만

---

146 프리미엄 조선, 2014. 03. 11
147 조선일보 Weekly Biz 2010. 4. 24–25 C3
148 조선일보 2015. 07. 15

아니라 시스템이나 기술도 함께 작용할 수밖에 없다. 2018년에 개통된 인천국제공항 제2터미널은 새로운 설비에 의해 기존 1터미널에 비해 입출국시간이 5~10분 빨라졌고 두 터미널의 수하물 라인이 연결되어 있어서 터미널을 착각해도 짐을 부칠 수 있다. 천천히 걸어 나가면 여권이나 지문이 자동으로 확인되고 세관 신고는 관세청 앱으로 가능하게 되어 시간으로는 3초 만에 출국심사가 가능하게 되었다. 이렇게 되면 사람이 개입하는 속도보다는 시스템의 신속, 정확성이 시간을 좌우하게 되는 놀라운 변화가 진행 중이다. K속도의 위력이 사람 외의 측면에서도 나타나는 부분이다.

7) 또 다른 예로 2008년 네팔에서 유엔평화유지활동(PKO)헬기가 추락한 사고가 있었다. 유엔 네팔임무단(UNMIN)이 한국 측에 사망자 전원에 대한 유전자 감식을 해 달라고 요청해 왔다. 현지 병원에는 적합한 장비가 없고 인근의 인도에 의뢰하면 결과가 나오기까지 3개월 이상 걸리게 되니 현장에 제일 먼저 도착한 한국 구호단에 감식을 의뢰한 것이다.[149] 외국에서의 속도가 느린 것이라기보다는 한국 속도가 빠르기 때문이다.

8) 빨리할 수 있는 의지와 능력의 다른 예의 하나로 한국의 통계가 있다. 한국의 통계는 빠르고 정확하다는 평판을 받는다. 특히 월별 수출입 통계가 월말이 지난 다음 날 바로 발표되는 나라는 한국뿐이다.[150] 세계의 비즈니스계와 금융계가 이 지표를 하나의 선행지표로 보면서 이용한다고 한다. 마치 탄광 속에서 위험을 감지하고 미리 소리를 내는 카나리아의 역할을 한다고 칭찬한다. 대부분의 나라는 월 단위 이상의 시차를 두고 발표한다. 시스템이나 개인의 능력이 차이가 나는 것보다는 한국에서는 되기 때문이다. 과거에는 전산화도 되지 않아서 수기로 처리하였다. 빨리할 수 있는 능력과 의지의 확실한 증거이다.

---

149 조선일보. 2008. 03. 07
150 조선일보. 2011. 04. 22

9) 코로나 사태는 전 세계에 동시적으로 퍼졌고 모두가 대비하지 못한 채로 어려움을 주었다. 첫 단계인 진단과정에서 한국은 단연 돋보이는 모습을 인정받았다. 이것은 똑같거나 비슷한 조건과 상황이 주어졌을 때 남보다 빠른 의사결정과 대처할 수 있는 능력 실험의 한 예가 된다. 이 경우에는 한국의 속도가 다른 나라를 앞선다는 놀라운 결과이다. 이런 개발과 실제 적용이 민간 부문에서 창의적으로 이루어진 점을 주목해야 한다. 한국의 의약 기술 수준과 여건이 이 새로운 질병에 대한 예방 백신과 치료약까지 선도적으로 만들 수 있는 단계까지 아직 이르지는 못했지만 따라잡는 속도를 보여 주는 단계임은 확실하다. 다만 외국에서 개발된 백신을 조기에 확보할 시기를 스스로 놓쳐 조기 면역 기회와 질병통제 능력을 상실한 정치나 행정의 판단력과 능력은 한국 사회의 또 다른 측면을 나타내는 부끄러운 모습이다.

(2) 빨리할 수 있는 능력(2)

경영의 본질은 시간과 장소를 막론하고 공통적이며 원칙이 다르지 않다. 동서고금을 통해 본질을 벗어나서 성공적인 경영을 지속한다는 것은 생각하기 어렵다. 다만 그 원리가 시대, 지역, 문화, 인종 등에 따라 응용되거나 상황에 맞추어 다르게 적용되는 경우는 지금까지도 많이 있다. 다시 말하면 경영원리가 바뀌는 것이 아니라 환경과 여건에 따라 적용되는 방법이 달라지고 결과가 다르게 나타날 수는 있다는 뜻이다. 앞 절의 예를 이어서 최근까지 이어지는 사례로 속도와 관련된 한국적 스타일의 경영에 대해 좀 더 논의해 보자.

1) "빨리 빨리는 배격의 대상이 아니라 우리 한민족에게 내린 신의 축복이라고 해도 될 것 같다. 서울에서 10년 넘게 살고 있는 어느 한 외국인 기업가는 한국인들의 '빨리빨리' 기질을 변화를 두려워하지 않는 사람들이 추구하는 야심이며 욕심이라고 했다… 428 킬로미터나 되는 경부고속도로를 2년 5개월

(1968.2 – 1970.7)이라는 최단기간에 완성한 것도 '빨리빨리'가 일구어낸 업적이다…. 졸속 누더기라고 비판하는 사람들도 있었지만, 그 시대 상황에선 그래도 그것이 정답이었던 것이다…. 사과를 깎으면서 먼저 깎은 부위를 잘라 주시던 우리 어머니들의 지혜와 일맥상통하는 방식이 '빨리빨리'인 것 같다…. 이제 한국 경제성장의 밑거름이 된 '빨리빨리'를 법과 제도와 관습에 융합시켜 새로운 시스템으로 발전시켜야 한다."[151]

위에서 인용한 책의 저자가 주장하는 바가 우리에게 공감을 주는 내용이다. 요컨대 한국인은 기질적으로 또 체질적으로 일을 빨리 처낼 수 있는 능력을 가지고 있다. 그래서 그 장점을 살려 한국 사회가 변화해 왔던 것도 사실이다. 한국인의 일 처리 능력과 성취욕에 대해 몇 가지 사례를 다시 정리해 보자

2) 앞에서 언급한 경부고속도로 공사는 당시 한국의 산업, 기술력, 자금 사정 등을 감안하면 불가능한 계획이었다. 그 당시 한국보다 기술과 경험이 훨씬 풍부한 일본에서 같은 길이의 고속도로 건설에 들어간 비용의 4분의 1 비용으로 훨씬 짧은 기간에 이루어 내겠다는 무리한 시작이었다. 그런데 실제로 그것을 짧은 기간에 해낸 것이다. 그 당시의 가장 어려운 공사였던 당재 터널의 공사 상황을 뒤에 정리한 신문 보도를 요약해서 정리하면 "싸고 튼튼하게 그렇지만 빨리 만들라'는 목표가 주어졌고 시공사, 공사감독, 노무자 모두가 '미친놈'이 되어 버렸다. 그 구간 공사를 맡은 현대건설도 마지막에는 원가계산을 포기하고 일반 시멘트의 세 배 값인 조강 시멘트를 생산, 공급하여 24시간 체제로 모두가 악착같이 공사를 진행하였다. '싸고' '튼튼하고' '빠르게' 중 하나를 만족시키면 나머지가 문제였다. 목표끼리 부딪치면 대개 '빠르게'를 우선했다."[152] 한국인이어서 가능한 일이었다.

151 허만영, 평화를 일구는 사람들, 2007, p 101-103
152 조선일보 2015. 03. 08

3) 빨리하지만 정교한 기술이 같이 뒷받침되어야 성과가 나는 법이다. 다른 경우를 예로 들어보면 부산 대한항공 항공우주사업본부 테크센터의 작업현장에 대한 보잉·에어버스 관계자의 감탄이다. "공장 한편에서 5~6명의 엔지니어들이 레이키드 윙 팁(Raked Wing Tip) 마무리 작업을 하고 있었다. 레이키드 윙 팁은 비행기 날개 끝에 장착된 구조물로 운항 중 공기 저항을 줄여 연료를 절감하는 핵심 부위다. '회사관계자는 이 부분은 고도의 기술을 요하는데 보잉 측에서 정교하게 모양을 잡는 한국인들의 손맛을 높게 평가한다'고 말했다."[153]

4) 능력과 속도, 사명감이 같이 어우러져야 탁월한 결과가 나타난다. "한국 조선을 세계 1위로 만든 배후에 스코트랜드인 '욕쟁이 멘토'가 있었다. 그는 중동의 UASC(아랍해운)에서 기술 책임을 맡고 있던 윌리엄 존 덩컨(Duncan)이었다. 그는 1980년 한국을 완전히 떠날 무렵에는 외국인 친구들에게 '저 친구 (현대중공업)들 좀 봐. 영국에서 100년 걸려 할 일을 3~4년에 다 해치웠잖아. 이제 조선은 저 친구들에게 물어봐야 해'라고 종종 말했다고 한다. 그에게 기술을 배운 현대중공업은 1983년 세계 1위 조선사로, 한국 조선은 1999년 일본을 제치고 세계 1위 조선국가로 올라섰다."[154]

5) 이런 현상은 다른 산업의 부문에서도 나타난다. "원양어업의 경우 한국이 장비, 기술 등이 부족하지만 세계 원양어업에서 가장 큰 성과를 거두었는데 아마도 속도 때문일 것이다."[155] 한국 진출 35년째의 한병구 DHL코리아 대표는 "우리는 그동안 100배로 커졌고 지난 2008년 글로벌 금융위기를 가장 잘 극복한 현지 법인 중 하나로 꼽힙니다. 무엇이든 '빨리빨리' 처리하는 한국인

153 조선일보 2010. 09. 08
154 조선일보 2011. 12. 10
155 박희문(부산 MBC) 발표문 2013. 02. 28 포럼신고

성향 덕분입니다."[156]

6) "아웃도어 시장 폭발-치킨 시장 닮아 가나, 한국처럼 단기간에 아웃도어 소재까지 자체 개발한 제품을 내놓는 나라는 드물다."[157] "바이오 시밀러(바이오의약품 복제약) 개발은 복잡한 임상 시험을 거쳐야 해 보통 10년이 걸리지만 외국에선 한국이 개발 기간을 5년으로 단축할 것이라며 예의 주시하고 있다."[158] "인천공항 만큼 신속하고 편리한 공항을 본 적이 있는가. 어느덧 우리의 서비스 수준은 선진국을 능가하고 있다."[159]

위의 몇 가지 예에서 나타난 대로 한국이 매우 짧은 기간 안에 유례가 없는 엄청난 성장을 이룩해낸 원동력은 능력과 의지, 속도, 그리고 일에 대한 사명감이 어우러진 결과라고 보아야 한다. 다만 현재도 여전히 그런가 라는 물음에는 유보적일 수밖에 없다. 위에서 예를 들었던 괄목할 속도와 사명감 등은 더 이상 가능하지 않을지 모른다. 다만 이것을 좋은 방향으로 살려서 지속 가능한 성장으로 유도하는 것이 이 책의 집필 목적임을 여러 번 이야기 하였다.

2018년부터는 정부가 우리가 지금까지 누려왔던 이런 장점이나 경쟁력을 법률적으로, 제도적으로 또는 정책적으로 억누르거나 금지하고 있다. 예를 들면 주 52시간 근로 법률에 의한 근로시간 통제, 급격한 최저임금의 인상과 그에 따른 임금의 규제, 근로 방법의 통제, 건설이나 제조 현장 사고에 대한 경영책임자의 징벌적 문책, 노조의 영향력 확대 등으로 설사 개인이나 집단이 가진 장점을 발휘하고 싶어도 제도적으로 또한 원천적으로 그 동인을 봉쇄하는 모양이 되어 가고 있다. 특히 노동조합은 근로자 복지를 내세워 작업 방법, 작업

---

156 조선일보 2012. 12. 04
157 조선일보 2012. 10. 25
158 조선일보 2014. 01. 11
159 조선일보 2014. 07. 01

시간 등의 표준화를 강조하면서 단체 교섭과 투쟁의 목표로 삼는 경향이 있는데 그 결과는 속도의 경쟁력을 스스로 저하시키는 원인이 된다.

위의 여러 가지 예에서 보듯이 한국인은 체형과 체질, 성격, 역사, 문화 등 많은 면에서 확실히 빨리할 수 있는 자질과 능력 및 순발력을 갖춘 민족이라고 단언할 수 있다. 관건은 이 능력을 어떻게 바람직한 방향으로 이끌어 지속시키게 할 것인가이다.

(3) 지능과 민첩성

그렇다면 다음으로 생각해 보아야 하는 명제는 빠름의 능력과 두뇌와의 관련성이다. 일반적으로는 두뇌가 명석하면 생각과 판단이 더 빠르게 됨은 자연적 현상이다. 우리가 일상에서 자연스럽게 하는 말 중에 '머리가 잘 돌아간다.'는 표현이 있는데 그 쓰는 용도나 의미에 상관없이 빠름을 강조한다. 그런 속도가 행동의 빠름이나 민첩함과도 관련이 있다고 보면 한국인의 민첩성은 유전적 요인과 연관되어 있고 그 연장선 차원에서 문화적 특성으로 나타난다고 주장할 수도 있다. 두뇌의 명석함과 행동의 민첩성이 높은 상관관계를 가짐은 따로 증명할 필요가 없다.

1) 세계 여러 기관이나 단체의 나라별 지능지수 조사에서 한국인은 언제나 1위 또는 2, 3위로 보고된다.[160] 또 다른 흥미 있는 사실은 국민소득이나 경제 발전 정도를 국민 평균 지능지수와 비교하면 두 가지는 분명한 상관관계가 있다.[161] 다만 국가별 지능지수의 순위와 국가별 개인 소득과 같은 지표가 정(완전한) 상관관계로 나타나 1대1로 맞물리는 방식으로 같이 가는 것은 아니다.

---

160 www.damoadamoa.tistory.com, www.m.tip.net〉question, 2010. 2. 13
161 이런 조사는 여러 곳에서 찾아볼 수 있다. 예를 들면 http://m.blog.naver.com

2) 한국인의 지능지수가 세계 최상위 그룹이라는 것 때문에 우리가 그동안 세계에 유례없는 급속 성장을 할 수 있었는지도 모른다. 그러나 소위 국민의 높은 평균 지능지수가 경제성장이나 발전에 절대적인 요인이라는 학술적인 연구나 주장은 아직까지 없다. 그 좋은 머리가 효율적으로 일하는데 또는 빠르게 일하는데 크게 기여하였으나 일정 단계를 지나서는 오히려 방해나 저해 요인이 될지도 모를 일이다. 지능지수는 제일 높지만 그동안의 전반적인 여건과 개인이나 조직의 끈기와 꾸준함이 결여되었기 때문일 것이다. 한 가지 재미있는 발견은 한국인과 여러 모양으로 닮은 점이 있고 기술력, 특히 창업 분야에서 세계의 선두를 달리는 이스라엘인의 평균 지능지수가 한국보다 상당히 낮은 점이다. 여기서 다시 확인되는 것은 높은 지능지수가 필요조건이긴 하지만 뛰어난 지능을 뒷받침하는 다른 여건도 충족되어야 제대로 능력이 발휘된다는 사실이다. 참고로 지능지수 통계는 측정하거나 통계를 작성하는 주체에 따라 차이가 있을 수 있다는 점을 알아야 한다.

〈표5-1〉 세계 국민 평균 IQ 지수

순위	국가	지수	순위	국가	지수
1	홍콩	107	13	영국	100
2	대한민국	106		싱가포르	100
3	일본	105	14	폴란드	99
	북한	105		스페인	99
5	대만	104	15	아이슬란드	98
6	오스트리아	102		오스트레일리아	98
	네덜란드	102		덴마크	98
	독일	102		프랑스	98
	이탈리아	102		몽골	98
10	룩셈부르크	101		노르웨이	98
	스웨덴	101		미국	98
	스위스	101	28	캐나다	97
13	뉴질랜드	100	34	러시아	96
	벨기에	100	45	이스라엘	94
	중국	100	47	아일랜드	93

출처: 리처드 린 홈페이지. http://www.rlynn.co.uk

3) 재미있는 사실은 위의 표에서 보는 대로 현재 세계에서 일 인당 국민소득이 높고 소위 발전된 나라로 불리는 국가들은 모두 평균 지능지수가 상대적으로 높은 그룹에 속하고 있다. 이 두 가지 변수의 인과관계를 증명할 필요는 없으나 한국이 유리한 조건을 갖추고 있음은 명백하다.

4) 세계 또는 아시아 대학순위에서 한국 대학은 꾸준히 뛰어오르는 추세는 보이고 있으나 아직도 열강의 반열에 올라 있지는 못하다. 특히 과학 기술 발전의 토대와 원동력이 되어야 할 기초과학이나 기초학문에서 한국이 현재의 경제적 위상에 걸맞은 경쟁력을 가지고 있거나 앞으로 가지게 될 것으로 자신 있게 말할 수는 없다. 따라서 한국인이 세계 속에서 상대적으로 똑똑하기 때문에 또는 열심히 했기 때문이 아니라면 좋은 인재 양성 시스템과 수준을 가졌기 때문에 그것이 향후 한국인의 경쟁력의 원천이 될 것으로 주장하기는 쉽지 않다.

5) 한국 대학의 수준이 다른 나라와 비교해서 어떤 위치에 있는가를 판단하는 잣대는 여러 가지가 있을 수 있다. 영국에 있는 글로벌 대학 평가기관인 THE(Times Higher Education)가 발표한 'THE 아시아 대학 순위 2022(THE Asia University Rankings 2020)'에서 오랜 역사와 전통 및 경제력을 갖춘 여러 선진국의 대학들과 비교해서 한국의 대학들이 선전하고 있어서 100위권 이내에 적어도 2개가 있고 200위 이내에도 4개가 추가되는 등 상대적으로 나쁘지는 않다는 점을 지적할 수 있다. 측정 요소가 무엇인지에 따라 위상도 달라질 수 있다. 반대로 같은 기준으로 볼 때 변하는 순위를 가지고 판단할 수도 있다. 표에서 보는 바와 같이 200위 이내의 경우 서울대의 경우를 제외하고는 다른 대학들의 순위가 최근 하락하는 모습인데 경쟁에서는 남이 나보다 더 열심히, 더 잘하면 나는 밀릴 수밖에 없다.

〈표5-2〉글로벌 TOP 5 및 국내 대학 세계 순위

대학	2020년 순위	2021년 순위	국가
옥스퍼드대	1	1	영국
캘리포니아공과대학	4	2	미국
하버드대	3	2	미국
스탠퍼드대	2	4	미국
MIT	5	5	미국
케임브리지대	6	5	영국
서울대	60	54	한국
KAIST	96	99	한국
성균관대	101	122	한국
연세대	187	151	한국
UNIST	176	178	한국
POSTECH	151	185	한국
고려대	167	201~250	한국
경희대	251~300	251~300	한국
세종대	301~350	251~300	한국
한양대	351~400	251~300	한국
GIST	501~600	501~600	한국

출처: "THE WORLD UNIVERSITY RANKING 2022"

6) 세계가 아닌 아시아 내에서의 경쟁력을 비교해 보면 세계 100위권 내에 15개의 아시아권 대학이 있는데 중국이 6, 홍콩이 4개로 다수이고 한국과 일본이 각각 2개이다. 서울대가 전년의 9위에서 2022년 기준에는 아시아 7위로 상승하며 국내 1위 자리를 지켰다. 그 뒤를 이어 KAIST가 국내 2위 아시아 15위로 순위가 상대적으로는 하락하였고 지난해와 동일하게 각각 10위, 13위에 이름을 올리며 국내 톱3를 유지했다. 이들 대학을 포함해 아시아 대학 종합 순위 기준 상위 5%에 들어간 국내 대학으로는 POSTECH(15위), 고려대(20위), 연세대 서울캠퍼스(22위), UNIST(23위)가 있다.

이번 평가에서 아시아 대학 1위와 2위는 베이징대와 칭화대가 전년과 순위를 바꾸며 차지했다. 3~10위는 싱가포르국립대, 홍콩대, 도쿄대, 난양공대, 서울대, 푸단대, 교토대, 홍콩과기대이다. 세계 순위 100위 이내에 아시아 대학이 15개가 들어갔는데 중국이 6개, 홍콩이 4개로 절대적으로 강세이며 한국과 일본이 각 2개이다. THE는 평가 결과 중국 등 중화권 대학이 최상위 권을 석권하며 두드러진 강세를 보였다고 평가했다. 한국은 상대적으로 순위가 하락하였다. 우리가 아무리 잘하고 열심히 해도 경쟁자가 더 잘하면 밀리게 된다. 이런 결과로도 현재대로의 한국의 대학과 고등교육 시스템이 과거의 발전은 물론 미래 경쟁력의 주요한 원천이 될 것이라는 주장은 어렵다.

한국인의 높은 지능과 빠른 속성은 확인되었으나 이 세상에서 모든 것이 다 좋을 수 없으므로 좋은 머리가 좋지 않은 방향으로 악용될 소지도 있다. '좋은 머리를 이용하여' 남에게 또는 전체에 피해를 주는 일이 나타날 수도 있다. 때로는 자기 머리(꾀)에 자기가 속아 넘어가는 경우도 있다. 그러나 이런 일은 좋은 머리와 속도가 가지는 부작용의 대가일 수도 있다. 이런 측면도 뒤에 속도의 부작용을 논의하면서 다루게 된다.

7) 한 가지 연관되는 특성으로 한국인의 '눈치'를 얘기할 수 있다. 이 단어는 외국어로는 표현할 수 없는 빠름의 한 속성이다. 눈치가 좋은(빠른) 사람이 행동이나 대응에서 앞선다는 것은 논리적 귀결인데 한국을 아는 외국인들도 한국인의 눈치를 강조하면서 언급하는 정도이다. 눈치는 관찰력과도 관계가 된다. 상황을 빨리 깨닫고 판단하는 것도 그 사람의 능력이자 속성이다. 평균적으로 눈치가 빠르면 대응과 반응 속도도 빠르게 될 것이다. 그래서 임기응변으로 상황에 대처하는 능력이 상대적으로 크다. 다른 측면에서 융통성이 좋고 부지런하다는 평가도 있다.[162]

8) 그런 차원에서 걱정이나 감성적 반응도 빠를 것이다. 미국 한 여론조사

---

162 인요한 인터뷰 매일경제 2017. 6. 10 A19

업체가 미국, 독일, 일본 등 14국 국민 14천여 명을 대상으로 코로나에 대해 실시한 조사에서 한국인의 89%가 '감염병 확산'을 중대한 위협으로 꼽아서 조사 대상국 중 가장 높았다고 한다.[163] 또 다른 증거로 앞의 제2장 3절의 여러 표에서 본 바와 같이 다른 선진 제국과 비교하면 한국인의 각종 질병에 대한 상대적으로 매우 높은 민감한 반응 정도를 확인할 수 있다.

9) 빠르므로 성급한 성격도 나타난다. 그래서인지 한국인은 화가 많이 나 있는 상태이다. 서울대 행복연구센터가 발표한 '한국사회의 울분' 조사에서 표본 조사 대상의 54%가 심리적으로 울분 상태에 있었다. 다른 표현으로 스트레스를 받거나 화가 나 있는 상태라는 의미가 된다. 참고로 독일의 경우는 2.5% 정도였다.[164] 근본적으로 한국인의 성격이라고 볼 수도 있지만 너무 빠른 속도가 눈앞에서의 비교를 불가피하게 만든 측면도 강하다.

10) 빠른 성격은 충동에 쉽게 동화하기도 하고 반대로 빠르게 잊고 돌아서게 하기도 한다. 2008년 한 공영방송의 부정확한 보도로 시작된 미국산 쇠고기에 의한 광우병 파동은 한국 전체를 극심한 혼란과 분노, 반정권 운동의 소용돌이로 몰아넣었고 오늘날의 정치 상황을 만든 원인 중의 하나가 되었다. 그런데 10여 년이 지난 지금 한국은 미국산 쇠고기의 최대 수입국이 되어 있다.[165] 당시 일부 정치인이나 사회운동가들이 즐겨 쓰는 '전면적 부정' 프레임에 이용당한 경우로 볼 수 있다.

11) OECD가 비교한 국가행복지수에서 2018-2020의 한국인 순위는 37개국 중 35위이다. 자살률은 OECD국 평균의 2배이다.[166] 앞의 2-3-(2)에서도

163 조선일보 2020. 9. 11. A11
164 유명순, 서울대 동문회보 490호 2019.1.15.
165 동아일보 2022.1.11. 유튜브에서 검색
166 르포 대한민국, 조선일보 2021. 8. 30

잘 나타난 바와 같이 쉽게 만족하지 못하고 빨리 좌절할 수밖에 없는 성격을 반영한 또 하나의 지표이다. 상대적으로 높을 뿐만 아니라 도달 속도도 가장 빠르다.

(4) 흡수와 전파 속도

새로운 것, 전에 없던 것을 받아들이는 것과 받아들인 것을 자기 것으로 만드는 속도에서도 한국은 단연 앞서 있다. "한국인들은 매우 빠르게 서구의 트랜드를 흡수하여 그것을 아시아에서 더욱 호소력 있는 형태로 만들어 낸다."(브린 pp436). 경제와 소득이 급속히 성장했으므로 그에 수반한 모든 변화도 당연히 빨리 변할 수밖에 없다. 수많은 사례 중 이미 소개한 아파트 주거방식의 보급 속도, 커피 음료 보급과 커피숍 문화 확산 외에도 스마트폰의 보급률과 속도, 자동차 보급률과 그중에서 외제차 비율 증가, 배달산업의 급성장과 온라인 쇼핑 증가 속도, 여성 프로골퍼의 초단기간 내의 세계 진출과 제패 등 많은 부문에서 놀랍게 빠른 속도의 기록을 보여 주고 있다. 한국의 변화 상황 전체가 세계적인 속도의 예가 될 수 있다.

앞서 소개한 한류로 통칭되는 K-Pop, 드라마, 웹툰, 영화 등 세계와 공감하는 예술, 문화의 융성도 흡수와 전파의 과정과 속도를 나타내는 예가 된다. "사람의 마음을 끌고 감성을 자극하고 정을 울리는 소프트파워에서는 한국 문화의 자원이 만만치 않다."(추아 pp383).

2021년 전후에 세계에 몰아친 가상화폐 거래와 관련된 한국에서의 '코인 광풍'도 적절성 여부를 떠나 한국인의 빠른 속도로 지적할 수 있다.[167] 빠른 몰입

---

167 한국에서 가상화폐거래 열풍의 정도는 전 세계에서 코인 발행량은 2% 정도인데 거래량은 10% 수준인 것으로 보도되었다.(매일경제신문 2021.4.23. A35).

과 그에 따른 투기적인 성격을 반영하는 최근의 한 예이다.

이런 빠른 흡수와 전파 속도는 앞에서도 설명한 '공급이 수요를 창출한다'는 세이(Say)의 법칙을 재음미하게 만든다. 한국같이 경제가 상당히 성장한 수준의 경우에는 이 개념이 더 적절성을 가져서 새로운 상품이나 서비스 등이 더 많은 새로운 수요를 일으키는 경우인데 현재의 '속도의 한국'에서 두드러지게 입증된다. 배달업이나 구독경제의 빠른 확산도 그 추가적 예로 설명할 수 있다. 새로이 개발되거나 보급되는 상품이나 서비스가 지금까지 없던 수요를 만들어서 시장을 키우는 선도적 역할을 한다는 의미이다.

이 장에서 든 여러 가지 예와 설명에서 보듯이 한국인은 체형, 성격, 역사, 문화 등 많은 면에서 확실히 남보다 빨리할 수 있는 자질과 능력 및 순발력과 빨리하려는 의지를 갖춘 민족이라고 단언할 수 있다. 그 능력은 최 단시간 내의 경제성장 또는 사회발전 등에서의 발전 또는 변화 속도로 이미 입증되었다. 또한 그것이 기록적으로 짧은 시간 안에 '산업화와 민주화의 동시 달성'이라는 위대한 업적을 이룩한 원동력일 것이다. 관건은 앞으로 이 자질과 능력을 어떻게 바람직한 방향으로 이끌어 지속시키게 할 것인가이다.

그러나 그런 빠른 속도가 21세기 이후에는 정치, 경제, 사회 등 많은 부문에서 여러 가지 모양의 부작용에 시달리는 결과를 초래한 것으로 해석할 수도 있다. 또한 산업화와 동시에 곧이어 민주화까지 달성했으므로 그에 따르는 마찰과 부작용은 불가피하였다고 할 수도 있다. 그러나 그 속도가 인류학적 또는 민족 문화적 요인에 의한 것이었다면 스스로도 피할 수 없는 결과일 것이다. 오히려 빨라서 참지 못하는 현상을 인정하고 그에 맞는 방법과 대응책을 강구하는 것이 경쟁력을 높이거나 유지하는 방안이 될 것이다.

5-3 속도를 내게 만드는 한국인의 성격 특성(두 번째 정리)

빠름과 효율성을 한꺼번에 추구하는 한국인 특성의 예 하나로 꼽을 수 있는 것이 비빔밥이다. 차려진 음식을 한꺼번에 섞어서 비비는 방식은 그 유래에 관계없이 매우 독창적인 한국식 전통이다. 일단 차려진 음식을 대부분 처리하면서 맛의 상승작용을 노리고 먹는 시간도 확 줄어든다. 예외 없이 고추장을 넣어서 화끈한 맛을 더하는 것도 성격에 맞는 방식이다. 단순한 아이디어 같지만 다른 나라에는 없는 독창적인 문화이며 속도 추구의 자연스러운 결과이다. 이제는 빠르게 세계화의 과정을 밟고 있어서 LA레이커스의 유니폼에 '비비고' 로고가 부착되는 계약이 이루어졌다. CJ제일제당이 인수한 '비비고'의 2020년 전 세계 매출이 1조8,500억 원에 달하였다.[168]

이 비비고 섞는 방식이 2020년에 예술 작품에 적용되어 '범 내려온다'는 이날치 밴드와 엠비규어스 무용단의 작품으로 세계의 주목을 받았다.[169] 전혀 어울리지 않는 한복과 추리닝, 선글라스, 투구 등의 의상 조합, 전통 판소리에 신스팝을 섞고 전통춤, 막춤과 현대 무용을 섞은 작품이 유튜브 매체에 의해 세계로 퍼져나갔다. 명실공히 비빔밥 아이디어의 세계화 적용이다. 앞으로 이런 아이디어가 계속 개발되고 응용될 것이다.

이런 빠름이 '화끈한' 성격과 체질을 만들어 입맛으로도 나타난다. 매운맛은 다소간의 통증도 주는 고통스러운 것일 수도 있는데 오히려 그것을 쾌감으로 즐기는 방식으로 변모하며 자리 잡았다. 고추도 일부러 매운 것을 골라 먹는 식성이 보편화되고 있다. 짜게 먹는 것도 같은 차원으로 볼 수 있다. 한국인만의 빠름과 매움·짜움의 비빔 문화이다.

---

168 조선경제 2021. 9. 23 B1
169 조선일보 2021. 11. 8. A8

21세기는 '창조, 혁신, 융합'의 시대라고 말한다. 창조는 상상력의 산물이다. 혁신은 바꾸기의 시도와 빠름을 추구하는 맥락과 다름 아니다. 융합은 상상력과 창의력의 조합이며 비빔밥 원리와 닮아있다. 한국과 한국인의 본질적인 속성과 잘 어울리는 요소들이다.

같은 맥락에서 뜨거운 것을 참고 견디면서 오히려 고통스러움을 즐기는 것도 외국인은 이해하지 못할 특성이다. 뜨거운 목욕탕 물에 들어가서 '어 시원하다'라고 하는 표현을 이방인은 이해하지 못할 것이다. 뜨거움을 즐길 뿐만 아니라 구경하는 것도 서슴지 않는 모습을 가져 화재 현장에 불구경 나오는 인파가 많은 것도 또 다른 특징이다.

뜨거움의 정반대로 차가운 음식을 일부러 만들어 즐기는 다른 극단의 모습도 있다. 동치미, 냉면, 냉국 등 추운 지역이라도 일부러 차게 만들거나 찬 음식으로 맛을 즐기는 것도 다른 민족에는 잘 없는 경우이다. 난방이 제대로 되지 않았던 시절, 매서운 추위가 있는 북쪽의 한겨울에 먹는 평양냉면을 상상해보면 다른 민족은 이해할 수 없는 현상이다. 가슴속의 불길을 찬 음식으로 다스리겠다는 무의식의 발로이었을 수도 있다. 빠르고 급한 성격의 증거이다.

모든 언어에는 줄임 표현이 있다. 긴 단어나 합성어를 다 발음하기가 힘들거나 어려워서 주로 머리글자만 발음하거나 합성어의 앞부분만 따서 하는 줄임 표현이다. 체계적으로 조사한 것은 아니지만 근래의 한국말만큼 줄임이나 준말을 많이 사용하는 언어는 세계 어느 말에도 없을 것이다. 같은 한국 내에서도 유튜버나 SNS 등을 자주 사용하지 않는 세대는 알아들을 수 없는 줄임말이 거의 매일같이 늘어나고 있다. 심지어 신문과 방송 같은 공식 매체들도 준말을 그대로 사용하는 빈도가 늘어나고 있다. 쓰는 자나 받아들이는 자의 속도 선호와 빠름 외의 다른 표현으로는 설명하기 어렵다.

상태나 기분을 표현하는 말에서 과장된 수식어를 반복적으로 써서 표현 상태를 강조하려는 것도 또 다른 특징이다. '너무' '엄청' '억수로' '무지하게' 등 과장 어법을 일상적으로 쓰거나 짧은 시간에 이미지를 전달하려고 단어를 새로 만드는 등, 언어생활도 빠르게 변하고 있다. 속도 추구의 다른 한 단면으로 볼 수 있다.

상대방을 부르는 호칭도 과장되게 또 빠르게 변하고 있다. 자기 부모가 아닌 연장자를 과거에는 주로 아저씨나 아주머니로 불렀다. 나이가 많으면 할아버지(할배), 할머니(할매)로도 불렀다. 그런데 어느 샌가 아버님, 어머님으로 바꾸어 부르게 되어 널리 통용되는 지경에 이르렀다. 옛날에는 사회생활을 하는 중년 이상의 남성을 보통 명사도 되는 '사장'으로 높여 부르기 시작하더니 어느 샌가 회장으로 호칭이 격상되었다.[170] 그에 더하여 모든 호칭에 '님'을 덧붙여 2중으로 과장된 모습으로 만들었다. 이런 과장, 허례의 진행 속도도 물론 K속도 급이다.

위에서 든 예들은 한국인이 선천적으로 또 후천적으로 빠름을 가지게 하는 원인이거나 결과로 나타나는 것이다. 빠르기 때문에 생기거나 즐기게 되는 음식이나 습성 또는 말과 행동 등 한국인만이 가지는 특성으로 일반화할 수 있다.

같은 차원에서 소비 습성이나 패턴 도는 유행 등에서도 속도가 중시되고 변화가 빠른 것은 말할 필요가 없다. 하나의 예로 오래 전 청바지 생산과 유행의 원조라고 할 수 있는 캘빈클라인이 소유하고 있는 '와나코'의 매클루스키 CEO는 "한국 시장은 정말 에너지가 철철 넘치고 청바지 트렌드도 가장 빠르다"라

---

170 옛날 유행한 유행가에 명동 거리에서 앞서가는 일행 10명에게 뒤에서 '사장님' 하고 불렀더니 9명이 동시에 뒤를 둘러보았고 나머지 한사람에게 왜 돌아보지 않느냐고 물으니 '나는 전무요'라고 대답했다는 가사가 있었다. 지금은 여러 장소에서 중년 이상의 남성을 '회장님'이라고 높여 부르는 방식이 급속도로 확산되고 있는 중이다. 한국의 속도이다.

고 표현했다.[171]

　뒤에서 논의할 사항으로 출산율 저하와 급속한 노령화, 앞에서 다룬 도시화와 아파트 중심의 주거생활 변화, 더 가속화 하는 교육열, 커피 문화의 확산, 온라인 소비시장의 확대, 프로 스포츠의 세계화, 문화 예술시장의 공간 확대 등 K속도로 꼽을 수 있는 항목은 수없이 많다. '한국의 재발견', '속도의 재발견' 차원으로 접근해야 할 차원이다.

　물론 빠른 것이 다 좋은 것은 아니다. 당연히 부작용도 있고 위험과 더 큰 손실의 가능성도 크다. 스스로 속도를 억제하려는 반작용과 요구도 나타난다.

171 조선일보 2012. 03. 30

5-4 남다른 의지와 이룰 수 있는 능력

일을 빨리 처리하는 것은 먼저 빠르게 하고자 하는 의욕이나 의지가 있어야 하고 동시에 빨리할 수 있는 능력이 있어야 한다. 빨리하고 싶은 의욕이 있다 하더라도 빨리할 수 있는 능력이 없으면 할 수 없고 반대로 능력이 있어도 빨리하겠다는 의지가 없으면 서둘러지지 않는다. 이 두 가지를 같이 갖춘 민족은 세계에 잘 알려져 있지 않고 역사적으로 보아도 그런 지속성이 발견되는 경우는 드물다.

지난 세기의 코리안 디아스포라(해외로 흩어짐)가 현상을 타개하려는 한민족이 가진 빠름의 의지와 능력의 역사적인 한 측면이고 증거이다. 한국 최근세 100여 년 동안에 한민족이 겪은 수많은 고난, 역경과 그 극복과정은 놀라운 증거이다. 조선 말기와 일제 강점기 동안에 만주, 극동 러시아 등지로 자의나 타의에 의해 어쩔 수 없이 떠났던 우리 조상들이 온갖 어려움을 무릅쓰고 현지에 정착하고 뿌리를 내린 것은 유전자적 특성과 깊은 관련이 있다. 특히 러시아나 중국이 공산화되지 않았더라면 현지 한인 사회의 영역과 위상, 활동은 지금과는 판이하게 큰 규모로 달라져 있을 것이다.

그런 관점에서 1937년 소련 독재자 스탈린에 의해 강제로 이루어진 연해주 등 극동 러시아 지역에 정착하여 거주하던 한인(고려인) 17만 명의 중앙아시아(카자흐스탄)로의 6,000km에 이르는 무리하고 급작스런 강제 이송을 견디며 끝까지 살아남고 현지에서 성공적으로 뿌리를 내린 결과는 다른 민족이면 보여 줄 수 없었던 특별한 의지와 능력의 산물임에 틀림없다. 열악한 환경변화와 불리한 여건에 대응하는 빠른 적응력이 고난을 이겨낼 원동력이 되었을 것이다.

1900년 초반 하와이로의 사탕수수 농장 계약이민에 의해 미국으로 떠난 한국인이 지금의 미국 한인 사회로 살아남은 것도 빠른 성취동기의 한 단면이다. 조상 대대로 살아오던 삶의 터전을 떠나 그 당시 여건과 전혀 다른 미지의 불확실한 환경으로 뛰어드는 결단과 아울러 현지에서 온갖 고난과 역경을 극복하고 살아남은 것은 빠른 적응에 대한 의지와 능력이다. 주목할 점은 강제가 아닌 권유와 모집으로 자발적으로 고국을 떠난 것이다. 실제 계약 내용은 농장에서의 노예노동과 같은 열악한 조건이었는데 계약 기간 종료 후 다수가 현지에 남거나 미국 본토로 가서 터전을 마련하고 정착하였다.

2021년 오스카상 수상으로 세계를 주름잡은 영화 '미나리'는 한국 이민사로 보면 한국전쟁이 끝나고 1960년대 이후에 본격화된 미국 이민 제2세대의 가족 얘기를 소재로 한 것이다. 2020년 미국 대선에서 한국계 연방 하원 의원이 3명이나 당선된 것은 우연한 일이 아니다. 본격적 이민 정착 기간과 상대적 숫자를 고려하면 빠른 속도이다.

앞서도 소개한 1960년대부터의 남미로의 농업 이민이나 독일로의 간호원 및 탄광 광부 진출은 보다 최근의 예인데 당시 상대방 국가가 왜 한국인을 받아들이거나 초청했을가를 유추해 보면 답이 분명하다. 한국인의 빠름의 능력과 적응 의지를 인정했기 때문이다. 독일에 간 한국 간호원이 처음에 주로 맡았던 업무는 사체 처리였다고 한다. 결코 녹록치 않은 근무 환경이었음이 명백하다. 독일과 같은 나라에서 빨리, 정확하게 일하지 않고는 결코 인정받을 수 없었을 것이다. 탄광 광부의 경우도 마찬가지이다. 그 상황을 인정하면서 빠르게 극복하고 되풀이하지 않은 것은 한국 민족만의 특성이다.

현재도 세계 전체로 보면 주로 후진국에서 선진국으로의 이주 노동이나 이민이 계속되고 있고 또 앞으로도 지속될 것이다. 그래서 이제는 한국이 이주 노동자나 이민을 받아들이고 있는 정반대의 여건이 되었다. 극히 짧은 기간 동안에 상황이 정반대로 바뀌었다. 그러나 그동안 한국인이 지난 세기(20세기) 동안에 이루었던 것과 같은 양적 규모, 질적 변화의 놀라운 결과는 과거에 없었고 아마도 앞으로도 더 나타나지 않을 것이다. 그 당시의 상황이나 여건이 지금과 다르기 때문만은 아니다. 한 마디로 인종과 사람의 문제이다.

통계적으로 살펴보면 전 세계에서 본국 외에 세계에 가장 많이 퍼져 살고 있는 인종은 중국인으로 약 6천만 명으로 추산한다. 한국인은 약 750만 명으로 그보다 훨씬 적다. 그러나 현재의 인구 대비로 비교해 보면 중국은 전체 인구와 비교해서 약 4.3%가 해외에 퍼져 있는 셈이나 한국(남한)은 전 인구의 약 15%가 해외에 진출해 있다고 볼 수 있다. 상대적으로는 비교가 되지 않을 만큼 한민족의 경우가 월등하다. 남북한 인구를 합쳐서 비교해도 10%가 넘는다. 이 통계적 비교는 우리 한국인 자신도 잘 알거나 느끼지 못하고 있는 사실이다. 지난 과거의 한민족의 불행한 역사 때문이기도 하지만 그와 더불어 어떻게든 어려운 현상을 타파해보고자 한 적극적 몸짓의 결과이다. 힘들어도 어려운 현상을 극복해보려는 의지와 빠름의 한 표현이자 결과이다.

위의 예들에 의해서도 한국인이 다른 민족보다 성격이나 기질 또 능력에서 확실히 다름을 알 수 있고 그런 다름의 원천과 요인을 바로 이해하는 것이 계속해서 발전하고 이길 수 있는 한국인만의 경쟁력을 찾는 지름길이 된다.

5-5 가장 뚜렷한 성과와 대가

지금까지의 논리와 근거를 적용하면 한국인은 여러 면에서 다른 민족 또는 국가 구성원보다 상대적으로 빠르다고 주장할 수 있다. 앞에서 경제발전 또는 사회발전 등에서의 발전 또는 변화 속도는 입증하였다. 그것이 1960년대 이후의 급속한 경제성장과 확실한 민주화, 다시 말해 아직까지 세계에 유례가 없는 지극히 짧은 시간 안에 '산업화와 민주화의 동시 달성'이라는 위대한 업적을 이룩한 원동력일 것이다. 이 빨리할 수 있는 능력을 성장 에너지로 모아서 분출시킨 리더십의 역할에 대해서도 올바른 인식과 평가가 필요하다.

그러나 지금까지의 너무 빠른 속도 때문에 21세기 이후에는 정치, 경제, 사회 등 많은 부문에서 여러 가지 모양의 부작용에 시달리는 결과를 초래한 것으로 해석할 수도 있다. 예를 들면 산업화를 이루는데 산업화 초기의 영국은 200여 년이 걸렸고, 미국은 120여 년, 일본은 80여 년 이상이 걸렸으나 한국은 30여 년밖에 걸리지 않았다. 또한 산업화에 이어 민주화까지 달성했으므로 그에 따르는 부작용은 불가피하였다고 할 수 있다. 그러나 그 속도가 앞에서 논의한 인류학적 또는 민족 문화적 요인에 의한 것이었다면 스스로도 피할 수 없는 결과일 것이다. 오히려 빨라서 참지 못하는 현상을 인정하고 그에 맞는 대응책을 강구하는 것이 경쟁력을 더 향상시키거나 유지하는 방안이 될 것이다.

모든 상대적 우위에는 명시적인 또는 보이지 않는 대가와 부작용도 있다. 남이 100년에 걸쳐 이룬 일을 그 3분의 1 기간 이내에 해냈다면 당연히 빠름에 따른 부작용과 적응의 문제가 발생한다. 한국이 산업화와 민주화를 거의 같은 기간 내에 이룩한 것은 세계사에 전례가 없는 기적과 같은 일인데 그 이후 한국 사회에서 일어나고 있는 견디기 어려운 정치, 경제, 사회 문제와 수많은 모순들은 그 직·간접적 대가로 볼 수 있다.

소득이 증가하고 생활수준이 향상되면 맡은 업무에 대한 집중도나 강도가 저하되는 것이 보편적 현상이다. 한국도 이런 점에서는 예외가 아닐 것이다. 다만 그런 경우에도 속도와 의지의 유무는 상대적으로 다른 결과를 낳을 것이다. 특히 속도나 의지는 상대적인 개념이므로 과거의 경우로 현재 상태를 말할 수 없다. 과거에 별로 그렇지 않던 나라가 이제는 달라졌을 수도 있을 것이다. 그러나 근본 바탕은 쉽게 바꾸기 힘들다.

앞서 사무처리의 한 예로 든 공항의 입국수속 처리 속도는 세계 대부분의 공항에 전자 처리 시스템이 본격적으로 도입되기 전까지는 한국이 확실한 선두 그룹이었다. 선, 후진국을 막론하고 공항에서 입국 수속을 하기 위해서는 긴 시간이 소요되었다. 기다리는 사람이 많고 이민국 관리가 특별히 성의 없이 처리한다기보다는 일을 처리하는 속도가 민첩하지 않고 또 모든 과정과 동작에서 그렇다 보니 결과적으로 시간이 길게 소요되었기 때문이다. 그러나 이제는 인간이 하던 일을 기계가 대신하는 경우가 많아져서 기계적 일 처리 자체로는 나라 간 차이가 점차 없어진다는 것을 유념해야 한다.

참고로 한국이 옛날부터 늘 그래왔던 것은 아니다. 한국도 과거에는 업무처리 속도와 고객 응대에서 아주 낮은 수준이었다는 사실이다. 과거 한국의 관공서나 은행, 비행기 등 많은 부문에서 고객에 대한 응대와 서비스는 절대적으로나 상대적으로 좋지 못하였다. 할 수 없어서가 아니라 하지 않거나 할 필요가 없었기 때문이다. 일의 처리 속도는 부정이나 부패의 수단으로 쓰인 경우도 있었다.[172] 반대로 지금은 은행이나 관공서 등에서 지나칠(?) 정도로 친절함을 보여 지금은 그런 것이 속도나 생산성에 오히려 반대의 영향을 주는 것이 아닌가 하는 우려(?)할 만한 수준이다.

---

172 제때 처리할 수 있는 일을 일부러 미루어 소위 급행료라는 명목의 부정한 수입을 챙기는 관행이 한국에서 꽤 오랫동안 지속되었다. 작게는 담배 한 갑에서 많게는 상당액의 금품이 소요되었다. 관청의 서류 한 장 떼는데도 급행료가 공공연히 적용되었다. 지금도 많은 개발도상국이나 후진국에서 이런 관행이 계속되고 있음은 주지의 사실이다.

K6

K속도의 실현조건과 일반화 가능성 모색

6-1 K속도의 실현조건과 일반화 시도

지금까지 여러 가지로 한국인이 상대적으로 속도의 장점을 가진 민족이며 그 장점으로 인해 오늘날의 놀라운 발전과 성취를 이룰 수 있었다는 점을 증거를 가지고 설명하였다. 여기서 나올 수 있는 질문은 그렇다면 왜 과거에는 세계에서 가장 못사는 나라의 하나로 역사적으로 살아왔고 끝내 식민지와 분단국으로 뒤처질 수밖에 없었는가 라는 논리적 물음이다. 또 하나의 연관되지만 다른 질문은 한국이 이룩한 단기간 내의 산업화와 민주화의 달성은 속도의 특성 유무와 관계없이 다른 후발국들도 노력하면 따라 할 수 있는 일반적인 과정인가와 또 동시 달성이 사실상 어렵다면 그 선후는 어떻게 되어야 하는가 라는 물음이다.

위의 두 가지 질문은 근본적이고 중요한 것으로 별도의 학술적인 검증과 논의가 필요한 차원이어서 여기서는 직관에 주로 의존하는 방식으로 접근하고자 한다. 먼저 K속도의 실현조건이다. 그것은 필요조건과 충분조건의 틀로 설명할 수 있다.

어떤 일을 이루기 위해서는 먼저 필요한 조건이 있다. 과거의 한국인도 체형이나 체질적으로, 민족성과 문화적으로 일이나 생각을 빨리해낼 수 있는 우리의 조상임은 확실하다. 그래서 오랫동안의 어려운 환경과 힘든 여건 속에서도 살아남아 왔을 것이다. 필요조건은 갖추었지만 충분조건이 따르지 않았기 때문이다.

먼저 가까운 조선 시대를 생각해보면 나라를 움직이던 지배 계층은 성리학이라는 사대 학문 이데올로기와 중화사상의 세계관에 스스로를 묶어서 그 틀을 벗어나기를 단호히 거부하였다. 발전이나 변화, 생산성 같은 관념이나 시도는 체제와 현상을 위협하는 위험물이었다. 이 체제에서 살아남는 방법은 변화를 부르는 속도 본능을 감추거나 억제하는 것이었다.

특히 조선의 사회체제가 속도 본능을 억제하는 결정적 역할을 하였다. 역설적으로 표현해서 조선은 노비의 나라이었다고 할 수 있다. 전체 인구에서 노비의 비율이 30% 이상이었다.[173] 비율이 더 높았다는 설도 있다. 노비는 인권, 재산이 인정되지 않고 신분도 세습되는 계층이었다. 신분 상승이나 재산형성, 생활 여건 개선과 같은 인간의 본능적인 욕구가 무시되고 그런 시도 자체가 처벌이나 자신과 가족의 생명이나 생존의 위협마저 불러온다면 굳이 노력을 생각할 필요조차 없어진다. 자신을 드러내는 것보다 감추는 것이 오히려 살아남는 방법이 된다. 더 놀라운 것은 먹고 살길이 없어 자신과 가족을 스스로 노비로 파는(自賣) 양민도 상당수 있었다는 사실이다.[174] 혁신이나 변화를 기대할 수 없는 절박한 상황이었음을 나타내는 증표이다.

173 권내현 노비에서 양반으로, 그 머나먼 여정, 역사비평사 2021
174 박종인의 땅의 역사, 조선일보 2021. 7. 28 A34

발전과 성장은 혁신의 산물이다. 혁신은 기존의 생각이나 방법을 바꾸려는 시도이고 갈등과 충돌이 때로는 불가피하지만 그것이 결과적으로 변화와 발전의 원동력이 된다. 따라서 조선의 역사는 물려받은 시스템과 제도 및 생각의 방식을 그대로 보존하면서 지키려고 한 지배 계층 세력이 대대로 승리한 결과라고 볼 수 있다. 역사상 세계 최고의 혁신적 발명품의 하나인 한글을 임금이 직접 만들고도 그 보급과 사용에 성공하지 못한 것이 결정적인 예가 된다. 한글이 널리 보급되고 당시 세계의 선두 수준이었던 인쇄술과 결합되었더라면 그 이후 세계 속에서의 조선의 위상과 명운은 전혀 달라졌을 것이다. 다른 혁신과 변화의 시도도 때때로 있었지만 배척되고 탄압을 받아서 어느 것도 성공할 수 없었다. 보신(保身)이라는 표현이 전 계층의 처세 방법이 되어서 그 표현은 오늘날에도 즐겨 쓰인다.

소유구조도 결정적 역할을 하였다. 내가 노력해서, 빠르게 움직여서 이룩한 성과의 일부라도 나의 것이 될 수 없다면 무엇 때문에 남보다 힘들게 노력해서 위험을 자초할 것인가? 소유구조는 사회체제와 직결된다. 엄격한 신분제는 변화 시도를 이단으로 몰아서 단죄한다. 사농공상(士農工商) 신분제에서 부가가치를 만드는 계층과 그 활동을 오히려 천시하거나 인정하지 않는 사회에서 혁신 노력은 무모하고 위험한 시도일 따름이다.

예술·문화에서도 그 논리는 마찬가지다. 한국이 경제적으로 발전하고 성장하면서 또는 어느 정도 성장한 뒤 한국인의 문화·예술적 재능도 광범위하게 또 비교적 동시적으로 발현되었음을 주목할 필요가 있다. 예·체능 전문가에 대한 천민이라는 낮은 사회적 지위와 인식에 더하여 대대로 빈곤과 굶주림에 시달려오던 전통을 이어받아 불과 얼마 전 과거까지도 자식과 그 가족의 장래를 생각해서 미술, 음악, 체육 같은 예체능을 전공하거나 종사하겠다는 자식에게는 부모의 권위로 또 재정적인 뒷받침의 거부로 그런 결정을 단호히 반대하였다.

당시의 사회적 분위기는 물론 장래에도 사랑하는 자녀가 생계를 유지하고 가정을 제대로 영위하기 어려울 것이라는 경험적, 확률적 판단 때문이었다. 자녀의 삶 전체를 통해 제대로 먹고살 수 있는 안정적인 생활이 보장되지 않는 것이 예상되는 그때의 상황으로는 합리적인 의사결정이었다. 이런 방면에서 두각을 드러내면 오히려 부와 명예, 사회적 지위가 같이 보장되는 현재의 여건과 정반대였다. 이것도 한 세대 이내에 일어난 빠른 속도의 대전환이다. 전환 시점은 한국이 본격적으로 성장하기 시작한 때와 맞물리는 시기이다.

경제적 여건과 동시에 사회·문화의 여건 특히 자유로운 사회체제와 관련된 조건도 필요하다. 언론의 자유, 표현의 자유가 보장된 체제가 아니면 세계를 놀라게 하는 소프트파워라고 불리는 새로운 문화적 힘은 나올 수 없다. 지금까지 사회주의나 공산주의 국가에서 문화예술의 새로운 싹이나 시도가 없었듯이 앞으로도 가능하지 않을 것이다. 다양성은 전체주의적 사고와는 반대 방향이기 때문이다.

동시에 시장이라는 수요 측면도 고려할 필요가 있다. 문화, 예·체능에 대한 수요 시장이 광범위하게 개발되거나 형성되어 있지 않으면 공급이 있어도 제대로 기능이 작동할 수가 없다. 과거의 불우한 천재적 예술가들의 작품이 지금에 이르러서야 천문학적인 가치나 가격 평가를 받고 시장에서 거래되는 현상이 그 증거이다. 여러 가지 이유를 들 수 있지만 경제적 여유와 구매 능력이 그 첫 번째이다. 경제학의 한계효용이론이 많은 것을 설명할 수가 있다. 아울러서 그 변화 속도도 살펴야 한다.

자연과학이나 공학과 달리 사회과학에서 사회·정치체제나 구성인자의 비교 같은 분야는 실험이 현실적으로 불가능하다. 실험은 조건에 따른 비교가 필수인데 같은 나라 안에서 사회체제나 정치체제 또는 사회·경제적 여건 같은 것을 일부러 다르게 설정해서 장기간에 걸쳐 시험하고 결과를 비교해 볼 수 없기 때문이다. 그래서 위의 변화와 속도 같은 유전적이나 개별적 요인이 실제로 존재하고 작용하는지와 그 결과로 언제 어떻게 그런 효과가 발생한다는 실증적 주장이 어렵다.

그런 맥락에서 지난 70여 년간의 한반도는 인류 역사상 처음이자 아마도 마지막인 사회체제와 구성 인자와의 상관관계 및 구성 인자의 개별적 및 집합적 능력과 성과를 검증해보는 살아 있는 실험장이 된 셈이다. 자신들의 뜻과는 관계없이 나라가 자본주의와 사회주의 세력에 의해 분단되고 이어서 서로 죽이는 오랜 기간의 전쟁을 치르고 그 후에도 철저하게 단절된 뒤 각자 최선을 다해 노력한 결과가 오늘날의 남북한의 현재 상태이다.

이 실험이 너무나도 귀중한 것은 천 년 이상 한 나라로 같이 지내 온 똑같은 동일 민족이 비슷한 여건에서 새로이 출발해서 사람의 한평생에 해당하는 70여 년의 장기간에 걸쳐 적응하며 살아온 결과를 비교해 볼 수 있기 때문이다. 실험 결과와 성적표는 굳이 여기서 따로 설명하거나 통계 자료를 제시할 필요조차 없다. 같은 사람(원재료)이 어떤 체제(조건)나 환경하에서 움직이느냐에 따라 결과는 전혀 달라진다는 귀중한 실험 결과 보고가 가능하다. 똑같은 재료라도 쓰는 방법과 시기 및 여건에 따라 결과는 크게 달라질 수 있다는 결론이다. 다시 말해 똑같은 속도의 잠재력과 능력을 가진 개인과 사회라도 어떤 환경과 여건이 주어지느냐에 따라 개인적으로 또한 집단적으로 전혀 다른 결과를 낼 수 있다는 움직일 수 없는 결론에 이르게 한다.

이 실험을 통해서 먼저 속도의 능력을 한국인이 속성 또는 체질적으로 가지고 있다는 것이 입증되었고 그렇다 하더라도 그 특성은 그것을 발휘할 여건이 주어져야 효과를 제대로 발휘한다는 실험 결과이다. 만약 속도의 경쟁력을 확실하게 내세울 수 없는 경우라도 같은 실험을 통해서 어떤 결과가 나올 수 있을 것인가를 비교해 보면 답은 더 명확해진다.[175]

유전적·문화적 속성과 아울러 위에서 제기한 정치적, 지역적인 조건 외에 다른 조건이 있는가는 앞에서 설명한 바와 같이 일정 수준 이상의 경제적, 사회적 기반이 이루어져야 속도의 장점이 충분조건으로 나타난다는 점이다. 다른 말로 표현하면 혁신이나 본격적 변화는 일정 수준의 경제적, 기술적 기반과 사회적 여건이 마련되어야 그때부터 본격적으로 또 제대로 된 효과를 나타낸다는 점이다.

즉 어느 날 갑자기가 아니라 서서히 물의 온도가 오르다가 비등점을 맞아 끓어오르듯이 내부의 변화가 진행되고 분위기와 여건이 성숙되는 것이다. 세계에서 인정받은 확실한 경제적 성과 외의 예 몇 가지만 가지고 설명해 보면 21세기에 세계에서 가장 확실한 위치를 인정받고 자랑하는 여자 골프(KLPGA)나 2010년 전후로 본격적으로 꽃을 피우고 있는 BTS를 비롯한 K-POP이나 아카데미 등 각종 영화제 시상으로 두각을 나타내고 있는 한국 영화와 각종 엔터테인먼트 서비스, 문화, 예술, 스포츠 등의 성과는 그 당사자들에게서만 의해 갑자기 튀어나오거나 이루어지는 것이 아니라 앞서 여러 분야에서 여러 모양으로 산발적으로 이루어진 노력과 시도들이 때(비등점)를 맞아 꽃을 피우기 시작하는 것이다.

앞의 제1장 1-3-(2)에서 소개한 속도의 자연과학적 개념과 측정에서 문화와 관련된 공식 $C = \sum E \times T$을 소개한 바가 있는데 문화 수준과 크기(C)는 에너지의 크기(E, 경제적 능력)과 기술적 수단의 효율성(T, 소프트와 하드 기술

---

175 과거 한국과 비슷한 여건을 가졌던 나라로 동서 독일과 남북 월남(베트남)이 있다.

능력)에 비례해서 결정된다는 의미가 된다. 한국의 현재까지의 발전상황을 잘 설명할 수 있는 공식이 된다.

위의 논리적 틀을 이용하면 한국 내의 같은 분야나 또 많은 다른 분야에서 앞으로도 계속 여러 모양의 성과가 나올 것이고 그 성과에 사회 전체가 놀라거나 감격하는 강도나 빈도는 점차 약해지고 당연해지면서 일상화될 것이다. 소득이나 경제력 또는 사회 분위기와 아울러 다른 여러 여건상 서로 영향을 주고받는 상승 작용이 가능해졌기 때문이다. 또 문화, 예술뿐만 아니라 평화상 분야가 아닌 노벨상 수상자도 조만간 나오기 시작할 것이다.

꽃핀 후에는 파급효과와 연관효과도 생각 이상으로 크고 광범위하다. 앞의 4-8에서도 소개하였지만 한류 열풍이 세계적으로 한국어 학습 붐을 일으켜 2020년 현재 43개국 학교에서 한국어를 가르치고 있다. 특히 2020년 한 해 동안 36개국 1,699개의 초·중·고에서 약 16만 명이 한국어를 배웠다. 베트남에서는 한국어를 제1외국어로 채택하고 인도는 중국어 대신 제2외국어로 채택했다.[176] 2021학년도 서울대 국문과 대학원 재적생 115명 중 41명이 18개국 출신 유학생이다. 한국 전체 대학원 국문과는 39%가 유학생이다.[177] 과거에 상상도 하기 힘들고 지금도 믿기 어려운 현상이다. 학문으로 전공하는 선택은 개인 삶의 중장기적 계획에 의한 판단 영역이다. 자국민이 아닌 경우에는 더 놀라운 선택이다. 앞으로 자신이 활용할 가치가 있다고 판단한 결과일 것이다.

결론적으로 다시 한번 필요조건과 충분조건의 틀로 설명하면 본격적인 속도의 경제나 속도효과의 발휘는 해당 경제 주체(국민 및 국가)의 주어진 속성과 정치·사회체제 여건이 필요조건이고 일정 수준 이상의 경제적 성취와

---

176 조선일보, 2021. 3. 15 A6. 스리랑카는 2021학년에 고교 고학년 외국어 과정 과목으로 채택하였다.
177 매일경제, 2021. 5. 14 A2

사회 및 교육 수준과 환경 및 경험 등이 충분조건이 된다고 할 수 있다. 그래서 다른 개도국들이 한국을 따라서 이렇게 하면 된다는 일반적인 길이나 방법은 제시하기 어렵지만 과거 한국의 산업화 초기에 가졌던 '효율적인 리더십'과 '하면 된다'는 자조정신이나 공감대는 공유하고 참고할 수 있는 자산이 된다고 생각한다. 이어서 논의하는 산업화와 민주화의 선후 관계에 대한 한국의 선례는 어느 나라, 누구에게나 큰 참고가 된다고 본다.

6-2 산업화와 민주화의 선후 관계 - 일반화를 위한 가설

또한 한국은 지난 세기 이후 최단시간 내에 산업화와 민주화를 시차는 있지만 거의 동시에 이루어 낸 세계 유일의 국가라고 할 수 있다. 아직 두 가지를 갖추고 있지 않은 많은 나라의 경우 하나라도 제대로 갖추기 어려운 것도 세계의 현실이다. 한국이 선례를 보였으므로 다른 후발국도 따라 할 수 있을지를 생각해 보는 것은 유익한 선례가 될 것이다. 당연히 그 성취 속도와 아울러 이행 순서가 관심의 대상이다. 다만 여기서는 두 가지의 선후 관계에 대해 경험에 기반을 둔 가설을 제시하는 것으로 그친다.

먼저 필요한 것은 산업화와 민주화의 척도를 정의해야 한다. 산업화는 모든 국민의 기본적 필요를 충족시키는 경제발전 수준과 그것을 위한 적정 경제성장률 이상을 지속적으로 유지하는 것으로 보는 것이 좋을 것이다. 어렵지 않은 방법으로 일정 수준 이상(예를 들면 일인당 1만 불이나 그 내외)의 국민소득 달성도 기준이 될 수 있다. 다음으로 민주화는 확실한 자유, 평등 선거에 의한 정권 선택과 교체가 가능한 단계에 이르는 수준으로 정의할 수 있다.

모든 후발국들이 이 두 가지를 빠른 시간 내에 동시에 이루는 것이 가장 바람직한데 만약 그것이 현실적으로 불가능하여 선후를 굳이 가려야 한다면 어떤 순서나 관계를 제시할 수 있을까? 이것 또한 실험을 거쳐서 증명하기는 불가능하여 한국의 선례나 경험적 결과를 참고해서 유추할 수밖에 없다.

먼저 한국이 본격적 산업화 단계 이전에 민주화부터 시작했다면 어떤 결과가 되었을까를 생각해 볼 수 있다. 가정하면 4·19 민주화 의거 직후에 산업화를 시작한 5·16 쿠데타가 없었더라도 오늘날과 같은 성장과 번영을 구가하는 결과를 초래했을 것인가의 질문이다. 그 시대를 직접 체험한 세대의 대답은 불가능이라고 확언할 것이다. 4·19로 이룩한 민주화 시대의 혼란상은 경험해본 세대만이 확실하게 안다. 데모 공화국이라는 명칭이 생기고 데모대가 국회의사당을 점거하는 사태까지 생겨났다. 정권 타도에 성공한 민의의 주장과 그 분출이었다.

산업화 전에 확실한 민주화부터 이룩된 사회에서 투표권을 가진 다양한 국민 각 계층의 욕구에 대해 산업화가 완성될 때까지는 참고 견디며 일단 내일을 기약하자는 설득은 사실상 불가능하다. 민주적 선거 과정이 앞서 있기 때문이다. 한국경제의 체질을 바꾸는 계기를 만든 1972년 8·3 사채동결 같은 극단적 조치는 선출된 군사정권이어서 가능했다. 한국에서 도시계획을 본격적으로 시작하기 전에 그린벨트를 일방적으로 설정한 획기적이자 선제적 조치는 지도자의 안목이 먼저이지만 그 실행 여건도 필요하였다.

사채 동결과 그린벨트 설정 조치

1970년대 초까지 한국경제의 문제점 중의 하나는 저축 및 자본 부족으로 인한 금융구조의 본원적 취약성이었다. 금융기관은 거의 역할을 하지 못하고 사금융(사채)이 성행하였고 기업경영이나 경제활동이 사채에 전적으로 의존하는 구조로 이루어져 더 이상 정상적인 기업경영이 불가능한 상황이었다. 그런때 정부가 모든 사채동결 조치를 갑자기 선언하고 특히 기업의 숨통을 일단 틔워주는 획기적 조치를 단행하면서 경제체질이 바뀌기 시작되는 계기가 되었다. 법률에 의한 절차를 밟는다고 했다면 어떻게 되었을지는 상상해보면 된다.

그 무렵에 일방적으로 발표된 그린벨트 획정도 당시 지도자의 안목에 의한 조치이었다. 벨트 경계결정의 합리성을 떠나서 그때 그린벨트를 설정하지 않고 지금까지의 속도로 국토와 도시개발을 진행했다고 가정해보면 설사 경제가 오늘날과 같이 발전했더라도 지금 우리 국토의 모습이 어떻게 되었을지 상상해보면 된다. 민주적 합의 과정을 통하겠다는 순간부터 당초의 계획과 구상은 뒤틀어질 수밖에 없다. 화폐개혁이나 금융·부동산 실명제도 같은 차원이다. 그린벨트 발표 당시에 자신의 토지가 그린벨트 구역 안에 포함되기를 바라는 소유주도 더러 있었다. 경제나 부동산개발이 본격화하지 않은 시대였고 자연보존 개념은 좋은 것으로 이해했기 때문이다. 주목할 점은 도시계획법이 처음으로 만들어지기 전의 사전 조치이었다.

산업화가 진행되면서 고속도로를 건설하겠다고 하자 민주화가 성취된 뒤 대통령이 된 당시 야당 지도자들이 건설 현장에 드러누워서까지 결사반대하는 상황이 전개되었다. 산업화와 민주화의 선·후를 생각해보지 않을 수 없는 한국의 경험이다.

이 문제에 대한 학술적인 연구 중 하나로 하바드대 프리드만(Friedman) 교수(2006)는 경제성장과 민주주의, 개방, 관용 등 도덕적 가치의 관계를 설명하면서 역사적으로 경제성장과 소득 상승이 민주주의를 촉진하고 뒷받침하지만 그 반대의 관계는 성립하지 않음을 설명한다.[178] 현실적으로 20세기 이후 전 세계에서 민주화가 선행하여 산업화를 이끈 예는 없다. 서울대 교수 김태유 외

---

178 Friedman, Benjamin, 'The Moral Consequences of Economic Growth', Havard Business Review, 2006

(2021)도 산업화에 성공하지 않고는 자유, 평등, 박애 같은 민주주의적 가치가 실현될 수 없었음을 강조한다.[179] 또한 지금까지 세계가 경험해 오는 대로는 경제적 후발 상태로부터 성공한 산업화가 다음 단계로 민주화를 마찰 없이 이행함도 결코 보장하지는 않는다.

산업화와 민주화의 선후 관계는 성장과 분배의 선후 문제와 유사하다. 성장도 중요하고 분배도 같이 중요하다. 어느 것도 놓치거나 소홀히 해서는 안 되는 명제이다. 두 가지의 동시 달성이 가장 바람직한데 그것이 현실적으로 불가능할 경우의 선후 관계의 결정은 산업화와 민주화의 순서 결정과 같을 수밖에 없다. 좀 더 나아가 경제, 문화, 학문 등 대부분의 분야는 비슷하게 발전하는 것이지 개별적으로 속도를 달리하지 않는다는 점이다. 분야마다 어느 정도의 시차는 존재하는 것은 물론이다. 그 과정에서 실현 순서는 경제가 앞서가는 것이 논리적이자 경험적이다.

한국에서 1987년의 민주화 선언과 군부 독재의 종식은 30여 년 미만의 급속한 산업화에 의해 먹고 사는 문제가 확실히 해결되었으므로 이제는 민주와 자유도 같이 가져야겠다는 욕구의 분출 결과이다. 주로 대학생들에 의한 희생이 따른 격렬한 민주화운동이 그 시기를 앞당기고 소요 시간을 단축했음은 물론이다. 다만 이 과정이 현재의 다른 후발국들에게도 똑같이 적용되기 어려움도 추론할 수 있다. 따라서 군이 순서를 얘기하자면 산업화가 먼저 제대로 이루어지는 것이 실현 가능한 단계가 될 것이다. 옛말을 인용하자면 '의식이 족해야 염치를 안다'는 표현을 들 수 있다. 이 현실적 순서를 인정한다면 소위 민주화 세력이 산업화 세대나 그 당시의 지도자를 일방적으로 매도하고 폄하하는 것은 자신의 현재를 부정하는 모순이다.

179 김태유, 김연배, 한국의 시간, 샘앤파커스, 2021

그런 측면에서 한류로 통칭되고 있고 소프트파워로도 불리는 한국 문화의 세계적인 융성은 굳이 순서로 얘기하자면 산업화, 민주화를 이은 세 번째 현상이라고 정의할 수 있다. 세계 유일의 봉쇄국가인 북한의 지도층이 가장 겁내는 것은 남한의 경제력 또는 군사력이나 민주적 제도가 아니라 소프트파워의 침투와 유행일 것이다.

다른 증거의 예로 세계은행이 만든 현재의 세계 전체에서 일인당 국민소득과 민주주의 발전 정도를 연관시킨 4분위 그림으로 살펴보면 세계 국가들의 분포에서 민주화 정도는 상대적으로 높지만 산업화는 뒤떨어져 있는 국가가 상당수 있고 인도가 대표적이다. 산업화는 되고 있으나 민주화가 뒤떨어진 경우도 있다.[180] 중국이 극단적인 예가 될 것이다. 그 둘을 같이 충족하는 국가들은 대부분 미국과 유럽의 소위 선진국 들이고 한국을 포함하는 동아시아 4소룡이 포함되나 일정 수준의 국가 규모를 갖춘 나라는 한국(과 대만)뿐이다.

<그림6-1> 세계 각국 1인당 국민소득과 민주주의 발전 정도

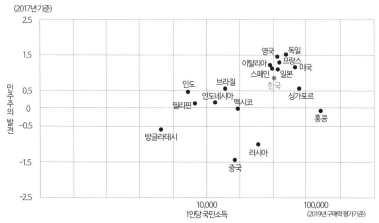

출처: 장대환, 우리가 모르는 대한민국(매일경제신문사, 2021)에서, 파이낸셜타임스, 세계은행, IMF. 재인용

---

180 장대환, 우리가 모르는 대한민국, 매일경제신문사, 2019, p424

한국의 근대화, 산업화 초기의 건설 현장이나 공공 건축물과 관련된 크고 작은 사고가 빈발하였다. 여러 가지 요인이 작용한 결과이지만 빨리 마무리하겠다는 성급한 속도감도 분명히 작용했을 것이다. 같은 차원에서 절대적으로나 상대적으로도 짧은 시간 안에 산업화에 이어 민주화를 이루고 사회체제를 규정하는 좌파와 우파를 넘나드는 정권 교체를 선거를 통해 계속 가능하게 하는 현상은 한국이 아니면 세계의 다른 곳에서는 좀처럼 보여 줄 수 없는 드라마와 같은 모습과 속도이다.

그래서 이제는 안전한 속도, 믿을 수 있는 속도 그리고 정직한 속도가 필요한 것이다. 그럼에도 불구하고 한국 경제발전 초기 이후의 '빨리빨리'에 의한 성과와 장점은 결코 부인 되어서는 안된다. 다만 경제발전의 단계로 보아 일정한 단계를 지나면 속도의 장점을 계속해서 살리되 안전과 신뢰, 정확성에도 방점을 주는 변화와 지혜가 필요한 것이다.

K7

K속도의 역설과 경쟁력 저하

7-1 개인적 속도와 사회적 속도-인구, 사회학적 측면

인간은 경제적, 사회적 동물이다. 자신과 가족의 편의, 효용, 행복, 장래 등을 고려하여 현재와 미래를 위한 각종 의사결정과 행동을 한다. 그런데 그런 모든 개인이 재빠르게 움직여서 이룩한 사회발전의 모습과 여건은 그 개인의 기대와 의도와는 다른 모습과 결과로 나타날 수 있다. 그럴 때 어떤 개인은 그 변화를 판단하거나 예감하고 재빨리 상황에 맞추는 적응력을 발휘하기도 하지만 전체적으로는 또는 대다수는 다르게 나타난 예기치 못한 상황에 대해 당황하거나, 스스로 조절 능력을 발휘하지 못하거나, 결국에는 예상과는 달라진 결과를 수동적으로 받아들일 수밖에 없는 경우도 있다. 뒤의 8-1에서 소개하는 구성의 모순 즉 미시와 거시의 충돌이다. 한국을 유례없이 빠르게 성장시킨 속도가 오히려 부문별로는 과속을 일으켜 문제를 만들고 부작용을 일으키는 경우가 발생한다. 위기도 더 빠르게 닥치는 경우이다. 그런 예 가운데 가장 두드러지고 가장 심각한 것이 인구 문제이다.

(1) 저출산과 인구감소

나라의 구성원인 모든 개인이 변화된 여건에 맞추어 최선을 다한 결과가 사회 전체적으로는 전혀 바람직하지 않거나 엉뚱한 부작용을 낳게 되는, 그래서 장기적으로 또 전체적으로는 오히려 부정적인 모습으로 나타날 수도 있다. 이 결과는 '속도의 역설'이라는 표현이나 극단적으로 '속도의 저주'로 표현할 수도 있다.

위의 설명 내용과 전개 과정은 한국이 지난 30여 년의 상대적으로 짧은 기간 동안에 겪어 오고 있는 두 가지 중요한 구조적 변화를 설명할 수 있는 틀이나 도구가 된다. 전자는 급격한 출산율 감소로 인한 인구의 정체 내지 감소 현상이고 후자는 급격한 수명연장에 따른 고령화 현상이다. 먼저 한국의 출산율 감소 현상과 그 모습을 소개하고 그런 결과가 한국 사회에 미치는 영향과 효과를 살펴보자.

한국은 경제개발 초기에 경제적 능력에 비해 상대적으로 넘치는 인구를 조절하기 위해 산아제한 정책을 강력하게 실시하여 단기간에 성과를 거두어 세계적으로 가장 인정받는 모범국가가 되었다. 그러나 짧은 기간 동안의 유례없는 급속한 경제성장의 결과 때문에 정반대의 자발적 산아제한의 올가미에 스스로 묶이게 되어 인구 증가율이 감소하기 시작하여 저출산율 세계 1위를 기록하고 급기야 2020년부터 절대 인구가 감소하기 시작하였다. 인구의 절대적 감소 시작 시기는 당초 예측보다 8년이나 앞당겨졌고 만약 평균 수명을 상승시키는 고령화가 급속히 이루어지지 않았더라면 그 시기는 훨씬 더 빨리 도래했을 것이다.

한국의 합계출산율[181]은 세계 최저인 0.82 정도로 떨어져 현상 유지도 되지

---

181 합계출산율은 한 여성이 일생동안 출산할 수 있는 평균적인 자녀수의 통계적 추정치이다.

않아서 시간이 지날수록 인구가 감소하는 수밖에 없다. 이것이 오늘의 엄연한 현실이다. 실제로 우리나라 출생아 수가 2017년 처음으로 30만 대로 떨어지더니 4년 만인 2021년에 26만 명 대로 주저앉았다. 1992년 출생자 수(73만 명)와 비교해 한 세대 만에 1/3로 줄어든 것이다. 조영태 서울대 교수는 "한 세대 간 인구 차이가 이렇게 나는 경우는 전쟁 상황을 제외하고 전 세계에서 우리나라가 유일하다고 했다."[182] 또한 국제결혼, 이민, 귀화 등으로 증가한 국내 비출생 인구 비중을 감안하지 않으면 감소 속도는 더 빨라진다. 한국이 수축사회로 사실상 진입하고 있음을 표시하는 증거이다. 2100년에는 한국 인구가 반토막인 2,678만 명으로 2017년보다 53% 감소한다는 미국 워싱턴대학의 예측도 있다.[183]

결혼은 물론 출산이 자연적인 현상에서 벗어나 선택지로 바뀌면 당사자는 장기적인 관점에서 전망과 계획을 할 수밖에 없다. 특히 출산은 자기의 다음 세대에 대한 책임감도 있으므로 미시 및 거시경제에 대한 전망과 아울러 자신의 장래에 대해서도 고려하게 되어 더 어려워질 가능성이 높다.

(2) 결혼 건수 감소와 이혼 건수의 증가

이런 속도는 사회구조의 근본적 변화를 불러와서 개별 사안을 변하게 만들기도 하고 변화되는 개별 사안들이 사회구조와 규모를 변하게 만들기도 한다. 이런 현상은 관련 통계에 더 놀랍게 나타난다. 1983년에 결혼은 412,984건이고 이혼은 28,549건이었다. 2020년에 결혼은 213,502건, 이혼은 106,500건이다. 해당 년도의 두 가지 숫자를 단순히 비교하는 것은 비교할 모집단의 속성을 왜곡시키는 위험이 있지만 비교를 위해 단순히 계산해 보면 1983년의

---

182 조선일보 2021. 1. 4 A3
183 매일경제 2020. 7. 16

이혼 건수는 결혼 건수의 7.0%이었다. 2000년의 36.0%를 거쳐 2020년에는 49.8%에 이른다. 결혼 건수 대비 절반이 이혼했다는 결과이다. 이유와 과정의 호, 불호를 떠나 너무 놀라운 속도이다.

우선 결혼 건수가 줄면 출생도 당연히 줄게 된다. 이혼은 자녀수에도 부정적 영향을 미친다. 결혼 건수가 빠르게 줄어들고 이혼 건수는 급격하게 늘어나는 데다 평균 출산율도 상호 영향을 주고받으므로 이 모든 요소들이 인구를 감소시키는 상승작용으로 다시 나타난다. 여기서도 한국의 속도가 초점이 된다. 성장과 발전에 따른 결혼률 감소 경향과 시대 변화에 따른 이혼율 증가를 감안하더라도 그 속도가 절대적으로뿐 만 아니라 다른 나라와 비교해서 상대적으로도 너무 빠른 것이다. 이혼의 또 다른 특징으로 황혼 이혼이 급속히 증가하는 현상으로 2020년 서울의 경우 결혼 기간 30년 이상의 부부 이혼(20.6%)이 결혼 4년 이내에 이혼(17.6%)한 부부의 경우를 능가한다. 다른 측면에서의 한국의 속도 예이다.

결혼율 감소와 이혼율 증가는 당연히 1인 가구 수도 증가시킨다. 한국 전 가구 중 1인 가구의 비중은 21세기의 시작인 2000년에 15.5%였으나 2019년에 30.2%, 2020년에는 31.7%로 2배 이상 증가하였다. 1인 가구의 급증은 당연히 결혼율의 감소와 맞물리고 그에 따른 출생율의 감소를 초래한다. 다른 요인으로 1인 가구의 증가는 고령 인구의 비중 증가와도 관계가 있어서 60세 이상 고령 1인 가구의 비중은 2000년 7.3%에서 2019년 15.5%, 2020년 33.1%로 급속도로 증가하였다. 그 요인 중 큰 것의 하나가 황혼 이혼이다. 2000년에 서울에서의 황혼 이혼은 서울 전체 이혼의 2.8%였는데 2020년에는 그 비중이 20.6%로 뛰어 올랐다. 이것도 속도의 문제가 엄중하다.

인구의 성장세 둔화나 절대 인구의 감소는 거시와 미시경제에도 직·간접적인 영향을 주어 경제성장율을 둔화시키거나 감소시키는 부작용을 초래한다. 다른 여건이 크게 변하지 않은 상황에서 인구와 노동력이 감소하면 잠재성장율[184]이 감소할 수밖에 없다.

(3) 인구감소 현상의 과정과 그 영향 분석

급격한 인구감소와 고령화 속도 증가의 과정과 배경 및 결과에 대해 논의해 보자.

1) 옛말에 '자식 농사 반타작이면 성공'이라 했다. 그 의미는 영양 상태나 위생, 의료 여건이 열악해서 영아 사망률이 매우 높고 어린 자녀들이 각종 질병에 취약했기 때문에 출산한 자녀 중 반 정도만 살아남더라도 자식 농사는 크게 성공한 것으로 여겼기 때문이다. 이런 여건 하에서는 처음부터 가능한 한 자녀를 많이 놓는 것이 본능적 대응 방법이다. 지금은 생활수준보다 오히려 의료수준이 더 올라간 경우이어서 이제는 누구나 영아 사망은 염두에 두지 않는 세상이 되었다. 즉 자기가 낳은 자녀의 조기 사망 가능성이나 심신의 장애를 당할 가능성을 거의 염두에 두지 않는다. 그런 여건이 자녀수의 선택과 결정에 매우 중요한 변수가 된다.

현재 60대 이상의 노년층 가운데 호적상 생년과 실제 생년이 다르면서 출생 신고가 실제보다 1~2년 또는 그 이상 늦은 사람이 상당수 있다. 그 당시의 갑작스런 해방, 한국전쟁, 행정체계의 미비 등의 많은 이유가 있겠지만 높은 영아 사망률 때문에 아예 신고를 늦춘 경우도 많다. 살아남을 확률이 오르기 전이어서 당시로는 번거롭고 힘든 출생신고를 미루었기 때문이다. 뒤늦게 출생신

---

184 잠재성장률은 한 나라의 인구 규모나 각종 여건에 맞추어서 경제가 정상적으로 달성할 수 있는 성장률을 말한다.

고를 하면서 신고 시점의 생년을 적용하는 경우가 대부분이었다. 그 뒤 나라가 급속하게 성장, 발전했기 때문에 당사자들은 호적상 나이 적용 규칙으로 정년 적용 등 여러 면에서 오히려 득을 본 경우가 많았다.

2) 국민총생산이 급속하게 증가하고 개인의 소득도 같이 오르자 생활 형편이 나아지면서 생활 패턴과 사고방식이 빠르게 달라지기 시작했다. 한국에서 가정의 소비 지출 중 가장 탄력성이 큰 항목이 자녀교육비일 것이다. '굶어도 자식 교육은 시켜야 한다', '내 자식도 남만큼은 해줘야 한다'는 한국 부모의 의식 속에서 조금이라도 형편이 나아지면 자녀 교육과 양육에 더 많이 투자하는 것은 당연하고 그러면 시장원리에 따라서 교육비는 절대 액수나 가계 지출 구성에서 더 상승한다. 더하여 여성의 사회활동 참가율이 상승하고 또한 생활 수준 향상에 맞는 소득도 필요하므로 맞벌이가 선택에서 점차 필수적인 여건으로 변해간다.

실제로 한국에서 출산율과 자녀 교육비는 정반대 방향으로 장기적으로 움직이고 있다. 그 현상은 자녀를 많이 가질 수 있는 여건이 봉쇄되어 있다는 의미이다. 2020년에는 출생아가 사망자 수보다 적어지는 역전 현상이 발생하였다. 이렇게 되면 지금부터도 사실상의 절대적인 인구가 점차 줄어들게 된다.

3) 과거와 같은 자녀수라면 대부분의 가정에서 급격히 증가된 자녀교육비 충당은 불가능하고 경쟁 사회에서 한 명도 제대로 키우기 어려운 상황으로 변한다. 소득 보충을 목적으로 맞벌이를 택할 경우 젊은 부부에게는 육아가 가장 큰 걸림돌이 되어서 더 이상의 출산을 포기하거나 처음부터 출산 자체를 고민할 수밖에 없는 형편이 된다. 통계적으로 보면 "1980~1984년 결혼한 부부 중 자녀를 한 명도 안 낳은 경우는 2%였다. 그러나 2005~2009년 결혼한 부부 열 쌍 중 한 쌍(9%)이 무자녀 부부였다. 이것은 가정의 자녀수가 줄어든 것

보다 더 심각한 현상이다…. 더 최근인 2010~2015년 결혼한 부부 중에선 세 쌍 중 한 쌍(37.2%)이 무자녀 부부였다. 기대 자녀수가 0명인 부부도 8.2%에 달했다."[185] 2019년 기준 합계출산율은 0.92명이고 2020년 2분기는 0.84명으로 더 하락했다. 세계에서 확실한 최하위 국가이다.(UN 2021년 세계 인구 현황 보고서).

그런 결과로 신생아의 엄마가 20대인 아이 비중이 1990년에는 524,411명으로 전체의 80.7%였으나 2020년에는 60,200명으로 전체의 22.1%로 떨어졌다. 40대 엄마의 신생아 출산 비중도 1993년 0.4%에서 2020년 5.1%에 달했다. 50세 이상 아빠의 비중도 5년 새 2배 증가하였다. 비혼, 미혼, 만혼으로 생긴 K속도의 결과이다.

4) 1982년에서 2020년까지 문 닫은 초중고가 3,843곳인데 이것도 학교나 학년 및 학급의 학생 수가 절대적이나 상대적으로 적지만 억지로 유지 시키는 학교들이 있기 때문이다. 즉 2020년 현재 전교생 60명 이하의 초등학교가 1,488개에 이른다.[186] 사설 학원으로도 유지가 불가능한 수준이지만 학교는 특히 의무교육의 필요 때문에 유지가 불가피하다. 반세기 이전에는 과밀학급과 교실 부족으로 불가피한 2부제 수업 때문에 나라 전체가 골치를 앓았다. 이제는 지속적으로 줄어드는 취학 학생 수 때문에 남아도는 시설을 걱정하는 역설적 현상을 경험하고 있다. 상당수의 도시 지역도 상대적으로 속도는 다르지만 그런 상황은 비슷하다.

그 여파가 대학교육으로도 이어진다. 2020년 수능 응시 인원(490,522명)은 대학 전체 입학 정원(555,577명)보다 6만여 명 적었다. 한국 대학교육

185 한국인의 출산보고서, 조선일보, 2018. 2. 13 A9
186 매일경제 2021. 1. 16 A5

의 앞날과 고등교육 정책에 대한 경고 신호등이 켜진 속도가 너무 빨라서 대응이 너무 어려운 경우의 하나이다. '벚꽃 피는 순서대로 지역 대학이 문을 닫게 된다'는 표현이 현실로 나타나서 대부분의 지방대가 정원 미달에 시달리고 있다. 이 문제는 새삼스러운 것이 아닌 전부터 나온 통계에 의한 엄연한 사실인데 닥칠 때까지 버티는 속성의 결과이기도 하다

5) 국민 교육 수준에서의 속도도 기록적이다. 2019년 현재 25~64세 한국 국민 중 절반이 대졸 이상 고등교육을 받은 것으로 조사되었다. 2000년의 23.8%와 비교할 때 19년 만에 두 배 이상 늘었다.[187] 2020년 현재 OECD 국가 중 전 국민의 고등교육 이수율이 50% 이상인 국가는 4곳이고 최고가 캐나다의 59.4%이다. 특히 한국의 25~34세 고등교육 이수율은 69.8%로 이미 세계 최고 수준이다. '질 좋은' 일자리는 한정되어 있으므로 일자리 미스매치와 고학력 실업자의 문제가 큰 사회 현안으로 지속된다.

6) 과거와 같이 나이가 되면 좋든 싫든 결혼해야 하던 사회가 아니고 여성의 사회적 지위는 높아지는데 사회적, 가정적 여건이 이를 뒷받침하지 않는 상태에서 여성이 경제적 능력을 가지면 결혼은 까다로운 선택사항이 된다. 또한 다 같이 못 살아서 가진 것이 없는 것이 당연시되던 시절이 아니라면 경제적 능력이나 여건을 제대로 갖추지 못한 남성은 본인의 의사에 관계없이 결혼 대상 후보자 중에서 경쟁력이 낮아진다. 이런 결과들도 결혼 건수가 현저히 줄어드는 원인이 된다.

결혼과 출산의 중심이어야 할 30대의 미혼 인구 비율도 급격하게 상승하고 있다. 남성은 1990년 9.5%에서 2020년 50.8%로, 여성은 같은 기간에 4.1%

---

187 매일경제 2021. 2. 27 A16

에서 33.6%로 증가하였다. 개인뿐만 아닌 나라 전체를 위해서도 결코 바람직하지 않은 속도이다.

한국 20대 남자와 30대 여자의 1인 가구 비중이 급격하게 늘어 나는 추세가 지속되고 있다. 경제력 향상에 따라 부모를 떠나 독립적인 생활을 하는 경향으로 볼 수도 있으나 결혼하지 않고 혼자 사는 변화를 보여주는 증거이고 여기서도 더 중요한 것은 증가 추세의 속도이다.

7) 소득의 증가에 따라 생활수준이 올라가면서 결혼이나 삶, 또는 자녀에 대한 가치관이 달라지는 경향도 있다. 또 평균 결혼 년령이 남, 녀 모두 급격히 상승하면서 생물학적으로 임신할 수 있는 확률이나 가능성이 저하한다. 그 결과 산부인과 병원이나 전공의는 급격히 줄어들면서 반대로 불임클리닉은 오히려 빠르게 늘어난다. 또한 소아청소년의 감소는 소아과 의료체계에도 영향을 주고 있다. 수요가 줄면 공급은 민감하게 반응할 수밖에 없다. 유아 숫자가 주는 것과 유아의 건강 상태, 그리고 질병 발생은 상관관계가 없다.

8) 유사 이래로 인간은 가족이나 자녀가 대대로 늘어나는 것을 염두에 두고 살아왔다. 우리가 지금도 흔히 쓰는 표현으로 '집안이 흥한다' 또는 '집안이 망한다'라는 말은 가족이나 자녀의 숫자가 늘어나는 것이 전제되는 표현이다. 이제는 개인이 경제적으로나 사회적으로 크게 성공하더라도 그것은 대를 이어가는 발전을 전제하는 것이 아닌 개인이나 해당 가정의 희망이나 사후적인 소망일 따름이다. 소위 핵가족 상태에서의 집안이나 가족관계의 개념이나 기대치의 혁명적 변화는 불가피하게 보인다.

9) 물론 위의 설명 중 앞의 일곱 가지 현상은 발전 정도에 따라 어느 나라에서나 있을 수 있는 논리적 과정이며 한국의 출산율이 더욱 낮아질 수밖에 없

는 명백한 이유가 된다. 다만 여기서도 속도가 문제가 된다. 한국은 경제가 급속히 성장하고 소득이 빠르게 오르면서 세계적으로 매우 높은 수준이던 출산율이 단기간에 급격하게 줄어서 세계 최하위 수준으로 떨어진 가장 대표적인 경우이다.

앞에서도 설명한 대로 한국은 1960년대 초 경제개발 계획을 수립하면서 출산을 적극적으로 억제하는 정책을 같이 시행하였다. 그런데 그로부터 10여 년이 지나지 않아서 부터는 갑자기 낮아진 출산율 때문에 엄청난 규모의 예산 투입과 여러 출산장려책을 시행해오고 있다. 정부 예산상으로는 출산장려를 위해 그동안 120조 원 이상을 투입하였다고 하는데 그렇지 않았다면 출산율이 더 하락했을 가를 검증해 볼 필요도 있다. 아마도 정책의 방향과 효과에 대한 문제도 크게 있을 것이다. 더 본질적으로는 한국의 개인적 속도와 사회적 속도가 지닌 어쩌면 불가피할 수도 있는 모순적 상황을 보여 주는 대표적 민낯이다.

선거에 민감하게 반응하는 정권은 거의 단기적 대책에 주력한다. 그래서 출산에 각종 인센티브 등을 제공하는 방향으로 정책이 수립된다. 그러나 이 시대의 개인에게 출산이나 양육은 장기적 전망에 의하는 합리적 선택의 문제이다. 장기적으로 경제나 사회가 안정적으로 성장할 것인가 등 거시적 요인과 그 속에서 양육과 자녀 및 자신들의 생활에 대한 확신에 따라 움직이므로 이 문제야말로 장기 전망과 중단기 대책이 제대로 결합되어야 효과를 발휘할 수 있다.

예부터 발전하는 나라는 많은 인구와 경제력을 낳았고 경제력은 군사력으로 연결되었다.[188] 인구가 변동이 없거나 상대적으로 또 추세적으로 인구가 늘어나지 않으면서 계속 부강해지는 나라는 동서고금의 역사에 없다. 19세기의

---

188 폴 몰런드(서정아 역), 인구의 힘, 미래의 창, 2020

유럽 각국의 세력과 판도 변화를 있게 한 직접적 요인 중 하나는 인구 변화이다. 당시까지 여러 면에서 열세였던 독일이 20세기에 강자로 부상하게 된 주요한 원인 중 하나가 상대적인 인구 비중의 증가이다.

한 국가 내의 문제도 마찬가지다. 한국의 수도권 이외 지역에서는 지방자치단체 통폐합과 소멸 위기의 문제가 심각하게 대두되어 있다. 2020년 기준 인구 감소로 '소멸' 위기에 처한 시·군·구는 89곳으로 중앙정부의 특별지원 대상으로 지정되었다. 또한 250개 시·군·구 전체가 65세 이상 인구 비율이 7%가 넘는 고령화 사회에 진입하였다. 이것도 속도의 문제가 해결을 더 어렵게 만든다. 아마도 정치적인 이유로 지방자치단체의 인구 하한선 요건이 낮아져 소멸이나 통폐합을 지연시키는 방패로 작용할 가능성도 있다.

인구의 힘이 강대국 또는 부강한 나라를 만드는 충분조건은 아닐 수 있어도 필요조건임은 분명하다. 미국과 같은 나라가 인구가 감소하고 있으면서 현재와 같은 영향력을 유지할 수 있을 것인가를 상상해보면 된다. 디지털 시대인 현재와 또 앞으로의 미래에도 인구의 수준이 한 나라의 힘을 표시하는 주요 조건이 될 것이다. 특히 절대적으로는 물론이고 상대적으로도 중요한 조건이다.

수학적 이치에 따라서 인구가 절대적으로 줄어들기 시작하면 그 감소 속도는 당연히 증가할 것이다. 동시에 수명연장에 의한 고령화까지 더해지면 평균 연령의 증가 속도는 더 늘어난다. 인구가 줄어드는 것은 소득이나 기타 변수가 줄어드는 것과는 차원이 다른 국가의 장래, 명운과 직접 관련된 문제이다. 앞에서 또는 뒤에 설명하는 여러 여건상 출산율이 단기간에 늘어 인구가 다시 증가하기는 사실상 어렵다. 그렇다면 한국의 국력과 경쟁력은 장기적으로 밝거나 희망적일 수 없다,

우리 바로 앞의 예가 출산율 저하를 경험하면서 경제성장률도 저하 추세를 나타내는 일본이다. 1980년대에 제조업 강국으로 부상한 일본을 배우자고 하는 움직임이 미국을 중심으로 세계적으로 일어났고 이후 미국의 뒤를 이을 다음 선두주자는 일본일 것이라는 예측이 한때 강하게 제기되기도 했다.[189] 그러나 일본은 4반세기 이상 지속적으로 인구 증가율과 경제 성장율이 서서히 감소, 감속하고 있고 중국이 새로운 강자로 부상하는 지금까지의 상황으로는 한때 세계 속에서 기대되었던 일본의 재부상은 불가능하다.

그러나 중국도 이미 고령화 사회에 진입해 있고 2033년에는 초고령사회가 될 것으로 예측된다.[190] 한국과 거의 비슷한 속도로 인구감소와 급속한 고령화를 겪고 있는데 한국과 다른 점은 일인당 소득이 아직 1만 달러 수준에 있는데도 급속한 인구감소와 고령화가 동시에 진행되는 현상이다. 중국몽(中國夢)이 글자 그대로 꿈에 지나지 않을 가능성을 보여주는 현실이다.

반대로 한국과 여러 가지로 닮은 면이 있는 이스라엘은 출산율이 세계 1위로 2020년 3.01명이다. 출산에 대한 사회적 인식과 육아에 대한 국가 지원시스템이 갖추어지고 미래에 대한 희망을 가진 민족이기 때문이다.[191]

이곳에서 본격적으로 다룰 수는 없는 주제이지만 생물학적 측면에서 인간이 다산본능을 자연스럽게 가져왔는데 근래 평균 수명과 생활수준이 빠르게 올라가고 과거에 전혀 예측하지 못했던 사망률이 급격히 낮아지면서 동시에 피임이나 산아제한이라는 인위적이고 인공적 방법이 큰 거부감 없이 수용되어 가는

---

189 1980년대에는 미국의 제조업 경쟁력이 쇠퇴하고 일본은 계속 상승하고 있었다. 중국은 아직 개방이나 개혁을 하지 않은 죽의 장막 상태였고 유럽도 EU를 출범하지 못하고 있었다. 소련의 분열과 독일통일이 일어나던 격동의 시대에서 많은 전문가들이 산업경쟁력을 갖춘 일본의 부상을 예상하였다.
190 손일선, 중국화의 가장 위험한 적은 고령화, 매일경제 2021. 3. 16 A33
191 김세형칼럼, 매경 2021. 3. 3

현상이 이미 본격화되고 있다. 앞으로 후발국들도 경제가 발전하면 지금은 인구 증가율이 매우 높아서 골치를 앓고 있는 아시아와 아프리카 나라들도 출산율이 낮아질 것으로 예측할 수 있다. 물론 여기서도 속도가 관건이 되고 지금까지는 한국의 속도가 가장 빠른 것이 통계적인 사실이다. 앞으로도 이런 한국의 속도를 넘어서 출산율이 더 급격히 감소하는 예는 아마 앞으로도 없을 것이다.

(4) 고령화의 역습

앞의 출산율은 어느 정도 계획이나 통제 혹은 적극적 장려 정책은 가능한 경우이나 고령화는 전혀 차원이 다른 문제이다. 인간의 평균 수명이 늘어나는 것은 큰 축복임에 틀림없다. 지난 한 세기 동안에 인류가 공통적으로 겪은 변화 중의 하나가 수명연장이다. 아직도 기아나 영양실조로 고통 받는 나라와 개인들이 다수 존재하지만 20세기는 세계 전체적으로 보아서 식량 생산과 공급 또는 생산 능력 차원에서는 먹고 사는 문제가 거시적으로는 유사 이래 처음으로 해결된 세기이다. 다시 말해 세계 전체를 합해서 보면 실제 식량 생산이나 생산 능력이 식량수요를 충족할 수 있는 단계에 도달한 것이다.

더하여 의료 기술과 치료 수준의 급격한 상승, 영양과 위생 상태의 개선 등의 덕택으로 선진국뿐만 아니라 대부분의 나라들의 경우 평균 수명이 20~30여 년 늘어났다. 경제가 급속하게 성장하여 뒤늦게 선진국 수준에 도달한 한국도 지난 30여 년 동안 평균 수명이 30세 이상 증가하였다. 2020년에 태어난 아이의 기대수명은 83.6세로 발표되었다. 평균 수명 상승의 국제비교는 그림 2-6에서 설명하였다. 해방 당시의 한국인 평균수명은 45세였다.

그런데 최근 한 세대(30년으로 잡아도)가 되지 않는 너무나 빠른 시간 동안에 평균 수명이 급속도로 늘어났기 때문에 국가적, 사회적으로뿐만 아니라 개인적으로나 가정적, 또는 가족 간의 적응이나 조정이 어려운 문제를 너무 많이 안겨주고 있다. 또 수명연장에도 불구하고 나라 인구의 절대 수가 이미 줄기 시작한다면 바람직하지 않은 결과로 나타난다. 스스로가 자초한 재앙의 단초일 수 있다.

그 변화 상황을 요약해 보면,

1) 소득 증가, 영양 상태 개선, 의학과 의료 서비스의 발달로 최근 30년간에 한국인의 평균 수명이 급격히 늘어났다. 그로 인해 국가 정책, 사회 및 가족과 관련된 패러다임이 바뀌고 있는 상황이다. 통계청 추계로는 한국 인구구조에서 65세 이상이 차지하는 비중이 2017년 14%인데 10여 년 뒤인 2030년에는 25%가 된다.[192] 인구의 4분지 1이 65세 이상 노인층이라는 의미이다. 2060년에는 인구의 44%가 65세 이상이 될 것이라고 통계청은 전망한다. 인구의 반 가까이가 된다. 급격한 속도의 고령화가 위의 초저출산 현상과 맞물리면서 상승작용으로 사회구조를 바꾸고 있다. 조만간 120세까지 사는 세상이 올 것이라는 예측도 있다. 속도가 빠르지 않으면 점차 적응하고 조절할 수 있지만 갑자기 닥치면 대응이 불가능하다.

2) 고령화 속도에서도 한국이 단연 세계 제1위이다. 65세 이상 인구가 전체 인구의 7%가 되는 고령화 사회가 된 2000년에서 고령화 비중이 14% 이상이 되는 고령사회 진입에 불과 18년밖에 걸리지 않았는데 프랑스는 118년, 미국은 73년, 독일은 40년이 걸렸고 대표적 장수국가인 일본도 24년이 걸렸다. 전체 인구의 20%가 넘는 초고령사회 진입은 더 빨라 2025년이 되어 7년 만에 초고령사회가 될 것으로 예측한다. 우리보다 앞선 일본도 11년 걸렸다. 엄청난 신기록이다. 위와 같은 통계청 추계로는 2040년에는 우리나라 인구 세 명 중

---

192 노령화지수도 지역별로 큰 편차가 있고 농촌지역이 더 높고 도시 간 격차도 크다.

한 명이 65세 이상 고령이 될 것으로 전망했다. 그렇게 되면 전혀 새로운 나라가 된다. 부인할 수 없는 통계적 예측이다.[193] 2040년은 그렇게 먼 미래가 아니고 현재의 생존 인구 상당수가 맞이할 장래이다.

3) 과거에는 회갑을 크게 축하하면서 잔치를 성대하게 치루었다. 60세까지 사는 사람이 많지 않았기 때문이다. 회갑(回甲)은 새로 시작한다는 의미이다. 새로운 시작은 만(滿) 60세가 되어야 하는데 잔치를 당(當) 60세로 일 년을 앞당긴 것은 아마도 다음 생일 때까지 생존하지 못할 경우를 염두에 둔 이유도 있었을 것으로 추측된다. 지금은 회갑 잔치를 한다는 소리를 듣지 못한다. 회갑에서 평균 20여 년 이상을 더 생존하는데 새삼스레 회갑을 별도로 축하하는 것은 쑥스러운 일이기 때문이다. 같은 차원에서 직장의 정년퇴임식도 마찬가지다.[194]

4) 인간칠십고래희(人間七十古來稀)라는 말을 옛날에는 자주 썼다. '사람이 칠십 세를 넘겨 산다는 것은 옛적부터 희귀한 일이다'라는 뜻이다. 성경에도 "인간의 수가 칠십이요 강건하면 팔십이거늘"[195]이라는 표현이 있다. 과거에는 타당했으나 지금은 맞지 않는 말이다. 회갑과 같은 이유에서 이것도 만이 아닌 당 나이로 기념하였을 것이다. 전통에 따라 지금도 대부분 고희 잔치를 만이 아닌 당 70세에 한다. 옛적에도 고희 잔치는 회갑 잔치보다 더 거창했을 것으로 짐작할 수 있다.[196]

5) 20세기 말 가까이까지 한국에서 사회보장은 국가보다는 사실상 본인이

---

193 이병문, 매일경제, 2021. 2. 3 A14, MK포커스
194 필자는 부산대학교에 1984년에 부임해서 2010년에 정년퇴임 하였다. 부임 초기 무렵에 퇴임하는 교수들은 대강당에서 가족, 친지, 제자 등 많은 사람들이 모여 거창한 퇴임식을 거행하였다. 그 당시에는 65세 정년까지 생존하는 경우가 많지 않았기 때문이었을 것이다. 그로부터 수명 연장 추세에 맞추어 퇴임식 방법은 급속하게 달라져 왔다. 지금은 퇴임에 대한 기념은 여러 형태로 있어도 과거와 같은 거창한 잔치의 모습은 사라졌다.
195 구약 성경 시편 제 90편 10절
196 필자는 고희잔치를 별도로 하지 않았다. 특별한 이유는 없다.

나 가족 중심으로 이루어졌다. 본인의 저축이나 남긴 재산으로 노년 생활을 하거나 자식들에게 도움을 받는 방식이었다. 당시까지 평균적으로는 심각한 가정이나 사회 문제를 크게 일으키지 않았는데 대부분 본인의 경제활동 중 사망하거나 활동 종료 후 여명(餘命)이 길지 않기 때문이다. 오랜 옛적에 고려장(高麗葬) 풍습이 있었다는 얘기는 만약 그것이 사실이라면 당시 형편으로는 여명이 길었으나 경제활동 능력이 없는 가족 구성원을 부양하기 너무 힘들었기 때문일 것이다. 이제는 차원이 달라져 노인 자살률이 빠르게 증가하고 특히 50대 이후의 남성 자살율이 여성의 3배 이상으로 급격히 증가하고 있다. 앞서 설명한 대로 황혼 이혼도 매우 빠른 속도로 증가하고 있다.

6) 평균 수명이 30여 년 늘어났다는 것은 그 사회 전 연령층의 통계적 평균 수치이므로 이미 고령화된 생존 계층의 기대수명은 그보다 더 늘어날 수 있음을 의미한다. 건강이나 의료 서비스, 적절한 소득이 뒷받침될 경우 고령화는 개인에게도 사회 전체에도 축복이 될 수 있으나 그런 준비가 되지 않은 경우는 당사자를 포함한 모두에게 엄청난 문제를 야기한다. 개념적으로는 노인 부양의 의무가 사실상 국가나 사회로 빠르게 넘어오는 과정에 있는 상태에서는 가족 간, 가정 내의 갈등이나 문제를 일으키는 요인이 될 수 있고 국가적으로는 재정적 부담이 빠르게 상승하는 원인이 된다. 한국도 이미 복지국가에 진입했으므로 이제는 고령층의 필요 중 많은 부분을 국가가 부담해야 하므로 결국 그 부담은 현재에도 장래에도 젊은 세대가 짊어져야 하는 몫이다.

7) 고령자는 생산보다는 소비 계층이고, 특히 의료비 지출에서 막대한 비중을 차지한다. 2019년 건강보험 진료비 중 당시 전체 인구의 14.5%를 차지한 65세 이상이 41.6%를 차지했다. 국민건강보험 적립금이 2024년에 고갈될 것으로 전망되고 이것은 국가 부채비율을 불가피하게 또 더 빠르게 높이게 된다.

당연히 고령자의 인당 의료비도 빠른 속도로 증가하고 있다. 통계청 자료는 2015년에 357만 원이 2018년에 449만, 2019년에는 479만원으로 증가하였다고 한다. 소득이 없는 고령자의 경우 본인 부담금보다 건강보험 부담이 훨씬 더 빠르게 증가한다. 이 추세는 더 급속도로 가속될 것이다. 대표적인 노인성 질환인 알츠하이머병으로 사망자가 증가하여 2018년에는 10대 사망원인 중 9위였으나 2019년에는 7위로 상승하는 빠른 속도를 보이고 있다. 65세 이상의 고독사는 2016에 비해 2019년에 56% 상승한 것으로 발표되었다. 급속한 노령화로 인한 몇 가지 단면들이다. 국제 비교는 앞의 2-3-(2)를 참고할 수 있다.

8) 한국은 경제발전 수준에 비해서는 다른 나라보다 상대적으로 빨리 국민 의료보험이나 국민연금 제도를 도입한 경우이다. 그런데 설계 당시의 평균 수명은 지금과 달랐기 때문에 당시의 평균 은퇴 연령, 기대여명에 맞추어 설계한 것이다. 예를 들면 평균 수명 55세와 85세는 재정적으로 부담이 전혀 다른 경우이어서 재설계를 하지 않으면 수지 재정이 파탄 난다. 해결 방법은 사실상 후세대의 부담으로 미루거나 본인이 받는 혜택을 줄이는 수밖에 없는데 두 가지 방법이 다 현실적으로 실행이 어려운 내용이다. 선거제도를 가지고 있는 현실에서는 거의 예외 없이 결과적으로 다음 세대에게 해결을 미루는 방향으로 해결한다. 이래서는 경제 성장률은 낮아지고 고령화가 더 진행되는 여건에서 후대가 제대로 허리를 펴고 살 도리가 없다. 국가의 복지 제공 수준은 나라가 완전히 망하거나 파탄이 나지 않는 한 불가역적(不可逆的)이다.

9) 가족관계에서도 앞으로 큰 변화가 예상된다. 오래전부터 최근까지는 보통 현재의 세대가 자기의 뒷세대를 책임지고 바로 앞 세대도 돌보는 방식이 평균적인 방식이었는데 고령화로 인해 그 범위가 앞과 뒤로 한 두 세대씩 늘어나게 된 것이다. 즉 평균적으로 3대 또는 4대가 길지 않게 혹은 짧게, 동거하거나 어쨌든 같이 살아 있던 시대에서 5대, 6대 또는 그 이상의 세대가 같이 생존

하고 있는 현상으로 급격하게 변하고 있다. 과거 경험해 보지 못했던 놀라운 변화이다. 그렇다면 경제, 사회적 생활 방식, 가치관, 문화의 급격한 변화는 불가피하다.

세대 간 상속도 과거와 판이하게 달라져 90대 부모가 환갑이 지난 또는 70대 자식에게 상속하는 경우가 생기고 이 경우 경제적 활력에 문제를 야기한다. 생애 주기상 소비의 절정은 40~50 대인데 그때를 훨씬 넘긴 시기의 상속은 경제적으로는 효율성이 떨어진다. 사회 시스템을 근본적으로 바꾸어야 하는 문제가 된다.

10) 인구가 고령화되니 산업인력도 당연히 고령화된다. 한국은 제조업으로 산업화에 성공한 나라이고 현재도 다른 선진 각국에 비해 산업에서 제조업의 비중이 높다. 그런데 제조업 근로자의 평균 연령이 20년 동안에 6.6세 상승했다. 우리보다 먼저 고령화 사회에 진입한 일본은 같은 기간 2.3세 상승했다. 저출산·고령화의 결과 산업종사자의 청년층(15~29세) 비중은 같은 기간 32%에서 16%로 반감했다.[197] 한국경제연구원의 2010-2020 '제조업 근로자의 고령화 추이' 보고서는 기간 중 50대 이상 근로자 비중이 30.1%로 10년간 2배 이상 증가하였다고 보고한다. 주로 외국인 노동자가 공간을 메우는 역할을 하지만 역시 속도가 문제이고 산업구조와 정책 차원에서 심각한 모습이다.

위에서 살펴본 내용은 앞의 저 출산율 문제와 차원은 다르지만 한국의 사회적 변화 속도의 빠름 때문에 일어났고 대처가 더 어려운 문제이다. 상황이 조금 천천히 진행되었다면 적응할 수 있는 여건이나 형편이 조금이라도 나아지겠지만 이런 상황이 단기간에 빨리 닥치면서 동시에 욕구를 적절히 조절할 수

---

197 리더즈경제, 2021. 3. 25 5

없다면 위험한 상황도 될 수 있다. 인간은 조급함 때문에 뒤에 닥쳐올 일은 미리 잘 생각하지 않는 결점이 있다. 패러다임이 변하고 있는데도 사실상 속수무책으로 바라보고 있는 것과 같은 현상을 보인다. 한국의 속도에서 그런 현상은 더 두드러지게 나타난다.

물론 선진국뿐만 아니라 한국보다는 경제적으로 뒤떨어진 많은 나라들도 평균 수명 증가라는 비슷한 상황에 처해 있음은 물론이다. 그러나 변화구조와 속도 면에서 한국과는 비교가 되지 않기 때문에 그 해법이 같을 수 없다. 앞서도 나온 중국의 경우가 그동안의 한국의 경우와 사회·인구적으로 변화 속도가 비슷한 모습을 보이는 점도 유의할 부분이다.

7-2 개인적 속도와 사회적 속도의 충돌

여기에서 앞에서 제기한 미시와 거시의 충돌이 불가피하게 일어난다. 출산의 경우 개인은 자신의 삶의 방식과 제대로 된 육아 여건에 대한 염려 때문에 출산을 포기하거나 억제하게 되는 경우가 많다. 그 결과 해당 국가는 인구 증가율 저하를 넘어서 장기적으로는 절대 인구 감소까지 일어난다. 바로 한국과 일본 등 적지 않은 국가들이 지금 당면한 문제이다. 인구가 감소하면 국가경제 구조는 근본적으로 변하면서 점진적 쇠퇴의 길을 면할 수 없다. 그렇게 되면 개인은 더욱더 출산을 주저할 수밖에 없다. 극단적으로 2100년대에는 한국이라는 나라가 인구 때문에 소멸할 수 있을 것이라는 통계학적 예측까지 나오고 있다.

그와 반대로 급격한 고령화와 그 추세의 가속화는 다른 차원에서 국가 경제를 어렵게 만든다. 기본적으로 생산 활동을 하지 않으면서 의료, 건강, 복지에 대한 지출은 더 필요할 수밖에 없는 계층이 늘어나면 해결 방법은 적자 재정지출 증가밖에 없다. 국가가 제공하고 있는 복지 수준의 상대적 저하는 이론적으로만 가능하므로 선거로 정권을 창출하는 방식하에서는 과거 한국의 IMF 위기 사태나 최근의 그리스나 베네주엘라 사태와 같은 국가적인 차원에서 사실상의 파산 위기를 겪기 전에는 불가능하다. 법정 은퇴 년령의 상향 조정, 복지혜택 개시 년령 인상 등의 법이나 제도 개정이 유럽이나 일본에서 시행되거나 제기되어 있고 한국에서도 논의는 되고 있지만[198] 선거에 의해 정권이 정해지는 한국에서는 실행이 거의 쉽지 않다고 보아야 할 것이다. 그래서 '목구멍이 포도청'이라는 옛말이 생겼을 것이다.

---

198 조선일보, 2018. 3. 7 A31, 기획

누구나 더 편리하게, 쾌적하게, 안전하게 살고 싶어 한다. 형편만 되면 더 나은 생활 방식을 택하고자 한다. 전국 방방곡곡에 한옥이나 초가집과 같은 전통 양식의 가옥 형태가 빠르게 사라지고 있음을 앞에서 언급하였다. 말릴 수 없는 합리적 선택이다. 한국의 속도에 의한 결과이다.

2020년 코로나 사태로 인해 재난지원금이라는 명목으로 전 국민을 대상으로 한 재정적자에 의한 소득정책이 시행되었고 다음에는 선별지원 방식으로 2차 정책이 시행되었다. 3차 지원금이 지급되고 4차 등 후속 지원금 지급이 계속 시행되는데 선거도 염두에 두었기 때문일 것이다. 뜻밖의 재난 상황에 따르는 필요성 자체를 반대할 수 없지만 이런 방식의 소득정책과 재정적자에 의한 경기부양 정책은 반드시 대가를 치를 수밖에 없다. 정권은 임기가 만료되거나 다시 선택받지 못하면 그대로 물러나면 그만이지만 적자재정은 그대로 다음 세대에게 전가되는 나라의 빚이다.

따라서 개인적 속도와 사회적 속도를 분리해서 생각할 필요가 있다. 즉 개인적으로 불가피하거나 좋은 것이 사회 전체적으로는 결코 좋지 않을 수 있고 그 반대의 경우도 마찬가지다. 총론이 서 있어도 각론은 다 다르고 오히려 총론의 반대 방향으로 나타나는 경우도 많다. 그러나 이런 전체와 구성 요소인 개인의 사회현상은 동전의 앞뒷면과 같아서 표면은 서로 반대 방향을 향하고 있어도 같은 몸이라는 사실을 잊어서는 안 될 것이다. 한 면을 강조해서 힘을 쏟으면 반대 면이 위축되고 전체를 강조하면 어떤 부분이 힘들거나 위축되어 버리는 결과는 역사적으로도 보아 오는 일이다.

K8

K속도를 방해하는 것들–경쟁력 끌어내리기

8-1 발전과 속도와의 비유적 관계

경제발전 또는 국력 신장은 경제나 국가의 역량이 전과 비교해서 늘어나고 커지는 것이다. 그것을 측정하는 것은 규모가 늘어나는 빠르기이다. 발전이나 성장은 일반적으로 상대적인 개념이므로 비교 대상이 있기 마련이다. 남보다 빠르고 그 빠름이 일시적이 아니라 상당 기간 지속되면 자신이 체감하고 상대방들도 인정하게 된다.

같은 시대 모든 나라들의 경제발전 모습은 마라톤 경주에 비유할 수 있다. 마라톤 경주는 선두주자 또는 선두 그룹을 필두로 그다음 주자 또는 그룹이 형성되고 비슷한 현상이 순차적으로 계속되면서 진행된다. 2차 대전 후 미국과 같이 때에 따라서 선두를 장기간 유지하는 수도 있고 경우에 따라서는 후발 주자가 힘을 내어 따라와서 총량(국민총생산) 규모에서의 선두가 G2와 같이 복수의 나라로 형성되기도 한다. 한 그룹 내에서는 서로 견제하기도 하지만 적어도 그 안에서는 뒤처지거나 탈락해서 후위 그룹에 속하지 않으려는 경쟁 심리도 작용하므로 자연히 넓은 범위의 그룹이 장기간 형성된다. 가끔씩 치고 나가면서 현재의 그룹을 벗어나거나 힘을 내어 앞 그룹으로 진입하는 선수가 나타나기도 한다. 그러나 이 경기는 결승점이 없이 하는 장거리 경주와 같으므로 중·단거리 경주의 막판 스퍼트와 같이 무리하게 힘을 내거나 과속하게 되면 오히려 탈이 나서 탈락 위기에 몰리거나 오히려 더 뒤처지는 결과도 종종 나타난다.

EU와 같이 인위적으로 그룹을 형성해서 같이 손을 잡고 뛰기도 하고 협정 이나 동맹체 등을 통해 서로 격려하거나 도움을 주면서 그룹을 인위적으로 유지하려는 시도도 일어난다. 그것이 결과적으로 모두에게 더 이익이 된다고 생각하기 때문이다. 그렇다고 지치거나 사고를 친 동료를 업고 갈 수 있는 방법 은 없으므로 장기적으로 그룹의 재편성은 불가피하다.

이 과정에서 가장 중요한 요소는 속도이다. 일정하거나 남과 비슷한 속도라 도 유지하지 못하면 점점 뒤처지거나 끝내 그룹에서 벗어나 홀로 뛰거나 하위 그룹으로 바뀌는 수모를 감수할 수밖에 없다. 반대로 경기 관성과 주자 자신의 체력, 주행 기술과 장비, 정신력 등의 영향 때문에 현재의 페이스를 높여서 바라 마지않는 앞 그룹으로 진입하는 것도 지극히 어렵다. 한 그룹 내에서 같이 뛰는 경쟁자들 모두가 같은 목표를 가지고 노력하고 있기 때문에 일시적 분발 이 아니라 지속적으로 속도를 높여서 우선 현재의 그룹을 벗어나고 계속해서 상위 그룹으로 진입하는 것은 매우 어렵거나 드문 일이다. 탈락해서 오히려 전 보다 뒤처지지 않는 것도 장한 상황일 수 있다.

빠르기와 지구력은 여러 가지 조건에 의해 결정된다. 상대적으로 유리한 체 격과 체질을 이어받아 유리한 여건 하에서 선두나 앞선 그룹에서 달리는 주자들 예를 들면 현재의 경제 선진국들이 있다. 저축해 놓은 보급품이나 장비도 상대적으로 풍부하거나 쉽게 빌려 쓸 수도 있고 또 비상시에 쓰이는 지방질도 몸속에 비축되어 있으며 달리기 훈련도 체계적으로 잘 받은 경우이다.

실제의 마라톤 경기와 달리 국가들의 경주는 역사적으로 상당한 기간동안 한 그룹을 넘어서 다른 앞선 그룹으로 진입하는 것이 어렵고 드문 일이었다. 20세기만을 두고 보면 선진 그룹으로 도약하려던 남미의 여러 앞선 나라들이 스스로 추락하여 진입에 실패했을 뿐만 아니라 당초 속해있던 그룹 내에서의 위치도 지키지 못하고 사실상 계속 뒷걸음질 치고 있는 경우이다.

즉 후위 그룹에서 뛰던 어떤 주자가 여건이 마련되었다고 판단하고 속도를 높여 앞 그룹으로 들어가기로 결심하고 속도를 올리는 것만으로는 쉽게 뜻을 이룰 수는 없다. 그것은 발전을 위한 필요조건이 된다. 충분조건은 스스로 깨닫지 못했던 자신의 단점을 미리 파악하고 대처함은 물론 장점을 살리는 일이다. 예를 들면 말랐어도 단단한 체격조건과 일단은 버틸 수 있는 인내력과 지구력, 눈앞의 상황을 재빨리 판단하고 대처하는 순발력 등의 조건이 필요한 것이다. 도약을 결심하고 눈앞의 지출을 아끼거나 빌려서라도 좋은 장비를 구입하고 빨리 달리기 노하우 등을 열심히 배우려고 하면 현재의 약점을 극복하는 유리한 조건이 된다. 바로 한국의 경우이고 세계 경제사에서 매우 드문 일이다.

또 조금 길게 보아서 종착점이 없는 경기라면 운동경기의 속성상 평균 속도는 감소하는 성향을 가진다. 이런 현상은 모든 주자들에게 공통적인 현상이다. 특히 그 성향은 선두나 앞선 그룹에 속할수록 뚜렷해진다. 오랫동안 앞서 뛰는 동안에 체중이 크게 불어난 탓도 있고 그 결과 체격 구조나 체형도 달라진다. 앞에 선 그룹이나 경쟁자가 없으면 속도를 높여야 한다는 절박성이나 인내심, 신념도 약해지므로 현재 그룹이나 위치만 벗어나지 않으면 된다는 안도감도 작용하기 때문이다. 물론 좋은 장비와 운용 노하우, 기본 체력, 우수한 식품과 영양제 등의 뒷받침과 속도의 관성 때문에 현상 유지는 일정 기간 가능하다.

그러나 역사적으로 길게 보면 한 국가나 지역이 계속 선두 자리나 그룹을 계속 유지한 경우는 없다. 다만 그 자리 유지 기간의 길고 짧음은 있었고 또 앞으로도 있을 것이다. 유의해야 하는 점은 어떤 주자나 그룹의 위치가 추세적으로 가속하고 있거나 혹은 대체로 정속 상태이지만 여전히 우상향 국면에 있는가 아니면 점차 감속하고 있는 구간이나 하강 국면인가에 대한 정확한 판단이다. 특히 그 해당 주자가 속한 그룹의 평균 속도나 추세를 같이 감안해서 종합적으로 판단해야 함은 물론이다.

한국은 1960년대까지 최하위 그룹에 있다가 속도를 내기 시작해 기록적인 단기간에 그 그룹을 벗어났고 이후 계속 속도를 높이면서 새로 따라잡은 그룹의 평균 속도 이상을 유지해서 추월을 거듭해서 오늘날은 일인당 국민소득(GNI) 규모로는 거의 선두 그룹에, 국민총생산(GDP)에서도 광의의 선두 그룹에 속하는 기적과 같은 성과를 거두었다. 문제는 경기가 여기서 종료되고 시상식만 남은 경우가 아니라 이후에도 끝없이 계속되므로 현재의 속도에 따라서 그룹 내에서의 순위는 물론 앞 혹은 뒷 그룹으로의 위치 이동도 가능하다는 점이다. 당연히 따라잡기는 힘드나 속도가 느려져서 뒤처지기는 어렵지 않다.

1960년대에 필리핀은 아시아에서는 앞선 나라이었다. 당시 일 인당 소득이 한국의 2배를 넘었고 아시아에서 일본 다음가는 위상이 반영되어 신설되는 아시아개발은행(ADB)이 수도 마닐라에 입지하였다. 그 후 필리핀은 자기가 속한 그룹을 지키지도 못하고 더 하위 그룹으로 밀려난 경우이다. 만약 한국과 필리핀의 그때 위상이 그대로 유지되었더라면 지금 한국 노동력이 필리핀의 가정부나 임금노동자로 가서 일하고 있을지도 모른다. 돈이 모든 것을 설명한다는(Money talks) 엄연한 현실을 인정해야 한다는 말이다.

앞에서 설명한 대로 앞선 그룹 내에 있는 주자일수록 과거의 빠른 속도를 유지하거나 그룹 내 주자들의 평균 속도와 보조를 맞추기도 쉽지 않다. 한국의 경우와 같이 별 적응 기간을 가지지 못하고 선두 그룹에 진입한 경우에는 단기간에 커진 체형, 체격, 불어난 체중, 식사량, 이제는 달라져야 하는 장비와 기술조건 등이 근본적으로 속도를 낮추는 작용을 하고 또 속도 유지에 집중하지 못하게 하는 각종 규제와 같은 내, 외부 방해요인들이 계속 생겨나기 때문이다. 명분과 이유를 가지고 만드는 각종 규제는 대부분 속도와 관련된 것으로 인위적으로 속도를 줄이라는 명령과 같다.

오늘도 내일도 마라톤을 포함한 많은 경기는 속도, 즉 빠르기에 의해 성패가 결정된다. 과거와 똑같은 속도가 아니더라도 상대적으로 경쟁력 있는 속도를 유지할 수 없으면 그룹 내에서의 위치가 결과적으로 바뀜은 물론 현재 속한 그룹에서 탈락하여 후위 그룹으로 갈 수도 있고 홀로 뒤쳐져서 달릴 수도 있다. 그러나 이때는 가속도의 경우와는 사정이 다르다. 이미 몸도 비대해졌고 입맛도 이미 고급으로 까다로워져 있다. 또 장비는 물론 챙기고 고려해야 할 일이 많아져서 뒤쪽으로 옮긴 그룹 내에서조차도 이미 줄어든 속도의 유지나 감속 방지도 상대적으로 어려워진다.

8-2 속도의 상대성 원리

한국인이 다른 민족과 비교해서 빠른 속성과 능력이 있음을 앞에서 여러 측면으로 입증하고 추론하였다. 또 이런 빠름을 바탕으로 해서 지난 반세기 동안 세계 경제사에 유례가 없는 짧은 시간 안에 엄청난 성장과 발전을 이루어서 반세기도 되기 전에 최후진국 상태에서 선진국 수준에 이르는 기적과 같은 성과를 거두고 또 현재 그 혜택을 누리고 있다.

앞을 내다볼 줄 아는 리더십이 여러 가지 요인과 여건들과 상호 작용해서 짧은 기간 동안에 성장을 가능하게 했고 다른 무엇보다도 한마디로 한국의 산업들과 한국인의 경쟁력이 있었기 때문이다. 또 그런 경쟁력의 핵심적인 바탕은 한국과 한국인의 속도에 있다고 여러 증거를 들어 설명하였다.

그런데 그 속도는 상대적인 것이어서 여러 가지 측면에서 남보다 빠르면 경쟁력이 되지만 남보다 느려지게 변하면 오히려 걸림돌이 되기도 한다. 개인이나 집단의 속도는 유전적으로 타고 나거나 교육과 훈련 또는 처해 있는 상황과 분위기에 의해 결정되지만 해당 시점의 경제 수준이나 사회 법률 및 제도, 여건과도 직·간접적인 관계가 있어서 속도를 빠르게 또는 느리게 만드는 작용을 하기도 한다.

앞서의 마라톤 경기 예와 같이 우리는 여전히 다른 나라와 경쟁하면서 뛰고 있는 경우이고 이 경기는 힘들다고 포기할 수도 없다. 모든 경기는 절대적으로 빠른 것이 가장 좋지만 경주의 성패는 상대적 속도로 결정된다. 우리보다 빠른 경쟁자들이 나타나면 우리는 순위가 뒤처지면서 불리한 상태에 놓이는 것이다.

당면한 문제는 한국의 경우 급속 성장의 결과 경제와 생활수준이 유례없는 단기간에 향상되어 이제는 과거만큼 속도를 내어야 할 절박한 필요성이나 의욕이 다소간에 줄어든 상태이고 그와 반대로 또 이제는 지켜야 할 것, 누리고 나누어야 할 것들이 많아져서 원래 가지고 있던 속도를 내기 어려운 상황으로 계속 변하고 있는 점이다.

앞서 제기한 물음대로 우리는 당초의 목표를 다 이루었고 이제는 부담 없이 그 성취를 즐기기만 하면 되는 세상에 살고 있는 것이 아니라 전보다 더 치열하고 냉엄한 세계 속에서 경쟁하면서 살고 있다. 더하여 모든 면에서 우리의 모든 수준이 전보다 월등하게 향상되었기 때문에 이제는 속도가 아닌 다른 경쟁력을 발견하고 키워서 그것을 활용하는 길을 모색하는 단계로 나아갈 처지에 있는 것도 아니다.

예나 지금이나, 어른이나 아이든, 또 기업이고 조직이고 간에 가장 확실히 성공할 수 있는 길은 자기가 제일 잘 할 수 있는 것을 발견해서 그것을 제대로, 열심히 하는 것이다. 예외가 있을 수 없다. 동시에 이 세상의 어떤 일이나 어느 부문에도 좋은 면만 있는 것이 아니고 부정적이거나 위험한 면 등의 반대 측면도 같이 존재한다. 그래서 세상은 공평한 것이다.

그런데 힘들다고 또 귀찮다고, 이제는 어렵고 위험하다고 지금까지의 경쟁력을 포기하고 보다 쉬운 길을 택하겠다는 분위기가 한국 사회의 여러 측면에서 지속적으로 나타나고 있다. 속도가 분명한 경쟁력인데 그것을 상실하는 것은 속도에 의한 경쟁력을 포기한다는 의미가 된다. 그런 현상의 이유와 원인을 다음의 몇 가지로 설명해 보겠다. 먼저 인간이 일반적으로 가지고 있는 성향과 태도로 다음으로는 경제학에서 쓰는 개념과 용어를 사용해서 설명하고자 한다.

8-3 배고픈 돼지와 배부른 돼지

인간은 속성상 생리적 필요를 위해 화장실에 가야 할 때의 마음과 일을 보고 난 뒤의 생각과 마음이 확실히 다르다. 급하고 참기 어려운 때의 마음과 태도는 일단 급한 생리적 일은 해결되고 다른 차원에서 생각해 볼 때와는 같을 수가 없다. 이것은 비난하거나 자책할 일은 아니고 당연한 일로 받아들일 필요는 있다. 다만 그 정도가 문제가 될 수는 있다.

우리가 조상 대대로 먹고사는 문제를 해결하지 못해 유사 이래 고통스럽게 살아왔는데 1970년대 이후 처음으로 이 문제가 해결된 것은 기적과 같은 일이다. 먹는 문제는 생리적 고통과는 차원이 다른 더 근본적인 문제이다. 생리적 문제는 정 급하면 염치체면 불구하고 길에서라도 해결하는 방법은 있지만 먹는 문제는 참거나 다른 어떤 방법으로도 해결이 안 되는 생사가 걸린 어려운 문제인데 드디어 굶주림으로부터 해방이 된 것이다.

이런 역사적 계기가 한국의 모든 국민을 이전보다는 좀 더 만족스럽고 행복한 나라로 생각하도록 이끌었는가 물으면 지금은 그렇다고 대답할 사람이 지금은 많지 않다. 가장 빠른 성취에도 불구하고 앞에서 본대로 한국인의 행복 수준은 OECD 국가 중 하위 수준이다. 못살던 이전보다 훨씬 큰 불만과 불평이 생기고 차원이 다른 갈등과 반목이 새로이 생겨났다. 왜냐하면 어렵던 때의 전과 후의 생각이 당연히 달라지기 때문이다.

성경에는 "사람이 떡(빵)으로만 사는 것이 아니다."라고 가르치고 있고 우리 옛말에도 "배고픈 건 참아도 배 아픈 건 참을 수 없다."는 표현이 있듯이 절박하고 너무나 절실한 문제가 해결되니 그 후에는 더 어렵고 차원을 달리한 힘든 과제가 우리 모두에게 던져진 것이다.

이것은 한국에만 있었던 일이 아니고 언제 어디서나 일어날 수 있는 일인데도 세계에서 한국의 경우가 유독 심하고 급격한 것은 이 모든 과정과 일들이 한 세대 이내인 초단시간 안에 이루어진 때문이다. 서서히 세대나 시간을 두고 일어나지 않고 매우 짧은 시간 내에 한꺼번에 진행된 속도 까닭이다. 다 같이 비슷하게 굶주리면서 힘겹게 살아오다가 드디어 먹고 사는 문제는 빠르게 해결되었지만 짧은 시간 동안에 이제는 각자의 형편과 처지가 서로 너무 달라졌다면 다른 차원의 갈등과 불만, 분노가 새로 생겨난다.

'그래서 남과 비교하기 좋아하는 한국인'이라는 표현이 나온다. 불공평함을 느끼면 남에게 분노를 표출하는 분노의 일상화가 생기고 마음 저변엔 절대 손해 보지 않겠다는 성향이 생긴다. 어느 나라나 어느 사회에서나 불평등은 있지만 우리 사회에서는 다른 사람과 자신을 비교하는 정서가 다른 나라보다 커 불평등 의식이 증폭된다는 분석이다. 바로 위에서 설명한 대로 아주 짧은 시간에 급격한 변화가 일어나 변화를 받아들이려는 적응이 힘들기 때문이다.

인간은 의외로 쉽게 망각하는 성향의 동물이므로 과거의 일은 쉽게 잊어버리거나 과거의 일도 현재의 상태와 여건에서 생각하고 판단하는 경우가 많다. 그래서 현재의 문제를 과거의 상태와 비교하거나 참조하면서 판단하기가 쉽지 않고 그렇기 때문에 그 어렵던 과거를 생각하면서 현재의 일을 좀 참아달라고 요구하기는 매우 힘들거나 사실상 불가능하다.

8-4 미시와 거시의 충돌 - 구성의 모순과 시장 실패

미시와 거시는 같은 실체나 사안을 다른 입장과 시각에서 바라보는 것이다. 거시는 전체이고 미시는 전체가 나누어진 것이어서 미시를 합하면 당연히 거시의 모습과 성질이 된다. 그러나 사과 한 개를 쪼개면 사과 조각이지만 사과 조각과 사과 한 개 전체의 맛과 쓰임이 달라지는 경우가 생기는 것이다. 즉 서 있거나 바라보는 위치에 따라서 두 개의 입장과 시각이 상반되는 경우가 생기는 경우를 말한다.

미시경제학에서 구성의 모순(Fallacy of composition)으로 부르는 모순적 상황으로 드는 전형적인 예가 비 오는 날의 야구장이다. 갑자기 비가 내리면 모든 관중이 우산을 펴서 비를 피해야 하는데 모든 사람이 동시에 우산을 펴면 맨 앞자리에 앉은 사람을 제외하고는 전부가 제대로 된 경기 관람이 불가능해진다. 똑같이 경기 관람하러 왔는데 모두가 불가능하게 되어 버리는 모순이 발생하는 것이다. 이것이 같은 존재이지만 전체냐 부분이냐에 따라서 미시와 거시가 충돌하는 전형적인 예가 된다. 비가 내리면 당연히 우산을 펴서 비를 피하는 것이 맞지만 그래서 모두가 편다면 원래의 목적을 이룰 수 없고 오히려 전체가 손해를 보는 경우가 되는 것이다.

이 경우 전부가 미리 입는 우비도 챙겨와서 우산은 펴지 않는다면 모두가 불편하고 다소 손해가 되지만 최선의 해결책이 될 수도 있다. 그렇더라도 일부라도 협조하지 않거나 자기의 비에 젖지 않을 권리를 주장한다면 강제로 막기는 어렵다. 또 대부분의 다른 사람은 우산을 쓰고 있는데 자기만 쓰지 않았거나 아니면 우산에 비해 상대적으로 불편하고 불완전한 우비만 입고 견디라고 요청하기도 힘들다. 더욱이 모든 관중이 똑같이 선거에서의 한 표와 같은 유권자로서의 권리를 소유하고 있다면 더 말할 필요도 없다. 더하여 그 관중이

자기편으로 분류되면 우산은 아니지만 비옷이라도 거저 제공해준다 하더라도 불평 없이 입게 하기는 어렵다.

다른 전형적인 예는 비상구가 하나뿐인 영화관에서 갑자기 불이 나면 각 개인은 재빨리 비상구로 탈출하는 것이 최선이지만 모든 관객이 한꺼번에 몰리면 아무도 빠져나오지 못하고 걸려 넘어지면서 다치거나 질식하는 결과가 생기는 것이다. 미시적 최선이 거시적 최악이나 참사를 부르는 경우이다.

지금 먹고사는 문제는 어쨌든 해결되고 복지국가에 진입하고 있는 한국의 현재 상황에서 끊임없이 발생하는 문제가 이런 미시와 거시의 충돌이다. 개별적으로는 또 부분적으로는 분명히 필요하고 보호해 주어야 할 이유와 명분이 있는데 나라나 사회 전체적으로는 걸림돌이 되는 사안들이 비일비재하다. 그래서 결과적으로 속도를 떨어뜨리거나 아예 발목을 잡아서 경쟁력을 잃어버리는 결과를 내기도 한다.

인류의 삶 전체에서 역사적으로 검증되고 여러 형태의 실험을 거친 결과로도 입증된 제대로 작동하고 가장 효율적인 경제체제는 시장경제 체제이다. 공산화 이후 경제적 고난을 벗어나지 못하던 사회주의 국가 중국이 지도자 등소평에 의해 경제적으로는 시장경제 제도를 채택했기 때문에 오늘날의 번영을 구가하는 것이다. 과거 모택동 치하의 사회주의 경제 체제에서는 수천만 명이 굶어 죽는 비극적 사건도 있었다. 물론 앞으로 사회주의 제도와 시장경제가 언제까지 또 얼마나 조화롭게 공존 가능한지는 더 지켜보아야 하는 실험대상이다. 확실한 결론은 시장경제라야 경제가 가장 효율적으로 움직인다는 사실이다.[199]

---

199 물론 시장경제가 모든 문제를 해결하는 만병통치약은 아니다. 시장경제를 통해 고도성장을 이룬 중국 경제의 지니계수는 2017년에 0.467로 이미 세계에서 가장 높은 수준이고 심각한 소득과 부의 불균형에 직면하고 있다(조선경제 2021. 7. 27, B1)

시장경제는 본질적으로 속도 중심이다. 모든 면에서 빠른 자가 상대적으로 느린 자보다 더 경쟁력을 가지는 구조이다. 그런데 같은 나라 안이나 사회에서는 느린 자가 뒤처지게 되어 결과적으로 손해나 피해를 입게 되는 것이 사회 문제가 된다. 또 통제되지 않은 경쟁력은 독과점 등의 형태로 시장 생태계를 파괴하면서 중장기적으로 전체에도 해로운 결과를 초래한다. 이것을 '시장의 실패'라고 부르며 국가나 사회가 주로 제도적으로 개입해서 그 결함을 보완하는 역할을 담당한다. 시장 자본주의가 계속 살아남은 비결이다.

그런데 이 경우 꼭 필요한 때에 필요한 부분만 알맞게 수술하고 봉합해서 결과적으로 환자의 전반적인 몸 상태나 건강을 증진시키는 기술을 가진 외과 의사와 같은 정부를 기대하기는 매우 어렵다. 대부분 어느 부분, 즉 미시적으로 필요하고 불가피한 부분이어서 수술이나 치료와 처치를 하지만 시술 결과가 전체적으로는, 다시 말해 거시적으로는 비효율적이거나 부작용이나 엉뚱한 문제를 야기하는 경우가 많다. 또 많은 경우 불가피하게 처방한 약이라도 중독성이 있는 경우가 대부분이어서 일단 투약을 시작했으면 중단시킬 수 없는 현실적인 경우가 대부분이다.

실제의 예에서 미시적 조치가 해당 질병(문제)를 치료했음에도 전체적인 건강(형편) 상태는 나아지지 않거나 오히려 전보다 나빠지는 결과를 초래하는 것이다. 2021년 상반기에 개정된 한국의 공정경제 3법은 기본적으로 강자와 약자의 구도로 기업을 대기업과 나머지 규모의 기업으로 나누어 경쟁 관계로 보고, 자본가와 노동자는 대립 관계로 규정하면서 소기업이나 노동자는 약자나 피해자로, 거대기업이나 자본가 또는 소득이 많은 개인은 선의가 없는 강자이므로 규제를 강화한다는 취지의 표현이다. 그런데 더 강화된 약자 보호 장치는 효율성을 떨어트리면서 결국 속도를 늦추는 역할을 할 수밖에 없다. 세계 10위권 규모의 경제력을 가진 한국의 고용·해고 유연성은 OECD 기준으로

비교하면 141국 중 102위이고 임금유연성은 84위이다. 경제자유도는 25위로 평가된다.[200]

반대로 거시(전체)적으로 치료하고자 하는 조치가 미시(부분)적으로는 모순과 갈등을 일으키는 경우도 있다. 예를 들면 근로자의 복지 향상을 위해 만든 주 52시간 근로법은 노동자의 삶의 질을 향상시키려는 목적을 달성시키는 긍정적 면과 함께 계절의 영향을 받거나 집중 생산이 필요한 산업 특성이나 기술적 필요성을 무시하면서 경쟁력을 오히려 저하시키기도 하고 영세기업이나 근로자가 자발적으로 더 일해서 더 벌겠다는 개별적 희망을 봉쇄하는 부정적 면도 초래한다. 거시적 목표 달성을 내세우기 위해 부분적이거나 미시적인 사정은 무시하는 정책의 경우이다.

---

200 조선일보 2020. 10. 6 A3

8-5 속도를 방해하는 제도와 환경

발전의 속도를 정지시키거나 느리게 하는 반대의 경우가 관습, 법률이나 제도적 장치에 의한 경쟁의 제한이나 금지이고 역사적으로 과거부터 오늘날에 이르기까지 경쟁을 제한하기 위한 제도적인 기제는 끊임없이 작동해 왔다. 과거 산업혁명에 의한 기계화를 거부하고 파괴하고자 했던 러다이트운동이 대표적인 예이다. 정치나 제도적인 측면에서 보면 제도는 일의 진행 속도를 결정하는 매우 중요한 요인이다. 앞서 1-9 박스에서 소개한 극동 러시아의 검문소 운영도 똑같은 차원이다.

제도는 본질적으로 북돋아주고 도와주는 역할보다는 누르고, 간섭하고 금지하려는 속성을 가진다. 새로운 것은 현재 있는 것과 충돌하는 것이 대부분이고 그에 맞추어 만드는 제도는 기존에 있는 것을 보호하지 않을 수 없는 구조와 속성을 가진다. 남보다 빨리 달릴 때나 팽창 시에는 잔병이나 부작용은 쉽게 묻히지만 속도가 느려지게 되면 여러 형태로 나타난다.

마라톤 경기로 다시 돌아가서 생각해 보자. 이제는 잘 먹고 영양공급이 전보다 상대적으로 나아지면 자연히 몸무게가 불어난다. 고려해야 하고 챙겨야 일들도 많아진다. 이전보다 속도가 나기 힘들게 되는 조건이다. 신발을 더 무겁고 단단한 것으로 갈아 신고 옷도 더 입고 몸의 각 곳에 특히 팔이나 다리에 무게가 나가는 장식물이나 표지 등이 붙으면 속도에 당연히 영향을 준다. 오른발에는 붙였는데 왼발에는 왜 붙이지 않았느냐고 항의가 나오면 왼발에도 붙이게 된다. 그것도 다시 속도에 영향을 미친다. 짊어져야 하는 배낭에는 챙겨야할 무게가 나가는 물건들이 들어가는데 성장의 결과로 생겨난 각종 규제가 대표적이다.

앞에서 지적했듯이 이 경우 신발이나 의복 등은 입어야 하고 모든 장식이나 또는 부착물 들은 붙여야 하는 이유와 명분이 있고 그 대부분이 투쟁이나, 입법화의 절차를 거쳐 붙인 것이다. 하지만 그런 개별적으로 불가피하게 보이는 부착물이나 짐들은 당연히 속도를 줄이게 하는 것이다. 바로 미시와 거시의 충돌 경우이다. 마라톤 경기에서 함께 뛰고 있는 모든 다른 주자들이 똑같거나 거의 비슷한 장식이나 부착물을 같이 착용한다면 문제는 달라지겠지만 유독 어떤 한 주자만 스스로 장식이나 배낭 무게를 계속 증가시키면 상대적으로도 속도는 떨어질 수밖에 없다. 앞의 예와 같이 비가 오니까 내(우리)가 우산을 펴거나 마련해서 써야 하고 더욱이 나는 우비조차 없는데 옆 사람은 우산을 쓴다면 나도 당연히 우산을 얻어서라도 써야 한다. 이제는 모두가 비옷조차 제대로 없던 옛날이 아니기 때문이다.

가장 대표적인 경우가 노동조합이다. 자유주의 시장경제에서 노동조합은 꼭 필요하고 마치 주자가 입고 있는 상의 셔츠와 같은 것이라고 비유할 수도 있다. 그런데 그 상의는 가볍고 땀을 잘 흡수하고 때로는 보온도 잘 되는 것이라야 제격이다. 그래서 주자가 빠르게 뛰는 것을 도우고 체온이나 신체 상태를 조절하는 기능과 역할도 해준다면 서로 도움이 된다. 또 대회의 규칙상 상의는 입어야 하기 때문에 덥다고 또 불편하다고 잠시라도 상의를 벗을 수도 없다.

그런데 무게나 기능이 맞지 않는 두껍고 무거운 옷을 유독 자기만 입거나 땀의 흡수나 통풍이 잘되는 옷 대신에 비싼 옛날 옷에 각종 장식품이나 조끼와 같은 외피까지 계속 더해서 입고 뛴다면 속도에 지장을 초래할 수밖에 없다. 그 옷은 힘들게 마련한 역사와 전통도 있어서 벗거나 바꾸는 것은 매우 어렵고 새로운 재질과 더 나은 디자인을 통해 바꿔 입는 것도 사실상 불가능하다. 다른 경쟁자들은 오랜 역사적인 경험이나 타협을 통해서 새로운 상의로 갈아입거나 부착물을 조정하면서 경쟁력을 키우기도 하지만 빠르게 진입한 한국의 경우는 아직까지는 아니다.

주자가 뛰는 주법(走法)이나 주자의 신체기능이나 근육을 향상시키는 새로운 아이디어, 체력이나 체질 보강 영양소, 컨디션 조절용 식품, 신체의 신진대사나 주행의 효율성을 도우는 방법이 있더라도 거의 모두는 법이나 제도, 규칙에 따라 사용이나 복용 허가를 받아야 하는 경우가 대부분인데 이때 미시와 거시의 충돌이 일어난다. 이 제도는, 이 방법은, 이 규칙은 이런저런 이유 때문에 만들어 그동안 몸에 붙이거나 먹었는데 이제 와서 더 효과적인 방법이 있다고 그것을 함부로 떼거나 바꿔 달거나 다르게 먹으면 안 된다는 힘 있는 반대가 나온다. 또 이런 반대는 대부분 새로운 혁신 시도에 대한 기득권자로부터의 반대로 시작된다. 여기서는 현재 한국이 당면한 수많은 예 가운데서 세 가지만 간단하게 논의해 보기로 한다.

(1) 원격의료

디지털 통신기술, AI 기술 등의 발전으로 모든 진료와 처방은 반드시 의사와 대면을 거쳐야 할 필요가 없는 분야도 생겨난다. 특히 도시와는 달리 환자와 병원이 멀리 떨어져 있으면 원격진료의 필요나 불가피성이 더 올라간다. 한국은 세계적 의료기술과 ITC 인프라를 가진 나라로 화상 검진, 진료, 처방이나 모니터링이 기술적으로 가능하다. 그러나 초진도 아닌 정기 방문에 약 처방만 필요한 환자의 경우에도 처방전 수령을 위해 일단 병원에 가고 주치의를 만나야만 한다.

스마트폰이나 웨어러블 장비로 심방세동 모니터링이나 심전도 측정 등이 가능하고 유선으로 의료상담과 자문도 기술적으로는 가능하나 국내에서는 금지된다. 국내 병원이 해외 원격진료를 할 수 있으나 국내에서는 규정상 조절

장치를 꺼야 한다.

의료계가 단호히 반대하는 이유와 명분이 분명히 있다. 의료행위는 인간의 생명이나 건강과 직결되어 있으므로 가능하면 실수나 부작용을 줄여야 하기 때문이다. 또 의료사고의 경우에 의료진의 책임이 더 많을 수 있는 시스템이므로 반대를 공감할 수도 있다. 그러나 이미 코로나 사태로 많은 부문에서 오랫동안 감히 상상도 못했던 비대면 방식이 가능하다는 실험을 거쳤는데도 의료행위는 한 발짝도 움직일 수 없다는 것은 경쟁력은 염두에 두지 않는다는 발상이다. 반대 이유와 논리 중 하나로 대형병원으로의 쏠림이 심해질 것이라는 우려도 다른 업종의 경우와 꼭 마찬가지다. 거기에 더해 최근의 코로나 사태를 거치는 동안 의료계가 헌신한 봉사와 기여는 결코 작지 않으므로 당분간 자신들의 입장과 목소리를 더 강하게 만드는 별도의 요인도 될 것이다. 이 세상에 이유 없는 무덤은 없다.

미국이나 프랑스에서는 원격진료 제도가 본격적으로 도입되어 빠르게 성장하고 있고 의사나 의사단체가 오히려 규제 완화를 요구하고 있다.[201] 중국에서는 5G시술과 로봇을 이용한 3000km 밖의 환자를 대상으로 원격수술도 시행되고 있다.[202] 배달업체, 온라인 판매업체와 연계한 상담과 의약품 배달도 가능하다. 앞에서 OECD국과의 비교한 한국의 원격의료 현황을 살펴본 바가 있다.

글로벌 원격의료 시장 규모는 2019년 614억\$에서 2027년에는 5,595억\$로 증가할 것이라는 전망도 있다.[203] 세계적 수준의 의료기술과 세계를 앞서가는 정보통신기술을 자랑하는 한국이 집단의 이익과 사회적 규제 때문에 스스로

201 조선일보. 2021. 6. 3 A1, A6
202 조선일보. 2021. 6. 2 A1, A3
203 조선일보. 2021. 6. 2 A1, A6

손발을 묶어서 흐름을 선도하거나 따라가지도 못하는 것이 현실이다.

과거 의약분업 사태로 한번 홍역을 치른 적도 있지만 약 업계도 자신의 이익을 지키기 위한 요지부동은 마찬가지이다. 시대의 흐름을 따라 한 대형 마트가 유산균, 식이보충제, 영양 강화 음료와 비처방 의약품 등을 노파마시(NoPharmacy)라는 상표로 출원 신청을 냈다가 약사회의 불매운동 경고로 철회했다. 대형 마트 들이 이미 많은 상품을 노브랜드라는 상표로 저렴하게 출시하고 있지만 '우리' 영역에는 불가하다는 조직적 저항에 백기를 든 것이다. 당연히 경쟁은 포기 또는 제한된다.

(2) 타다 택시

2019년의 타다 택시 서비스 허가 취소 건도 같은 차원이다. 새로운 렌터카 기반 차량 호출 서비스 사업모델로 운송업의 효율성과 승객의 편의성을 높이려던 벤처의 시도는 택시 운전자의 자살을 포함하는 택시업계의 극렬한 반대로 중단되었다. 기존 여객자동차 운수사업법의 범위 내에서의 혁신 시도였지만 이마저 용인할 수 없다는 거친 반발에 정치계가 굴복한 것이다. 물론 택시업 종사자의 이익과 생계도 중요하고 고려되어야 한다. 이 경우도 전형적인 미시와 거시의 충돌 사례이며 아래에서 나오는 우버 사태 때의 미국과 대비된다. 타다를 비롯한 차차나 다른 혁신 모빌리티 시도는 일단 잠복한 상태이나 모바일 플랫폼이 계속 발전하는 현실에서 플랫폼이 택시 호출 서비스의 품질을 관리하고 대가를 받는 가맹 택시가 빈자리를 메우고 있다.

차량공유서비스의 원조인 미국의 우버도 일찍부터 갈등 관계를 경험하였다. 미국 뉴욕에서는 택시 기사가 8명이나 자살하고 950여 명이 개인파산을 신청한 것이다. 물론 뉴욕 택시 시장이 붕괴하자 시 당국이 규제에 나섰지만 소비자 선택권을 존중하는 원칙을 지키는 입장을 고수하였고 우버는 2019년 5월에 뉴욕 증권시장에 상장하기도 했다. 한국에서는 '사회적 갈등을 조정하는 능력이 없음'을 나타내는 예가 된다.[204] 다른 외국의 예로 에스토니아는 승차 공유업체 볼트가 이미 35개국에 진출했고 대통령이 한 말이 인상적이다. "정부 역할은 시장에 개입하는 것이 아니라 새 서비스가 나올 수 있는 법적 공간과 서비스 조성이다."

한국의 경우 타다 금지법을 만들면서 더 많은 혁신 서비스가 나올 것으로 정부는 예측했는데 물론 맞지 않았다. 오히려 대기업 중심의 가맹 택시만 늘어났다는 평가가 나왔다. 예로서 타다 이후에 카카오가 택시 시장의 상당 부분을 장악했는데 승객의 콜에 따르는 비용과 택시 기사의 수수료 때문에 오히려 손해가 되는 결과를 초래하고 있다.[205]

그런데 이번에는 택시업계가 정반대의 경우에서 모순되는 입장에 놓이는 경우도 생겼다. 택시업 불황 타개의 수단으로 택시를 이용하는 배달서비스를 시도하려는데 이번에는 용달업계와 퀵 오토바이 업계가 반대하고 나서자 규제 당국이 허락하지 않는 것이다.[206] 택시 택배 아이디어를 혁신의 결과로 보기도 어렵지만 혁신 시도와 현재의 이해관계에서 기득권자 자신은 물러설 수 없음을 나타내는 악순환의 예가 된다.

(3) 로톡(Law talk)

전통산업과 신산업 간 갈등의 세 번째 예는 전문 직종인 대한변호사협회(변협)와 신생 법률 중개 플랫폼인 로톡의 관계이다. 변협은 브로커 알선 금지법

---

204 조선일보. 2019. 10. 30. A3
205 조선일보. 2019. 6. 14. A1
206 매일경제. 2021. 4. 9. A20

과 건전한 법률서비스 수임 질서 및 시장질서 교란 방지 등의 이유를 내세워 로톡의 온라인 광고를 금지하고 변협 회원의 로톡 가입 금지를 요구한다. 이에 맞서 신생 기업인 로톡은 국민 편익과 서비스 접근성 제고를 위한 정보와 포털 서비스 제공의 필요성 등을 내세워 변협의 조치에 대해 헌법 소원도 제기한 상태이다.[207] 법무부는 로톡이 합법이라고 판단하였다.

로톡이 제공하는 서비스는 분야, 판례별 변호사 검색·선임 플랫폼 제공, 온라인 법률 상담, 형량 예측 서비스 등인데 산업적인 측면에서는 기존 시장의 틈새를 이용한 혁신 시도이다. 갈등의 본질은 앞서의 두 가지 경우와 유사한 경우인데 결국은 선택과 판단의 문제로 귀결된다.

여기서는 위의 세 가지 예들에 대한 선악을 논하는 것보다는 이런 충돌과 모순이 어쩔 수 없이 이제는 우리 사회의 보편적 현상이 되어가고 있음을 지적하고자 한다. 그래서 결과적으로 마라톤 경주에서 우리를 더 느리게, 더 무겁게 만들고 있는 것이다. 또 이런 갈등과 힘겨루기 추세는 앞으로도 더 늘어날 것이다.

혁신은 이전과는 다른 방법, 다른 생각, 더 효율적인 것을 실험하고 모색하는 시도이다. 현재와 다른 것은 무엇이든지 이미 짜인 구도와 이해관계를 바꾸게 되는 수가 많다는 의미이다. 결과적으로 판(또는 파이)이 커져 전체로서는 더 많은 이득이 생긴다 하여도 기존의 일부는 피해나 손해를 보는 결과가 나오기 마련이다. 다시 소개하지만 역사적으로 가장 전형적인 예가 산업혁명으로 기계가 도입되었을 때 기존의 수공업자들이 기계 파괴 운동 (러다이트운동)을 일으킨 것이다. 본인들에게는 생사가 걸린 절실한 문제이었다.

---

207 매일경제, 2021. 6. 1, A2, A29

과거와는 달리 우리는 이미 지킬 것이 또 챙겨야 할 것이 너무 많아져 버렸다. 직업도, 소득도, 재산도, 이해관계도 모두 옛날의 우리가 아니다. 그래서 새로운 변화가 위협적으로 인식될 수도 있고 달갑지 않은 결과일 수 있다. 그래서 해당 부분적으로는 지키고 보호해야 할 이유와 명분이 있는, 아니면 세력과 힘이 있는 경우이므로 무시하거나 양보나 타협을 요구하기에는 단계가 지나버린 상태가 되었다. 또 현실적으로 어떤 집단이나 일부에만 예외나 희생을 강요하기가 어려워져 사회 전체가 감내하는 차원으로 결론이 나고 있는 경우가 대부분이다. 이것도 속도와 관련하여 적응과 조정 과정이 부족한 급속 성장과 발전의 대가라고 할 수 있다.

경쟁력은 국내에서의 문제만이 아닌 모든 나라의 공통된 과제이기도 하다. 한국 기업이 스스로 결정해서 시작하고 지금은 세계 최일류의 생산 수준과 한국의 생산, 고용, 수출에서 절대적 우위를 차지하는 반도체 산업이 새로운 수요에 대응하려면 공장을 신·증설 해야 하는데 규제와 인·허가 절차 때문에 다른 나라 경쟁기업의 2년에 비해 반년이 더 소요된다고 한다.[208] 같은 조건이라면 경쟁력을 잃게 만드는 결과이다. 빨리 갈 수 있는 길과 방법이 있어도 정해진 길 외에는 금지하는 경직되고 발전을 스스로 거부하는 현상을 스스로 만들고 있다.

물론 위의 현상들은 한국에만 있는 특별한 일은 아니고 성장 과정의 현상이기도 하고 발전의 대가로 여기고 감내해야 하는 부분도 있다. 그러나 그 속도는 챙겨보아야 하는데 그 조절과 불가피한 감속의 측면에서도 한국의 속도는 단연 선두급이다. 더욱이 우리는 세계의 마라톤 경주에서 선두권 그룹에서 달리는 주자에 해당되므로 경쟁력에 더 관심을 가질 수밖에 없다. 이런 종류의

---

208 매일경제, 2021. 3. 26 A6

조정 과정과 빠른 속도는 우리에게만 해당되는 것일 수 있기 때문이다. 경쟁자들을 의식하지 않고 자기 방식으로만 무조건 달릴 경우 레이스 결과가 달라질 수밖에 없다.

계속 강조하는 대로 모든 일은 상대적으로 평가된다. 남도 속도가 느려지거나 멈칫거리면 큰 문제는 일어나지 않는다. 그래서 비교와 냉정한 평가가 필요하다. 프랑스 인시아드대, 미국 코넬대, 세계지식재산권기구 등이 공동 연구하여 매년 발표하는 2020년 글로벌 혁신지수에서 한국은 조사대상 131개국 중에서 거시경제와 걸맞게 종합순위 10위를 기록하고 부문별 혁신지수 평가에서도 인적자본과 연구에서 1위를 기록하는 등 계속 향상되는 기록을 보였으나 제도 부문에서는 29위를 기록하는 불균형을 나타냈다. 문제가 있음을 자타가 알고 있는 증거이다.

8-6 혁신과 규제의 갈등 관계

혁신은 속성상 지금까지 없거나 하지 않던 것을 빠른 방법이나 쉬운 수단으로 새롭게, 더 좋게, 더 저렴하게 만들어 내는 결과나 과정이다. 혁신의 과정이나 결과물은 직·간접적으로 속도와 관련되고 속도 그 자체일 수도 있다. 앞에서 설명한 대로 속도는 비용과 역상관 관계이다. 따라서 빠름은 시장 경쟁력을 의미한다.

규제는 속성상 속도를 줄이는 역할과 기능이지 그 반대의 경우는 없다. 즉 규제는 지금보다 다르게는 못하게 하거나 그런 시도 자체를 막는 법적, 제도적 장치이다. 물론 그에 대한 이유와 사정이 다 있고 미시적으로는 타당성이 있는 경우가 대부분이다. 당연히 비교가 불가피하고 나아가서 왜 '우리는?' '나만?' 하고 따지면 대항하거나 거부하기도 어렵다. 더욱이 정치적인 힘과 과정이 개입될 수밖에 없으므로 논리적인 귀결도 쉽지 않다.

또한 규제는 대부분 법과 제도에 의해 만들어지고 시행된다. 만드는 데도 고치는 데도 시간이 걸리고 당연히 속도도 빠르지 않다. 그러다 보니 더 자주, 빠르게 일어날수록 좋은 혁신과는 정반대 차원의 갈등 관계가 성립한다. 규제는 다르게는 못 하게 하는 것이고 혁신은 새롭게 또는 다르게 하고자 하는 시도이다.

20세기의 유명한 경제학자 슘페터는 혁신을 '창조적 파괴'라고 정의하였다. 경제발전은 혁신에 의한다고 하였다. 새로운 것은 기존에 만들어 놓은 틀에 맞지 않는 경우가 대부분이다. 혁신은 어떻게든 다르게 해보고자 하는 시도이고 규제는 지금보다 다르게는 하지 말라는 강제이다. 경제적 생산성을 향상시키는 창의적 자극을 위해 법이나 규제는 쓸모가 없다는 주장도 있다.(Friedman 앞의 책, p22) 한국이 규제 대국만 벗어나도 GDP가 1.2% 포인트 증가할 수 있다는 주장도 있다.[209] 년평균 2% 내외의 기대 성장률을 예측하기도 힘든 상황에서 대단한 수치이다.

혁신은 그 자체로 전보다는 향상된 개선을 뜻하므로 혁신 시도 당사자뿐만 아니라 결과적으로 전체에도 도움이 된다. 규제는 해당되는 부분이나 때로는 전체에 대해 현 상태에서 보다는 변화나 다름을 금지시키려는 장치이다. 다 이유와 까닭이 있고 역사적 배경과 투쟁과 노력의 상처도 있다. 그래서 규제와 관련해서는 새로 만드는 것이 바꾸는 것보다 더 쉬울 수도 있다.

그래서 혁신을 장려하고 경쟁을 허용해야 하는가? 아니면 지금까지 지켜온 현 상태나 질서를 파괴하거나 교란시키는 것은 금지하고 막아야 하는가? 수많은 경우들 가운데서 어떤 것을 고려하고 어떤 것을 배제해야 하는가? 양자 간의 조화와 접점은 없는가? 나아가 부분과 전체의 이해 충돌을 어떻게 조정하고 풀어나가야 하는가? 더 나아가 앞서 예로 든 마라톤 경기와 같은 여건에서는 뒤처지지 않으려면 경쟁자도 살펴야 한다.

'단기에 좋은 것이 장기에는 좋지 않은 경우'가 상당히 많고 역사적인 경험으로는 누군가는 손해를 감수하고 선구적으로 힘든 악역을 하는 사회가 발전하는 사회이다. 몸에 좋은 약은 쓰거나 먹기 거북한 것이 많다. 몸에 해롭지만 당장의 입맛에는 먹기 좋은 반대의 경우도 마찬가지다.

최근 세계적으로 놀랍게 융성하고 있는 한국의 문화, 예술, 공연, 스포츠 등의 성과는 경제 용어로 표현하면 끊임없는 혁신과 경쟁의 시도이자 결과물이다. 국내와 세계의 소비자들이 그 혁신 시도를 좋아하고 경쟁력을 인정해

---

209 김준경 조선일보 WB 2017. 3. 4.

주어서 가능해진 것이다. 그런 다름을 인정하기에 앞서 이미 자리 잡고 있던 관계되는 개인이나 집단의 이해관계부터 따지면서 규격화를 시도하고 제도화를 강요했다면 어떤 결과가 나올 것인가를 생각해보면 결론은 자명하다. 문화나 스포츠는 되고 적극 장려하지만 산업은 안 된다는 논리는 맞지 않는다.

세계적으로 사랑받는 K팝을 토대로 한국의 한 연예기획사가 글로벌 K팝 교육기관을 서울에 세우겠다는 계획을 세우자 전 세계 젊은이들의 적극적인 호응과 기대를 모았으나 학교 설립과 교육과정 운영을 규제하는 제도 때문에 포기하고 대신 온라인 고등학교인 '디지털스쿨'을 미국 캘리포니아에 설립하기로 했다고 한다.[210] 이 경우에는 전통(기존)산업과의 갈등이 아닌 한국의 경직된 교육제도가 원천적으로 못하게 막은 것이다. 물론 이런 종류의 규제를 함부로 풀면 예상되는 문제와 악용 소지도 분명히 있다. 그러나 앞서 여러 번 강조한 대로 혁신은 이전에 하지 않았던 새로운 것을 시도하는 경우가 대부분이므로 이전의 틀을 고집하면서 그에 따라 판단하면 인정될 수 없는 경우가 대부분이고 그에 따라 경쟁력은 저하되거나 사라질 수밖에 없다.

이런 문제는 하나의 작은 예에 불과하고 한국의 교육제도 자체가 경쟁이나 다름을 배제하는 방향으로 변화해 왔음은 주지의 사실이다. 그런데 이 경우의 모순은 경쟁하지 못하도록 직간접적으로 막으면서도 교육당국자들이나 정치계가 일류 산업국가, 복지국가를 부르짖는 모습이다.

이런 어려운 문제를 슬기롭게 풀고 조화를 추구하는 역할을 해야 하는 기능이 정치와 행정이다. 현실은 대부분 반대로 나타난다. 정치가 갈등과 충돌의 이해 당사자의 선두에 서서 오히려 갈등을 증폭시키거나 결과적으로 격화시

---

210 조선일보, 2021. 1. 16. A6

키고 마는 경우가 대부분이다. 정치세력이 통합보다는 분열과 대립에 기초한 정치적 이익을 추구하는 경우에는 문제의 해결이 더 어렵게 된다.

특히 세계화된 치열한 경쟁 세계에서 나라의 앞날을 염두에 두면서 동시에 현실의 삶을 열심히 살아가는 구성원 전체의 처지와 나아가 장래도 살피는 지혜와 고민이 너무나 절실하다. 앞 서의 미시와 거시의 충돌뿐 아니라 단기와 장기와의 갈등과 충돌 관계도 외면하지 않고 풀어나가는 지도력도 절실하게 필요하다. 좋은 약은 입에 쓰고 또 단기에는 좋아 보이지만 장기에는 이롭지 않은 경우도 상당히 많다. 인간의 삶에서 자기 자녀를 위해 자신을 희생하거나 손해를 감수하고자 하는 자세는 거의 공통적인데 거시적으로 공동체의 앞날이나 미래세대를 위해 자신이나 자기들이 희생하거나 양보를 감수하겠다는 시도나 결정은 찾아보기 힘들다. 또 다른 미시와 거시의 충돌 사례이다.

제3장에서 소개한대로 '속도의 한국'답게 디지털화, 행정전산화 등에서 한국은 세계에서 가장 선두에 있다. 주요 정책의 경우 거래비용이나 행정비용 등의 부담 때문에 과거에는 엄두도 내지 못할 정책도 이제는 시행할 수 있는 여건이 마련된 것이다. 예를 들면 소득정책, 복지정책, 부동산 정책, 조세정책 등에서 일률적 통제와 시행 없이 자료와 근거를 가지고 선별적이나 부분적으로도 실행이나 적용이 가능하므로 방향과 효율성 측면에서 또 집행 속도에서 일대 전환이 가능하게 되었다. 현실적인 여건이 일률적인 적용을 불가피하게 만들었던 과거를 극복할 환경은 개선되는데도 시장원리를 무시하는 규제와 통제는 비례적으로 증가하고 있다.

또한 이때 경계하고 유의해야 할 점은 조지 오웰의 소설 《1984》에 나오는 대형(Big Brother)의 노골적 현실화이다. 이번의 코로나 사태로 그 실험이 일부 이루어졌는데 시도 때도 없이 전 국민의 휴대폰 화면에 강제적으로 울리면서 스스로는 거부할 수 없는 각급 정부의 공지 사항 전달과 감염경로 파악을 위해서지만 시민 개인생활의 추적과 통제가 가능하다는 점이다. 감염병 확산방지라는 명분하에 백신 비 접종자는 사회생활에서 사실상 분리시키고 격리시키는 단계까지 이르렀는데 전체주의나 통제된 사회주의 국가를 지향하는 길의 실험이다. 중국은 이미 안면인식 기술로 범죄혐의자나 반정부 인사를 색출하고 있음도 참고할 필요가 있다.

시장과 규제의 관계는 운동경기(예를 들면 축구경기)에서 선수와 심판(정부)와의 관계로도 비유할 수 있다. 심판은 운동경기가 규칙대로, 제대로 진행되도록 하는 역할을 하지만 해당 경기의 주역은 아니다. 경기에서 심판이 없으면 반칙과 과잉이 범람할 수가 있어 제대로 된 경기가 이루어지지 않겠지만 그렇다고 심판이 시도 때도 없이 호각을 불면서 계속 경기를 중단시키거나 반칙선수를 연속하여 퇴장시키면 경기 자체가 성립하지 않거나, 흐름이 중단되거나 결과적으로 망가질 수밖에 없다. 더하여 엄격하게 심판한다고 선수 수만큼 심판이 붙으면 경기의 목적이 상실된 경우가 될 것이다.

더 심각한 경우는 심판이 출전팀이나 개별 선수에 대해 어떤 사전 의향이나 감정을 가지고 편파적인 판정을 할 때의 문제이다. 편파 판정의 축구 경기는 한 번으로 끝나지만 시장에서의 경기는 참가자의 명운과도 관련이 되고 전체 시장의 균형을 무너뜨릴 수도 있으므로 심판의 역할은 매우 중요하다.

더불어서 규제는 객관적이며 공정해야 하고 판정과 적용에 일관성이 있어야 지속가능하다. 2021년 봄의 서울과 부산 시장 보궐선거를 앞두고 집권당과 정부가 야당의 협력까지 받으며 이미 결정되어 있던 부산의 신공항 입지를 가덕으로 순식간에 바꾸면서 37개의 관계 법령의 검토와 비용편익분석 비교조차 무시하고 뛰어넘는 결과를 초래하였다. 지역의 이해관계와 관련된 사항은 규제나 비용과 관계없이 선거 때를 기다려 밀어붙이면 가능하다는 선례를 남긴 셈이다. '왜 우리만?'이라고 나서면 막을 도리가 없는 선례이다.

하나 더 지적할 사항은 혁신, 따라서 속도는 분포도로 표현하면 오른쪽 꼬리 부분이 긴 분포와 관계가 크다. 평준화는 목적과 성질상 평균치를 중심으로 양쪽 꼬리 부분을 줄이고 분포 자체를 좁고 높게 가져가겠다는 발상인데 어느 것이 결과적으로 전체를 이롭게 할 것인가에 대한 성찰이 필요하다.[211]

현재 국회에서나 정부가 제안하는 법률 제정이나 개정의 거의 대부분이 규제와 직·간접적으로 관련된 것이다. 선거제도 때문에 불가피한 측면도 있는데 장래를 바라보는 안목이 있는 지도자나 집단의 출현만이 경쟁력을 되살리면서 전체를 이롭게 하는 조화를 시도할 수 있다. 앞서 예를 든 조선 시대의 성리학파의 경우와 같이 몸이나 신체조건은 계속 달라지는데 이미 의도한 대로 만들어 놓은 옷이니 몸을 옷에 맞추어 입으라고 강요하는 우를 범하는 경우는 바람직하지 않다. 또 분명히 인식해야 하는 점은 '누이 좋고 매부 좋은 것은 없다'라는 옛말이다.

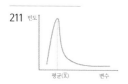

211 빈도

평균(X̄)   변수

막걸리 시장 규제의 경우

국민이 사랑한 막걸리의 날개 없는 추락

막걸리는 쌀과 누룩으로 빚어 "막 걸러" 내 만들었다는 말에서 유래된 한국의 대표적인 전통주다. 조선시대에는 집안에서 술을 빚었는데 이것이 소위 가양주 전통이다. 그런데 이 전통은 일제가 면허 취득자만이 주류를 배타적으로 제조하여 판매할 수 있도록 하고 민가에서 술을 빚는 것을 단속하면서 무너졌다. 해방이후에도 춘궁기 등 극심한 식량부족 상황에 직면했던 정부는 개별 가정에서 술을 빚는 것을 금지했고, 술 제조자의 경우에도 쌀을 이용한 막걸리의 제조를 금했다. 그 이후부터는 밀가루를 주원료로 만든 막걸리가 시판되었다.

1970년대는 막걸리의 전성시대로 얘기된다. 1974년에는 한국 주류시장의 77%를 점했다. 막걸리가 명실상부한 국민주였던 것이다. 그 위상에 걸맞게 막걸리는 집중적인 규제를 받아왔다. 탁주는 제품 특성상 유통관리에 어려움이 있고, 과당경쟁으로 인해 저질 주류가 생산될 우려가 있으며, 탈세의 위험이 있다는 이유로 시행된 지역독점 판매제도가 대표적이다. 그 결과 막걸리 산업은 지역별 영세한 규모의 사업자가 주를 이루었다. 그 와중에 물을 타서 생산량을 늘리거나 공업용 사카린과 카바이트 등의 불순물을 첨가한 막걸리가 시판되기도 했다. 이때부터 막걸리는 다음 날 "머리가 깨어질 듯이 아픈" 술이라는 부정적인 인식이 자리 잡고 저질 탁주가 시장에 범람하면서 결국 1980년대에 초고속 성장한 맥주에 왕좌를 내주었고, 1990년대에는 소주보다도 생산량이 줄어들었다.

막걸리의 화려한 부활과 중소기업 적합업종으로의 지정

막걸리 산업이 몰락해가는 상황에서 정부는 막걸리 산업을 보호한다는 명목으로 부과했던 다양한 규제들을 재고하기 시작했다. 1991년에 쌀을 이용한 막걸리의 생산이 가능해졌고, 지역독점 판매제도도 결국 폐지되었다. 쌀 증산에 따른 식량부족의 문제가 사라졌기 때문이다.

2000년대 들어 소위 신(新)막걸리가 시장에 본격적으로 유통되기 시작했다. 이 새로운 막걸리는 그동안 소비자들의 인식 속에 자리 잡았던 탁하고 불순물이 많은 막걸리와 다른 제품이 되었다. 이는 생산 자동화, 발효의 저온화, 용기의 혁신 등 기술개발의 덕분이었다. 새로운 발효제어기술이 나오면서 소비자들이 선호하는 생(生)막걸리의 유통기한이 10일에서 30일로 늘어났고, 냉장 유통되기 시작하면서 진열장의 주류코너에서 냉장 코너로 자리를 옮겼다.

2000년대 후반에 이르러서는 웰빙 바람을 타고 막걸리에 대한 대학생들의 호감도가 예전에 비해 급격하게 상승하기 시작했다. 국내에서만 인기가 올라간 것도 아니다. 살균기술을 동원한 막걸리가 캔에 담겨 수출되기 시작하면서 한류를 업고 일본 여성 사이에서 "마코리"(막걸리의 일본 발음)가 선풍적인 인기를 끌었다. 한국의 캔 막걸리가 일본 슈퍼와 편의점에 대거 진출했고 막걸리 수출은 2011년에 5,000만 달러를 넘었다. 막걸리 출고량은 2009년 26만 kl에서 2011년 45만 kl로 급증하였다.

당시 공정거래위원장은 2009년 회견에서 이러한 막걸리의 선풍이 규제 완화 덕분이라고 평가했다. 진입 규제 등을 완화한 결과 질적 향상, 고급화, 다양화, 국제화가 가능하게 되었다는 것이다. 당시 시장 가능성을 본 대기업들도 앞 다퉈 시장에 진출했다. CJ제일제당, 오리온 등이 막걸리 사업에 뛰어들었다. 하이트진로나 롯데도 수출이나 수출 대행에 참여했다. 샘표와 농심도 막걸리 시장 진출을 검토했을 정도다.

이처럼 대기업들이 뛰어들자 소규모 막걸리 제조사들이 반발하기 시작했다. 그러자 정부는 2011년 10월에 막걸리를 중소기업 적합업종으로 지정하였다. 기업의 규모를 기준으로 사업활동 지원 또는 규제가 결정되는 규모 의존정책에 해당한다. 막걸리가 적합업종으로 지정되고 몇 년 못 가 대기업들은 사업을 접거나 해외수출로 명맥만 유지하게 되었다.

다시 찾아온 침체

중흥하는가 싶었던 막걸리 산업은 2012년 이후에 쇠락의 길로 들어섰다. 2011년에 5,075억 원 규모였던 막걸리 시장 규모는 2013년에는 4,211억 원으로 줄어들었다. 특히 수출의 경우 2012년에 3,689만 달러, 2013년에 1,886만 달러로 전년 대비 각각 30.0%, 48.9% 급감하면서 주저앉았다.

적합업종 최초 지정기간인 3년이 거의 지나가면서 막걸리의 재지정 여부를 둘러싸고 논란이 발생하였다. 재지정을 반대하는 측에서는 지정이 소규모 양조장의 경쟁력 강화에는 별 도움을 못 주면서 시장 규모만 축소시켰다고 비판하였다. 막걸리가 적합 업종으로 지정되면서 중소업체들이 수익성 향상을 기대하였지만 자본력과 유통망 확보, 마케팅 등에 취약점을 보이면서 되레 매출이 감소하거나 영업을 중단하는 사례마저 발생하였다는 것이다. 한 제조업체 관계자는 "대기업들이 적극적으로 마케팅을 펼치고 연구개발을 했다면 시장이 규모가 계속 커져 중소

업체들도 좋아지는 상황이 왔을 것"이라고 했다. 반면 한국막걸리협회를 포함하여 재지정을 지지하는 측은 막걸리 소비의 감소는 소비자 트렌드의 변화(시장 변화)에 따른 결과이지 적합업종 지정에 따른 대기업의 진입 자제와는 무관하다는 것이었다.

일각에서는 독특한 맛의 신제품이나 프리미엄 제품의 출시가 지연되는 등 업계가 시장의 선호를 쫓아가지 못하면서 소비자들이 빠르게 등을 돌렸다고 지적하였다. 다수의 제품이 원가 절감 등을 이유로 수입쌀을 주로 쓰는 점도 거론되었다. 제품의 종류는 다양하지만 차별화를 위한 개발 노력을 게을리 하여 맛이 모두 비슷비슷하다는 것이 문제라는 지적도 있었다. 한 전문가는 대부분의 막걸리가 사용하는 감미료를 덜어내고 지역의 미생물 등을 이용하여 해당 지역 본연의 막걸리 맛을 살려야만 부활을 기대할 수 있다고 말했다. 지역에서 양조장을 운영하는 벤처 사업자 중 하나는 적합업종 지정에 관여하는 동반성장위원회의 홈페이지에 "동반성장해야 하는 막걸리 산업"이라는 제목의 글을 올렸다. 이 사업자는 다음과 같이 말했다.

처음 이 정책이 확정되었을 때 막걸리의 대기업 접근금지가 올바르다는 생각을 해보았습니다. 그러나 현실은 정반대로 나타났다고 생각되고 전통산업으로서의 경제적 측면은 물론 전통문화 측면에서의 막걸리의 존재가 심각하게 위협받고 있는 실정입니다. 이는 대기업이 맥주와 소주는 물론 위스키, 와인, 청주 등은 수입하여 자본에 의한 주류 시장을 지배하면서 전통주는 설 자리가 거의 없다고 단언합니다. 정부의 지원의지가 없다면 자본이 투자되는 시장 논리의 기업형태로 발전하면서 상품 존재의 노출을 지속해야 소비자의 관심을 유도할 수 있다는 생각입니다.

대부분인 생막걸리 제품은 특정 주류판매업 면허를 가지고 있는 자가 운영하는 소위 대리점이 유통을 합니다. 막걸리 시장이 위축되면서 이들 특정 주류판매면허자들의 횡포는 제조업자들을 말살시키고 있다고 해도 과언이 아닙니다. 적정이윤을 제공하기위해서 체계적인 제조 유통 체계가 있어야 하지만 이는 자본이 있는 기업의 논리로 접근할 때만 가능할 것입니다.

주류의 광고는 청소년보호법 등 여러 법에 의하여 규제되어 있지만 소비자에게 상품의 존재를 알리고 좀 더 높은 신뢰를 주게 하기 위해서는 마케팅이 필요합니다. 소규모 양조장은 지역적으로 특징적인 재료의 선택 및 발효방식 등으로 명소로서 찾아오는 양조장 등의 방식으로 존재 방식을 찾아가면서 막걸리의 다양성과 문화성을 유지하는 육성정책이 필요할 것입니다. 파이를 점점 조그마하게 만들게 하고 소기업의 영역을 넓혀 준들 그들에게 웃음은 없습니다.

막걸리의 경우 제도의 시행이 관련 중소 제조사의 매출, 수익성 및 기술혁신 노력 모두에 통계적으로 유의미한 영향을 미치지 못한 것으로 조사되었다. 중기 적합업종제에 관한 또 다른 비판으로는 외국기업에게 의도치 않은 반사이익을 안겨준다는 점도 포함되었다. 김치산업의 경우 2011년 적합업종으로 지정된 뒤 중국산 김치가 식탁을 점령했다.

제도에 따라 관련 산업마저 피해를 본다는 비판도 제기되었다. 막걸리처럼 적합 업종 지정 직후부터 시장 규모가 줄어들었던 두부의 경우

지정 이전에는 풀무원, CJ, 대상 등이 국산콩으로 만든 포장두부를 출시하면서 중소업체의 매출 또한 같이 성장하였는데, 지정 후에 국산콩을 주로 쓰던 대기업들이 매출을 억지로 줄이기 위해 값이 싼 저가의 수입 콩을 쓰면서 국내 콩 농가가 손실을 보았다는 것이다.

논란 끝에 막걸리는 적합 업종으로 재지정되지 않았다. 정부에 의해 재지정되기 전에 업계가 자율적으로 상생 협약을 체결했기 때문이다. 상생협약의 내용은 대기업이 내수시장에서 직접 제조를 자제하고 자신의 유통망을 활용하여 국내외 시장을 개척하면서 막걸리 제조 중소기업과의 투자, 마케팅, 기술개발 등을 지원하는 내용을 담고 있었다. 상생협약에도 불구하고 시장의 침체는 개선되지 않았다. 골목상권을 침해한다는 비난을 두려워한 대기업들도 돌아오기를 꺼려했다. 막걸리 시장은 이전 지역시장으로 되돌아갔다.

다시 부는 봄바람… 이번에는…

2019년 또 하나의 막걸리 규제가 철폐되었다. 막걸리의 총 산도 제한이 없어진 것이다. 산(acid)이 높을수록 신맛이 나는데 종래 막걸리의 경우 일정한 산도 이상으로는 제조 판매하지 못하도록 규제하고 있었다. 그 이듬해에는 막걸리를 포함한 주류의 위탁제조(OEM)도 허용하게 되었다. 다품종 소량 생산하는 소규모 막걸리 제조사의 납세증명표지의 표시사항도 상표명과 규격 대신 주류제조자명으로 대체할 수 있도록 바꿨다.

2020년에 복고문화(뉴트로) 열풍이 일어나면서 젊은 세대 사이에서 막걸리에 대한 관심이 다시 높아지기 시작했다. 코로나-19 사태 이후 일반 주류와 달리 온라인 구매가 가능한 막걸리는 '홈술'로 인기몰이를 하기도 했다. 온라인 쇼핑몰 11번가에 따르면 2020. 1.1.부터 2020.4.28. 까지 막걸리 판매가 324% 증가했다. CU편의점을 운영하는 BGF리테일이 '테스형 막걸리'를 내놓았다. 테스형 막걸리의 연령대별 매출 비중의 경우 2030 세대가 차지하는 비중은 61.4%고, 테스형 막걸리의 전체구매자 평균 연령도 32.5세로 일반 막걸리보다 약 20세 젊다. MZ세대에게 인기를 끌면서 스파클링 막걸리는 물론 다양한 콜라보 막걸리가 등장하는 등 새로운 주류 열풍의 주역으로 부상하는 중이다

최근 발효 저도주에 대한 세계인의 관심이 높아지며 막걸리의 수출 역시 증가세를 보이고 있다. 게다가 코로나19의 영향으로 면역력 강화에도 관심이 집중되면서 막걸리 업체들은 프리바이오틱스를 비롯한 영양 성분을 첨가한 제품을 개발해 수출을 진행 중이다. 생막걸리의 수출도 가능하도록 완전 밀폐 캡 사용이 가능한 발효제어기술도 개발되었다. 국순당의 경우 올해 첫 두 달의 수출액이 동남아(베트남 제외)에서 전년 동기대비 201.6%가 증가했다고 밝혔다.

2021년 5월 국세청은 또 하나의 규제를 풀 예정이라고 발표하였다. 고시 개정을 통해 막걸리의 판매용기 제한 용량을 '2ℓ 이하'에서 '5ℓ 이하'로 완화하는 것이다. 지난 2001년 포장 용량 규제가 도입된 지 약 20년 만이다. 한 업계 관계자는 "용량 제한 규제 완화로 막걸리 등 전통주의 대용량 공급이 가능해지면 생산 단가도 줄고 폐용기 처리 등 사회적 비용도 줄어드는 이점"이 있고, "업소 대용량 공급으로 호프집 생맥주처럼 전통 주점 막걸리도 대형 피처 사이즈 혹은 잔술 판매가 확산될 수 있다."고 말했다.

동반성장위원회에 따르면 막걸리 산업을 생계형 적합업종으로 지정해 달라는 요청서가 최근 접수되어 심사 중이다. 생계형 적합업종은 5인 미만의 소상공인의 생계를 보호하기 위해 해당 업종을 지정해 보호·육성하는 제도다. 지정될 경우 5년간 대기업 등은 해당 사업의 인수·개시 또는 확장이 원칙적으로 금지된다. 동반성장위원회는 해당 업계의 영세성과 보호 필요성, 전후방 이해관계자에 대한 영향 및 소비자 후생을 감안해 심사중이라고 밝혔다. 생계형 적합업종으로의 지정을 요청한 한국막걸리협회는 "김치 시장도 소상공인과 중소기업이 시작했지만, 현재 대기업이 장악하고 있다."며 "주류시장에서 막걸리 시장이 대기업에 뛰어들지 않은 유일한 분야인 만큼 대기업 장악을 미리 방지하는 차원"에서 요청한 것이라고 밝혔다. 이어 "막걸리는 한 회사가 장악하기보다 각 지역의 특색이 반영되어야 산업이 성장한다."고 덧붙였다. 지정을 반대하는 측에서는 2011년의 악몽이 재현될까 걱정된다고 말하고 있다. 한 업계 관계자는 "5,000만 달러 수출을 기록했던 산업이 한순간의 규제로 회복 불가에 처한 경험"을 잊어서는 안 된다고 했다.

출처: 서울대 법학대학원 21학년 1학기 경쟁법 기말 시험문제 예문 요약

8-7 부분과 전체의 관계 역전과 변화 사례

그런데 이런 부분(미시)과 전체(거시)의 충돌의 예에서 정반대로 거시적으로 먼저 한 결정이 오히려 미시적인 부분을 자극해서 결과적으로 미시와 거시를 같이 발전시키고 도약시킨 사례도 많다. 한국의 경제발전 초기 단계에서 한국의 산업 경쟁력이 허약하기 때문에 또 가지고 있는 외화가 너무 부족하기 때문에 외국으로 부터의 모든 수입은 일부 허가받은 품목을 제외하고는 전부 정부의 승인을 받아야 하는 포지티브(Positive) 시스템이었다.

따라서 수입허가 자체가 대단한 이권이고 그것을 얻은 자가 큰 이득을 보는 구조이었다. 당시 상황으로는 어쩌면 당연한 정책이었다. 그런데 경제가 성장하기 시작하면서 정부가 일거에 이 정책을 정반대로 네가티브(Negative) 시스템으로 바꾸어 버렸다. 일부 지정된 품목을 제외하고는 수입을 전면 자유화시킨 것이다. 당초에는 엄청난 충격이었다. 그런데 이런 엄청난 결단이 오히려 국내 경쟁력을 자극해서 결과적으로 수출도 더 증가하고 한국경제가 세계 경제 시스템에 더 빨리 진입하게 만들었다.

다른 예로 한국 영화산업 보호를 위해 스크린 쿼터라는 제도가 있어 왔다. 영화관은 상영 영화의 일정 비율은 국산 영화를 의무적으로 상영하도록 하는 경쟁력이 취약한 국내 영화산업 보호 장치였다. 1967년에 헐리우드 영화의 국산 영화 잠식을 막고자 상영관은 146일 이상을 국산 영화 상영을 의무화 하였다. 심지어 성공한 국산 문예영화에 대해 외국 영화 수입권을 주는 장려 고육책도 시행하였다. 약 40년 뒤인 2006년에는 종래의 절반인 73일로 줄었는데 이때도 영화계가 크게 반대하였다. 이유와 명분이 충분히 있지만 불가피한 조치였다. 그런데 예상되는 위험과 심한 반대를 무릅쓰고 그 제도를 축소한 결과가 지금 세계를 주름잡고 있는 한국 영화와 영상산업의 오늘날의 활약과 성과이다. 지금은 한국 영화의 질적 양적 성장으로 스크린 쿼터에 대한 존재나 필요성도 인식하지 못하는 상태이다. 감춰진 재능을 빠르게 발휘하도록 하는 가장 확실한 방법은 경쟁에 노출시켜 빠르고 강하게 만드는 것이다.

같은 모습으로 나타난 최근의 예로는 2016년 넷플릭스가 국내에 진출할 때 '한국 드라마 다 죽는다'는 우려가 나왔다. 결과는 정반대로 한국의 많은 작품들이 넷플리스 플랫폼을 통해 전 세계로 퍼져나가며 큰 인기를 얻고 있다. 제작비 투자까지 받으며 세계적인 성공을 거둔 드라마 '오징어 게임'이 최근의 예이다.

같은 사회 내에서 속도의 차이로 생기는 격차와 괴리와 간격을 좁히는 방법은 크게 두 가지가 있다. 하나는 빠른 속도를 느리게 만들어 전체적인 격차를 좁히는 것이고 다른 하나는 느린 속도를 빠르게 만들어 격차를 줄이는 것이다. 두 가지 방법의 용이성과 결과는 상당한 차이가 있다. 빠른 자의 발목을 잡아 속도를 늦추는 것이 느린 자를 빠르게 만드는 것보다 쉽고 그 효과도 정치적으로는 확실하다. 그러나 역사와 그동안의 경험이 알려주는 바는 두 가지 방법의 결과는 반대 방향으로 나타난다는 것이고 미시와 거시에 따르는 모순의 또 다른 경우가 된다. 한국의 산업정책, 교육정책, 분배정책 등 많은 분야에서 사회주의 성향의 정권이 추구하는 정책 방향은 빠른 자의 발목을 잡아서 다소간에 속도를 평준화시키려는 방법이다.

1960년대 초 한국이 수출에 의한 산업화를 시작할 때 당시까지 한국보다 훨씬 소득이 높고 여건이 좋았던 아르헨티나를 비롯한 남미의 여러 나라들이 취한 정책은 개방을 포기하고 수입을 억제하면서 취약한 자국 산업을 보호하는 정책이었다. 개방과 경쟁 대신에 보호와 규제 정책을 펴서 국민의 인기와 지지를 얻은 것이다. 결과는 지금 우리가 보고 경험하고 있는 대로다. 산업화 초기에 한국 정부는 수출신용장을 가진 기업에게 그 액수에 비례하는 수입허가권을 할당하는 고육책까지 쓰면서 수출을 장려하였다.

앞에서 예를 든 바와 같이 똑같은 한민족인 남한과 북한의 경제 실험이 다른 예가 된다. 북이 내세우는 이론적으로는 고상해 보이는 이념과 체제에 따른 공동체를 위해 경제 주체들이 노력한다면 북한의 주민이 남한 주민보다 잘못 살아야 할 이유가 없다. 단지 인간은 속성상 시장원리를 따라 움직이게 된다는 원리가 작동하지 않았기 때문이다. 지속적인 속도와 자발적인 가속도는 시장원리에 의해서만 가능하다. 시장 실패에 따르는 부작용도 시장 내에서 시장을 해치지 않으면서 바로잡아 나가야하는 것이다.

K9

지속 가능한 K속도 만들기

9-1 한국 경쟁력의 장래 내다보기

이 책의 여러 곳에서 논의한 바와 같이 경쟁력은 속도로 표현되는 수가 많다. 경쟁력은 남(경쟁자)과 비교해서 더 싸게, 더 빠르게, 더 좋게, 더 많게, 더 낫게 만들거나 팔 수 있고 또는 정보통신의 경우 더 많이 저장, 처리하거나, 더 빨리 받고 보낼 수 있어야만 인정되고 경쟁자를 이기게 된다. 그런 경쟁력의 요인은 개인이나 사회의 주어진 능력과 훈련, 역사적 전통과 문화, 축적된 인적 물적 자본과 기술 및 사회 시스템에 의해 결정된다. 그 모든 요인이 대부분 속도와 직접 또는 간접으로 연결되어 있다. 또한 아직까지는 경쟁력의 원천은 사람에게 달려 있다. 제조나 서비스를 막론하고 기계나 장치, 인공지능을 포함하는 시스템으로 속도에 의한 경쟁력을 높일 수 있지만 결과적으로 속도를 더 높이게 만들거나 빠름을 인정받게 하는 것은 사람이거나 사람이 만든 방법이나 시스템에 의한 것이다.

다른 의견도 물론 있다. 속도가 여전히 중요하지만 시대와 기술의 발전이 더 새로운 변화를 요구하기도 한다. "디지털 기술이 아톰의 세계에 스며든 지 10여년 만에 기술을 쓰는 주체가 사람이며 그들이 대단히 다양한 존재라는 인식이 생기기 시작한 것이다. 그래서 스마트시대는 속도의 시대가 아니라 창의의 시대다... 그동안 한국은 근면과 속도로 지금의 자리에 올랐다. 한 방향으로 빠르게 진화할 테니 열심히 투자하라고 했다. 하지만 그런 시대는 서서히 끝나가고 있다."[212] 이 인용문은 단순히 물리적으로 빠른 속도에 의한 경쟁력은 빠르게 또 광범위하게 보편화되고 그 효력이 과거보다 약해질 수도 있음을 의미한다.

인공지능(AI) 시대가 생각한 것보다 빨리 도래하고 있어서 장차 인간을 넘어서는 인공지능이 출현할 가능성도 다가와 있다. 그렇게 되면 앞에서 정의한 것을 고쳐 경쟁력의 원천은 인공지능이라고 수정해야겠지만 아직까지는 또 예측상으로는 그런 인공지능을 개발하는 주체는 역시 사람이다. 그런 단계 이후의 전개에 대한 논의는 이 책의 범위 밖이다.

그래서 어떤 사람(민족)이나 사회(나라)가 어떤 자연적, 사회적 환경과 여건, 제도와 문화 속에서 어떤 경쟁력을 어떻게 가지는가를 앞에서 살펴보았다. 그리고 빠름에 의한 경쟁력은 사람이나 나라에 따라 차이가 있을 수 있음을 논하였다. 급속히 세계화되고 지리적, 시간적 거리가 가까워진 지금도 원인이나 과정에 관계없이 경쟁력은 경제발전의 가장 핵심적 요인이다. 이 원리는 개인이나 조직 모두에 똑같이 적용된다. 경쟁력의 여러 요인 중에서 속도가 여전히 가장 중요한 요인에 속할 수밖에 없다.

---

212 LG경제연구원, 2020 새로운 미래가 온다, 한스미디어, 조선일보 2010. 12. 25에서 재인용

경쟁력은 상대적 개념이므로 과거는 역사적 사실이 되었고 현재의 상태를 비교, 검토하면 지속가능성과 장래에 대한 전망이 가능하다. 검토는 여러 측면에서 타당성을 가진 방법으로 해야 타당성과 설득력이 있다. 세계경제포럼이 42개국의 전문가, 기업가들을 대상으로 조사하여 2021년에 발표한 국가별 결과를 보면 속도의 한국이 그 장점을 살려서 다른 나라와 경쟁해서 더 뻗어나갈 수 있을 가능성은 이 조사 결과에서는 나타나지 않고 오히려 장래를 위한 경제적 전환 준비에 한국이 뒤처지고 있다는 결론에 이르게 된다.[213] 앞에서 논의한 대로 스스로 몸을 무겁게 하면서 경쟁을 지양하는 몸짓 때문이다.

---

213 World Economic Forum, Global Competitiveness Report, Special Edition 2020

9-2 한국 경쟁력 토대의 재구성

이 책이 여러 형태로 살펴보고 논의하면서 거듭 증명하는 바는 한국인이 가진 경쟁력 중 가장 크고 확실한 것은 속도라는 것이다. 그 속도가 20세기 중반부터 위력을 발휘하여 세계 최후진국 상태에서 단시간 내 선진국 수준으로 급속 성장하게 만든 원동력이었다. 그런데 그 속도를 경시하거나 도외시한다면 스스로 경쟁력을 낮추는 결과가 된다. 자기가 제일 잘 할 수 있는 것에 집중해야 가장 확실한 경쟁력이 생긴다.

다만 그 속도가 질적으로 향상되지 못하고 단순히 빠르기만 하고 정확성이 떨어지거나, 일정한 일관성이 없이 즉흥적이거나, 더 나아가 빠르기는 하되 신뢰성이 부족하다면 일시적이나 단기적으로는 효과가 있더라도 중, 장기적으로는 오히려 더 나쁜 결과를 초래해서 경쟁력을 결과적으로 떨어뜨리게 될 수밖에 없다. 따라서 앞으로의 경쟁력은 단순한 물리적 속도의 빠름만으로 측정할 수는 없고 그 속도의 신뢰성, 안전성, 정직성 등의 질적 측면이 같이 고려되고 강조되어야 한다. 그래야 진정하고 지속가능한 경쟁력이 되는 것이다.

그래서 한국 경쟁력의 원천인 과거의 속도를 최대한으로 살리고 북돋우되 이제는 양적 측면뿐만 아닌 질적 측면도 고려하면서 이전의 속도에 의한 경쟁력을 유지 발전시키고 회복하자는 것이다. 그리고 이제부터라도 우리 경쟁력의 원천인 속도를 방해하고 억제시키는 요인들을 지적하고 제거하는 노력을 시작하자는 뜻이다. 다른 표현으로 하면 각종 속도에 사회적 자본(Social capital)을 더해야 한다는 뜻이 된다. 우리가 단기간에 쌓아 올린 물적, 인적 자본에 사회적 자본이라는 질적 심화가 이루어져야 명실공히 확실한 경쟁력을 갖춘 사회와 개인이 될 수 있다.

구체적으로 사회적 자본을 덧입힌 다음의 세 가지가 고려되어야 할 속도의 질적 측면이다.

(1) 안전한 속도

한국의 경제개발 초기에 그 당시 도입되기 시작한 아파트 건설에서 서울 신촌에 지은 와우아파트의 붕괴사고를 필두로 1970대의 서울 삼풍백화점 붕괴사고, 한강 성수대교 붕괴 등 수 많은 사고가 발생했는데 그 주요 원인의 공통점 중 하나는 공기 단축 또는 서두름 때문이었다. 사고로 이어진 부실 공사의 이유는 낮은 공사비, 부족한 건설기술, 책임감 없는 공사와 감리 등 여러 가지가 있으므로 단순히 서두름 하나만을 탓하기는 어려울 것이다. 그러나 빨리 할 수 있는 능력은 있으므로 밀어붙이기로 공사를 강행한 때문임은 명백하다. 당시 유행하면서 많은 사람들이 몸으로 생각으로 공감한 구호 중 하나가 '하면 된다'인데 그 말에 속도가 주요 요소임은 말할 것도 없다.

사실 속도는 본질적으로 위험과 정상관 관계이다. 인간은 물론 자동차나 기계의 속도를 높이면 사고의 위험도 올라갈 수밖에 없다. 그러나 주의력이 속도에 부가되면 사고는 줄어든다. 속도가 본능적 속성에 속한다면 주의력은 훈련과 교육의 영역이다. 겁이 나서 자신의 장점을 포기하고 아예 속도를 줄이기보다는 일찍부터 안전을 염두에 두게 하는 습관을 훈련하자는 것이다. 이것은 불가능하지 않다.

그래서 속도의 강조가 뜻하지 않은 사고를 불가피하게 하였다면 이제는 '안전한 속도'를 주문할 수밖에 없다. 다만 이 의미는 속도 그 자체를 포기하라거나 그래서 이제부터는 좀 느려도 좋다는 의미는 결코 아니다. 속도를 포기하는 안전이 아니라 여전히 경쟁력을 가지는 속도이되 상대적으로 안전한 속도가 되어야 이제는 질적으로 업그레이드(Up-grade) 된 진정한 경쟁력이라는 의미이다. 부연하자면 안전도 염두에 두면서 원래부터 가지고 있는 능력을 발휘하자는 뜻이다.

또 이 속도는 물리적 속도만을 의미하는 것이 아니다. 전보다 부유해지고 살기 좋아진 한국의 자살률이 지속적으로 세계에서 가장 높은 것도 같은 문제 이다. 무슨 이유이든 간에 좌절하고 절망하는 속도가 너무 빠르고 목숨이라 는 인간이 지닌 하나뿐이며 돌이킬 방법이 없는 가장 소중한 것을 내려놓는 데 속도가 빠른 것은 결코 바람직한 것이 아니다. 이제는 안전한 속도 개념이 적용되어야 하고 속도에 대한 근본적인 물음부터 시작해야 한다. 즉 빠른 속도 의 궁극적 목적을 생각해보는 것이다.

한국의 정치나 정부가 그동안 이런 문제에 대해 관심이나 걱정조차 하지 않 고 있는 것은 불행한 일이다. 또 관심을 가지더라도 일시적으로 반짝 호들갑이 나 떨다가 곧 잊어버리는 과거의 행적을 반복할 가능성이 높으므로 사회 전체 가 자신의 일로 생각하며 공동체의 가치를 되살려 나가야 할 것이다.

(2) 신뢰할 수 있는 속도

상품이나 제품, 서비스는 제조, 배송 속도와 가격이 경쟁력의 원천이다. 또한 가격을 결정하는 중요 요소가 속도이지만 상품이나 제품, 서비스가 사용 자의 신뢰를 잃으면 결코 경쟁력을 가질 수 없다. 소비자나 사용자에게 선택 의 여지가 없다면 어쩔 수 없이 다시 사용하거나 울며 겨자 먹기로 계속 이용 할 수밖에 없겠지만 지금과 같이 광범위하게 세계화된 시장경제 체제에서는 신뢰가 없으면 경쟁력을 가질 수 없다. 따라서 빠르되 믿을 수 있는 속도이어 야 한다.

돌아보면 우리의 급속 발전과정에서 속도를 위해 일관성, 지속가능성 등이 의도적으로 또는 불가피하게 무시되거나 생략되는 경우가 많았던 것도 사실이다. 굳이 변명하자면 남보다 뒤떨어진 거리를 단축시키기 위해 과정보다는 결과를 중시하고 질보다는 양을 우선시하는 분위기가 지배적이었던 때가 있었다. 소위 '실적'에 매달려서 과정이나 결과의 질적 경시가 불가피하게 인정된 것을 말한다.

과거 국산품은 대부분 신뢰할 수 없는 대상이었다. 각종 기계나 기구는 말할 것도 없고 심지어 연필이나 성냥까지도 구할 수만 있다면 미제(Made in USA), 독일제(Made in Germany) 또는 일제(Made in Japan)라야 안심하고 쓸 수 있는 물건이었다. 식품의 경우도 마찬가지 이어서 외국산은 안심하고 먹지만 국산은 믿기 어려운 대상이었다. 대부분의 식품이나 전자제품 등의 경우 오히려 국산을 선호하고 가격도 더 비싼 오늘날의 현상과는 정반대이었다. 그 당시 경쟁력은 논의의 대상이 아니었다. 지금 시점에서 보면 믿기 어려운 변화 속도이다.

이제 한국은 옛날의 한국이 아니다. 세계에서 가장 못살던 나라에서 4반세기 정도의 짧은 기간 동안에 세계가 인정하는 성장을 이루었고 그 뒤로도 성장 속도는 둔화되었지만 세계 10위권 정도의 경제 규모와 무역 규모를 자랑하는 선진국의 반열에 오르게 된 것이다. 우리가 어린아이일 때 하던 사고와 행동은 자라면 큰 사람답게 바꾸어야 한다. 어른이 어린 시절의 버릇과 습관을 고치지 못하면 제대로 대접받지 못한다. 즉 상대가 믿어 주지 않는다. 그런 믿음은 남에 대한 우리의 태도와 자세에서도 마찬가지로 나타나게 된다.

안전한 속도와 같은 이유와 논리로 믿을 수 있는 속도가 필요하며 모든 면에서 여전히 빠르기는 하되 믿을 수 있는 속도이어야 진정한 경쟁력이 된다. 속도를 얘기할 때 먼저 떠오르는 배달서비스업이 비교적 순조롭게 발전하고 있는 것이 믿을 수 있는 속도가 한국에서 확실한 경쟁력임을 입증해 가고 있는 예가 된다. 배달 속도는 물론 배달되는 제품이 주문과 다르지 않음이 전제되지 않고는 지속적인 발전은 기대할 수 없다. 특히 인터넷과 소통 수단의 즉시성이 확보된 사회에서는 더욱 그렇다. 믿을 수 없으면 비대면 실시간 주문과 같은 경쟁력은 없어진다.

(3) 정직한 속도

안전한 속도와 신뢰할 수 있는 속도는 결국 정직성에서 나온다. 정직성은 책임감, 준법(규칙 준수) 정신, 투명성 등에서 나오므로 정직성이 인정된다면 그것이 사람이 한 일이든 아니면 조직이 하는 일 또는 만들어진 제품이나 제공하는 서비스이든 믿을 수 있다고 인정받는다. 앞에서 예를 든 대로 그 신뢰의 상징이 국가일 수도 있고 기업일 수도 있다. 아니면 민족일 수도 있고 종교, 집단 등이거나 특정 개인일 수도 있다.

만약 어떤 제품이나 제공하는 서비스를 제공하는 기업이 정직하다는 인상을 소비자에게 주었다면 이제는 그 기업이 만들거나 제공하는 제품이나 서비스는 설령 상대적으로 가격이 높더라도 가치로 인정되고 안정적으로 받아들여질 것이다. 차원이 올라가면 그 기업이 속한 나라나 지역으로 범위가 확대될 수도 있다. 일부 계층이 선호하는 고급 또는 사치품이 비싼 가격에 팔리는 현상에 대해 여러 가지로 설명이 가능하지만 해당 제품에 대한 믿음이 먼저 전제되는 것임은 말할 것도 없다.

우리가 아직까지도 "00는 믿을 수 있는 사람이야", "00회사 제품은 신뢰할 수 있지"라거나 "00나라 사람은 대체로 정직한 편이다"라고 말하는 수도 있고 그런 의식을 실제로나 잠재적으로 가진 경우도 많으므로 정직이라는 개념이 개인이나 기업, 집단 나아가 사회나 국가의 큰 자산이 됨을 알 수 있다.

그런 것이 불가능하지 않음을 세계의 역사에서 또 현재의 한국에서도 발견할 수 있다. 지금 한국을 대표하는 기업집단들이 자신들의 브랜드를 강조해서 그 상표를 가진 제품이나 서비스는 신뢰할 수 있다는 정책을 펴고 있고 국내외에서 상당히 성공을 거두고 있음이 그 예이다. 즉 개별 상품이나 제품 대신에 삼성이나 LG 같은 브랜드를 강조하는 것이 그 예가 된다.

이런 성공을 통해 국가 브랜드나 이미지도 같이 개선되어야 하고 '한국' 'Made in Korea'가 널리 인정받는 단계로 발전해 나가야 확실히 성공하는 나라가 된다. 이제부터는 세계 어디서나 '한국인이나 한국 기업이 만들거나 제공하는 서비스는 다른 일류 국가의 경우와 같이 믿을만 하다'는 인상이 전 세계인에게 부각되어야 진정한 선진국이 되어 다음 단계로 나아갈 수 있다. 한류로 대표되는 한국의 이미지가 상승효과를 낼 수 있음은 자명하다.

따라서 우리가 결코 포기할 수 없는 속도의 경쟁력을 이제는 정직한 속도로 업그레이드 하는 것이 우리의 큰 과제이다. 계속 강조해 온대로 속도는 결코 포기할 수 없는 우리의 자산이므로 정직한 속도가 되어야만 진정한 경쟁력이 되는 것이다. 이 정직한 속도가 정치, 사회, 문화, 산업과 기업, 일상생활 등 전반에 자리 잡아야만 한다. 보다 쉬운 말로 상대나 자기 자신을 속이는 일이 없을 뿐만 아니라 특히 자신에게 더 엄격해야 진정한 정직성이고 지속가능한 경쟁력의 원천이 된다.

적극적 청렴의 시행 경험

한국이 지금보다 정직하고 청렴한 사회가 되어야 지속적 성장과 속도의 장점을 기대할 수 있다. 사실 사회의 모든 부문에서 더 정직하고 청렴한 사회를 만드는 일은 지극히 어려운 과제이다. 접근하는 길은 여러 갈래가 있겠지만 우선 공공부문이 변하고 달라지면서 다른 부문으로 확산되는 경로가 그래도 현실적으로 가능한 방안이 될 수 있을 것이다. 또 거창한 캠페인 방식 보다는 작은 부분에서 더 넓은 범위로 점차 영향력을 넓혀나가는 것이 성공 확률을 높이는 방법일 것이다.

본인은 2014년에 한국남부발전(주)의 감사로 임명받았다. 예상하거나 희망한 것은 아니지만 본인의 평소 생각을 실천할 수 있는 기회가 된 것이다. 즉 한 공기업에서 같은 부문의 다른 공기업으로, 다음은 다른 종류의 공기업으로, 나아가 공공부문 전반으로 확산될 수 있다는 구상과 희망을 가지게 되었다.

감사로 부임하니 회사가 국민권익위원회가 실시하는 공기업 청렴도 조사에서 3년간 최우수기업으로 선정되었다는 좋은 소식이 있었다. 본인의 반응은 그렇다면 '안 주고, 안 받고, 안 먹는'는 것을 '소극적 청렴'이라고 정의하고 이제부터는 '적극적 청렴'의 단계로 나아가야 한다고 역설하였다. 다행히 적발되지 않은 단계를 넘어, 다시 말해 소극적으로 청렴함을 가지는 단계를 넘어 생활과 업무에서 능동적으로 실현하고 실천하는 경지로 나아가자는 구상이었다.

적극적 청렴은 자신이나 조직의 업무나 판단에서 공정함(fairness)을 견지하고 자신의 생활과 업무 수행에서는 정직과 청렴(integrity)을 실천하는 것이다. 그래서 결과적으로 더 큰 효율과 성과를 내어 전체에도 이익이 되게 하자는 구도이다. 효율은 기업에서 말하는 혁신(innovation)과 다름 아니다. 혁신은 실험실의 실험 결과일 뿐만아니라 과정의 효율이나 올바른 판단과도 직결된다. 따라서 적극적 청렴은 결과적으로 혁신을 낳게 하는 것이다. 공기업 직원이 수행하는 업무에서 공정함이 더해지고 관행과 생각이 바뀌면서 정직과 청렴이 실천된다면 한국의 공직 사회는 확실히 달라지고 그것이 가시적이고 계량적인 업무 성과로도 나타날 것이다.

감사 재직 중 본사 전체, 각 부서별 또는 기능별로, 또 각 사업소를 여러 차례 순회하면서 강연을 실시하였고 '적극적 청렴-공기업 혁신의 필요조건'이라는 책을 감사실 직원들과 협력하여 발간하고 배포하였다. 이후 전 사원을 대상으로 독후감과 실행 경험 등을 현상 모집하고 광범위하게 포상, 장려하였다. 감사직의 임기가 2년에 불과하여 변화를 제대로 점검할 시간이 되지 않으므로 독후감과 그 동안의 성과와 변화를 기록해두기 위해 '적극적 청렴 실천의 중간보고서'라는 책을 발간하였다. 여러 가지 실천 사례 중 특히 기억에 남는 것은 시간의 인테그리티를 지키기 위해 금연을 결심한 사람(회사 본사는 36층 이상의 고층에 있음)도 있었고 회사와 개인 업무 분리를 위해 가정에서 쓸 칼라 프린트를 새로 구입하였다는 내용도 있었다. 놀라운 변화라고 본다.

공직의 특성상 추진자가 떠나면 그 업무도 없어지거나 외면되기도 하므로 이후의 경과는 더 보고할 것이 없다. 그러나 확실히 말할 수 있는 것은 짧고 국한된 실험이었지만 뜻이 있고 마음이 있다면 실현과 실천이 가능하다는 결과이며 앞으로 한국의 새로운 경쟁력 원천이 될 수 있음을 확신한다.

물론 안전, 신뢰, 정직은 반드시 분리해야 하는 개념은 아니다. 신뢰는 정직으로부터 나오고 안전해야 믿을 수 있다. 정직하다면 믿음을 쉽게 쌓을 수 있고 정직한 속도는 안전에 유의할 수밖에 없다. 따라서 이 세 요소는 삼각대의 세 발과 같이 서로를 지탱하는 축이 되고 피차 연결된 통로가 되어야하는 것이다.

사실 딜레마는 있다. 때로는 정확하고 믿을 수 있는 일 처리 방법은 속도를 희생하거나 속도에 관계없이 해야 하는 경우도 있기 때문이다. 또 안전한 속도나 신뢰할 수 있는 속도를 의식하면서 일을 하거나 챙기게 되면 본래부터 가진 무의식적 또는 본능적인 속도감이 사라지는 부작용이 있을 수 있다. 또한 실증적으로나 통계적으로 측정하지는 않았지만 소득이 상승할수록 일 처리 속도는 느려진다는 가설이나 논리도 성립할 수 있다. 한국의 과거와 현재를 비교해보면 이런 가설이 타당할 수 있다는 증명도 될 수 있을지 모른다.

우리의 과제는 우리의 고유한 특성인 속도감 또는 빠름을 손상하지 않으면서 안전성, 신뢰성, 정직성을 동시에 달성하는 것이다. 이것이 앞으로 한국이 국제무대에서 제대로 또 지속적으로 성공할 수 있는 확실한 비결이다.

9-3 속도에 대한 오해 바로잡기

속도는 효율 그 자체는 아니다. 속도를 위해 비용이 더 들 수도 있다, 예를 들면 스포츠카는 비용에 상관없이 속도를 높이는 것에 주력하므로 연료가 더 소요될 수도 있어 경제적 개념에서의 효율을 나타내지는 않는다. 따라서 무조건 빠르면 좋은 것은 아니고 같은 조건에서 상대적으로 빨라서 경쟁력이 생겨야하는 것이다.

다음으로 생각해보아야 하는 것은 현재에 나타나는 비용과 아직은 감추어진 미래에 나타날 비용도 함께 생각해야 한다. 장래를 고려하지 않는 현재의 더 빠른 속도는 결과적으로 더 많은 비용과 희생을 초래할 수 있기 때문이다. 중국 고사에 이런 이야기가 있다. 어떤 농부가 곡식을 키우면서 더 빨리 자라기를 바라서 참지 못하고 저녁에 줄기를 조금씩 뽑아 올렸는데 다음날 나가보니 다 말라 시들어 버렸다는 얘기다.[214] 우리 옛말에도 '외상이면 소도 잡아 먹는다'는 얘기가 있는데 미래 비용을 생각하지 않는 어리석음을 경계하는 뜻이다. 다른 측면으로는 질이나 내용을 고려하지 않은 단순한 양이나 외형적인 속도 중시에 빠지지 말라는 의미이다. K속도가 여러 부문에서 다시 한번 빛을 발하는 단계에서 되새겨야 하는 경구이다.

또한 조급함과 부지런함의 차이에 대한 바른 인식도 필요하다. 빠름은 보통 부지런함과 연결되어 생각되기도 하는데 같이 반드시 같이 가는 것은 아니다. 동시에 빠름과 조급도 같은 의미는 아니다.

그럼에도 불구하고 속도는 과거에도, 현재에도 또한 미래에도 우리에게

---

214 이런 차원에서 국내 대학의 박사학위 취득자는 2020년 기준 16천명으로 20년 전보다 세배 증가했다고 하는데 반드시 바람직한 현상만은 아닐 것이다.

필요한 경쟁력이다. 앞에서 여러 가지로 설명하고 예를 들고 주장한 바 있지만 수많은 이유와 명분, 정치적인 요구가 속도를 밀어내고 무시하려고 하지만 빠름이 우리의 경쟁력 원천임을 부인할 수는 없다. 예를 들어 현재 한류의 상징적인 존재로 부상한 BTS는 다른 성장산업의 선두 그룹과 비견할 만한 정도로 기업가치, 매출 등에서 엄청난 성장을 계속하고 있다. 그런데 이 그룹사도 한국의 거대기업과 같은 규모와 존재가 되었으므로 이제부터는 각종 규제와 제재의 대상이 되어야 한다고 주장하거나 반대로 BTS가 우리가 기득권이 생겼으니 다른 경쟁자는 진입을 허용하지 말고 보호되어야 한다고 시위나 로비를 한다면 어떤 결과가 나올 것인가를 생각해 보면 된다. 다 이유와 명분이 있을 것이다. 극단적으로 표현하면 이 BTS는 제재, 기득권이 제대로 형성되지 않은 결과의 산물일 수도 있다.

앞에서 누누이 강조한 대로 빠름이 경쟁력의 필요조건이지만 그 빠름이 발휘될 수 있는 여건과 환경이 마련되어야만 효과를 발휘하는 것이고 지속 가능한 것이다. 또 빠름은 단순한 속도를 넘어 호기심이나 끈기와 같은 요소의 뒷받침도 필요하다.

9-4 흥망성쇠(興亡盛衰)의 속도

역사나 민족, 기업과 개인에게는 반드시 흥망성쇠의 과정이 있다. 소요 기간과 속도의 차이는 매우 크지만 그 누구도 이 과정 자체를 벗어나기는 어렵다. 많은 경우에 영원히 망하는 수도 있고 쇠약한 상태를 긴 기간 동안 벗어나지 못하고 계속 고전하다가 끝내 사라져 버리는 수도 있다. 특히 모두가 명심해야 하는 교훈은 '빨리 피는 꽃은 빨리 진다'라는 말이다.

한국의 지난 반세기는 세계 전체적으로 볼 때 너무나 오랜 기간 동안의 좌절과 침체를 벗고 일어나는 시간이었다고 할 수 있다. 개인이 아닌 국가의 경우 망하거나 쇠약해졌다가 설사 다시 일어나더라도 상당한 시간이 소요되는 법인데 한국은 예외적으로 초단시간에 기적과 같이 일어선 경우이다. 세계 역사나 경제사에서 이런 속도는 전례를 찾기 어렵다.

다만 앞에서도 지적한 바와 같이 이제는 성취를 즐기면서 속도를 줄여도 되는 세상이 아니라 오히려 예전보다 더 속도를 필요로 하는 분야가 많이 나타나 있는 현실이다. 예를 들면 지금까지의 소프트웨어 1.0의 시대가 끝나고 인공지능이 소프트웨어를 개발하고 만드는 2.0의 시대가 이미 왔는데 이런 속도에서 한국이 얼마나 앞설지를 말할 수 없다.

이 책이 여러 측면에서 그 속도를 찾으면서 본래는 한국인이 체질적으로나 유전적, 문화적으로 빠른 속도에 의한 경쟁력을 가졌음을 증명해 보이고자 노력하였다. 또 그런 속도를 살려서 현재나 미래의 문제를 해결해야 함도 강조하였다.

아울러 빠른 속도는 모든 면에서 다 좋은 것만은 아니어서 과속의 위험과 부작용도 있음을 예를 들어 설명한 바 있다. 과속의 부작용이나 위험을 제대로 통제하지 못하거나 자만하면 쇠퇴하는 속도도 빨라질 수밖에 없는 것이 세상과 역사의 법칙이다. 빨리 성(盛)하거나 흥하는 자는 빨리 쇠퇴하거나 망한다는 역사로부터의 교훈은 깊은 의미가 있다. 오랜 민족 역사에서 처음으로 세계에서 열강의 반열에 오른 상태를 계속 유지하고 더 발전시키는 것은 우리 모두의 몫이자 책임이다. 이제는 명실공히 선진 대열에 합류하게 되었으므로 앞으로는 저절로 잘 굴러갈 것이라는 자만심을 경계해야 하는 것이다.

동시에 고민해야 하는 것은 저속 환경으로의 조절 능력이다. 빠르게 갈 때와 느리게 갈 때는 모든 것이 달라진다. 그런데 더 어려운 것은 천천히 가기의 어려움이다. 빨리 갈 때는 보이지 않거나 나타나지 않고 덮여있던 문제, 부작용 등은 천천히 가게 되면 어려움으로 나타나고 해결이 쉽지 않다. 전쟁도 공격이나 전진보다는 후퇴나 퇴각이 더 어려운 것과 같은 이치이다. 이제는 선진국형 저성장 경제를 받아들일 수밖에 없는 한국이 당면한 가장 큰 과제이므로 한국의 속도를 되살리면서 적응하는 지혜가 필요하다.

K10

마무리

속도는 혁신의 본질적 요소이다

지금까지 논리, 증거, 사례, 비교 등을 통해서 한국의 경쟁력은 속도에 있음을 강조하였다. 그런데 그 속도는 만병통치약은 아니다. 또 아무리 좋은 약도 장기적으로 복용하면 내성이나 부작용이 생기는 법이다. 이제는 그 약의 필요성은 잊은 채 다른 약, 또는 수단이나 방법을 찾고 싶고 귀에 쏙 들어오면서 효과적인 처방을 바라고 동경하는 마음도 생긴다. 약에 의해 기본적인 생리적, 생존적 문제가 해결되면 당연히 생각도 달라지기 마련이다. 오래 먹는 약이 지겨워질 수도 있다.

속도는 기본적으로 혁신의 본질적 요소이다. 정치나 사회체제의 측면에서 설명하면 시장 자본주의는 속도라는 경쟁력을 인정하는 바탕으로 유지, 발전하겠다는 방법이고 사회 공산주의는 속도 경쟁력보다는 평등이나 평준화를 더 우위에 두면서 성장, 발전시키겠다는 시도이다. 물론 두 가지 방법이 자체의 모순과 부작용을 끊임없이 보이므로 각종 수정과 보완을 시도하고 계속 노력한다. 그러나 바탕은 바꿀 수 없다. 왜냐하면 바탕이라고 할 수 있는 체제를 바꾸는 결과이기 때문이다.

세계역사에서 처음으로 이 두 가지 체제를 과학적으로 실험한 과정과 그 결과는 본문에서 보고하였다. 그런데도 현재 한국에서 일어나는 현상에서 주목할 점은 '속도'를 기본적으로 인정하고 중시하는 바탕인지 아니면 속도보다는 '형평'이나 '기득권'을 더 존중하는가를 판단하는 것이다. 형평과 기득권은 서로 모순되는 개념인데도 각각 다른 주머니에서 꺼내어서 거침없이 사용하는 경우이다.

모든 역사에서 나라나, 집단, 개인이 살아남고, 번영하고, 발전하거나 쇠퇴하는 결정적인 요인은 경쟁력이다. 그 경쟁력은 각종 여건, 집단과 개인의 역량과 노력에 의해 좌우되기도 또는 좌우하기도 한다. 속도의 관점에서 역사를 바라보면 결국 빠른 자가 느린 자를 이기고 정복(제압)하고 리드하는 과정과 결과라고도 할 수 있다. 사회나 인간뿐만 아니라 모든 동식물과 생태계에 예외 없이 적용되는 이 법칙과도 같은 원리를 인간은 애써 무시하거나 잊고 싶어하기도 한다.

이 책은 처음부터 한국(인)의 경쟁력이 무엇인가를 묻고 속도와 빠름이 경쟁력의 원천임을 알고 이를 살려나가는 것이 한국의 지속가능성을 살리는 유일한 길임을 강조하였다. 이 세상에 모든 것이 다 좋은 것은 없으므로 속도에도 부작용, 금단 현상, 피로감 등이 따를 수밖에 없다. 이런 것을 감수하고 장점을 살려나가는 일은 우리 자신의 책무이다. 본문에서 설명한 대로 국가 간의 경쟁은 결승점이 정해지지 않은 마라톤 경주와 같기 때문이다.

산업화 초기와는 정반대로 이제 경제적 능력(자본), 유전적 요인(지능과 속도), 환경적 요인(디지털 생태계와 문화 생태계)을 갖춘 현재는 가만히 내버려만 두어도 자생력 있게 뻗어나갈 수 있는 상태가 되었다. 그런데도 각종 명분과 이유를 가지고 혁신과 변화를 막는다면 더 이상의 빠른 발전은 기대할 수 없다. 경제와 산업을 직·간접으로 통제하고 간여하는 정치의 역할과 기능은 이 책의 범위로 포함시키지 않았기 때문에 별도로 논의하지 않았으나 어쩌면 더 중요한 요소일 것이다. 그래서 기술과 사회변화의 속도와 정치변화 속도의 괴리가 크다면 가장 중요한 문제로 지적되어야 한다.

이 세상, 특히 나라의 모든 잘 안되는 일에 대해서는 다 이유와 까닭이 있기 마련이다. 그리고 그 탓은 자기보다는 남 때문이라고 할 가능성이 높다. 그러나 투표권이 국민에게 있는 민주 체제에서는 변명의 여지가 없다. 자기(들)가 궁극적으로 책임을 져야하는 공동체임을 인정하면서 바르고 정직한 선택을 하는 것이 그래서 중요한 것이다.

K속도 한국 경쟁력의 뿌리
한국인의 빨리빨리 문화를 경제학으로 밝히다

초판 1쇄 발행 | 2022년 4월 26일
초판 2쇄 발행 | 2022년 7월 8일

지은이   임정덕
펴낸이   안호헌
디자인   윌리스

펴낸곳   도서출판 흔들의자
          출판등록   2011. 10. 14(제311-2011-52호)
          주소   서울 강서구 가로공원로84길 77
          전화   (02)387-2175
          팩스   (02)387-2176
          이메일   rcpbooks@daum.net(원고 투고)
          블로그   http://blog.naver.com/rcpbooks

ISBN 979-11-86787-46-5 (13320)
ⓒ임정덕